A construção social dos regimes autoritários

CIP-BRASIL. CATALOGAÇÃO-NA-FONTE
SINDICATO NACIONAL DOS EDITORES DE LIVROS, RJ

C775
V. 1

A construção social dos regimes autoritários: Europa, volume I / Denise Rollemberg e Samantha Viz Quadrat (organizadoras); – Rio de Janeiro: Civilização Brasileira, 2010. 3v.

Inclui bibliografia

ISBN 978-85-200-08621

1. Autoritarismo – Europa. 2. Europa – Política e governo. 3. Sociologia política. I. Rollemberg, Denise, 1963–. II. Quadrat, Samantha Viz.

CDD: 321.94
CDU: 321.64(4)

10-5054

EDITORA AFILIADA

Texto revisado segundo o novo Acordo Ortográfico da Língua Portuguesa.
Direitos desta edição
EDITORA CIVILIZAÇÃO BRASILEIRA
Um selo da
EDITORA JOSÉ OLYMPIO LTDA
Rua Argentina 171 – 20921-380 – Rio de Janeiro, RJ – Tel.: 2585-2000

Impresso no Brasil
2010

Denise Rollemberg e
Samantha Viz Quadrat [orgs.]

A construção social dos regimes autoritários

Legitimidade, consenso e consentimento no século XX

Europa

CIVILIZAÇÃO BRASILEIRA

Rio de Janeiro
2010

A habitual antítese "Estado" versus "sociedade" é talvez inadequada quando se deseja estudar as relações entre ambas as coisas. Caso se aceite a hipótese de os Estados, mesmo arbitrários, serem parte de um todo mais amplo e que o fato de permanecerem arbitrários produzirá resultados catastróficos, é preciso elaborar um conceito de Estado que dê margem ao estabelecimento de conexões entre a área política e as demais áreas da vida social.

MOSHE LEWIN, *O fenômeno Gorbachev. Uma interpretação histórica.*

Um vibrato do inacabado que anima repentinamente todo um passado, um presente pouco a pouco aliviado de seu autismo, uma inteligibilidade perseguida fora de alamedas percorridas: é um pouco isto, a história do presente.

JEAN-PIERRE RIOUX, *"Pode-se fazer uma história do presente?"*

Sumário

Apresentação

Memória, história e autoritarismos

Tem sido frequente em sociedades que passaram por regimes autoritários ou ditaduras, sucedidos por regimes democráticos, a construção de uma memória segundo a qual o autoritarismo só foi possível em função de instituições e práticas coercitivas e manipulatórias. Por muito tempo, a ênfase das abordagens das experiências esteve no poder das forças coercitivas; o ângulo de observação do historiador, o Estado; o objeto a ser buscado e valorizado, a resistência. O principal problema que as interpretações colocaram, provavelmente, é não ter compreendido os regimes autoritários e as ditaduras como produto social. As explicações que partem das oposições *vítima* e *algoz*, *opressor* e *oprimido*, buscando respostas na repressão, na *manipulação*, no desconhecimento (*nós não sabíamos*), embora sedutoras — explicam tudo sem muito esforço e sem colocar o dedo na ferida —, levaram a distorções consideráveis. Apegadas às necessidades do presente, essas construções acabam por encobrir o passado, o presente, os valores e as referências das sociedades que sobrevivem às rupturas, pontes de continuidade, a sinalizar possibilidades de futuro.

Nas últimas décadas, entretanto, houve uma renovação das abordagens das relações entre sociedades e regimes autoritários e ditatoriais. Os estudos dos anos 1970 e 1980 sobre os fascismos — em particular o nazismo e a França sob a Ocupação e o Regime de Vichy — tiveram um destacado papel nessa revisão.

Num movimento que esteve aquém e além dos muros da academia, sociedades que viveram a experiência — ou *herdaram* a sua memória — participaram, e ainda participam, do desconfortável processo de refletir sobre si mesmas em face do autoritarismo. Diante do espelho, não raro, descobrem-se mesmo como parte de sua engrenagem, a gestá-lo, a alimentá-lo. Em todo caso, as respostas variaram nesse percurso, que esteve longe de ser retilíneo, estendendo-se ao longo das décadas. Não é o caso de desenvolvermos aqui o debate. Apenas lembrar como as dicotomias estritas, frequentes a princípio, como colaboracionismo *ou* resistência, deram lugar a um quadro mais complexo e fino das muitas relações possíveis das sociedades com os regimes autoritários e ditatoriais. Nele aparecem as *ambivalências*,[1] estranhas aos maniqueísmos estranhos aos humanos, ambivalências que revelam, ao contrário, as duplicidades formatadas nos moldes dos homens e mulheres.

No Brasil, um tema central da história contemporânea também foi revisto, recentemente. Nos anos 1980, Angela de Castro Gomes rompeu com uma análise consagrada na historiografia, segundo a qual o *populismo* inaugurado nos anos 1930 sustentava-se fundamentalmente a partir da repressão e da *manipulação* das *massas* pelo ditador.[2] Angela Gomes compreendeu o *trabalhismo* de Getúlio Vargas, ao contrário, a partir das relações de identidade, compromissos, interesses estabelecidos entre o regime e os trabalhadores. Desde então, inúmeras pesquisas temáticas tomaram a tese como referencial teórico, levando à revisão do período, da cultura política da nossa história contemporânea.

Pensando ainda o Brasil, mas o da última ditadura (1964-85), embora já exista uma vasta bibliografia sobre o período, pouco se pesquisou e escreveu no sentido de compreender as relações da sociedade com o regime inaugurado em 31 de março. Os estudos se concentram no sistema e nos instrumentos repressivos e nas resistências. Como ironizou Daniel Aarão Reis, de acordo com a memória construída desde o fim da década de 1970, todos se tornaram *resistentes* e *democratas*, restando a pergunta: como a ditadura se manteve por 21 anos?[3] Enigma indecifrável. A academia, já tendo produzido tanto sobre a ditadura, mas tão pouco sob esse ângulo, contribui, de certa forma, contraditoriamente, para esse desconhecimento.

Quanto às ditaduras latino-americanas da segunda metade do século XX, em especial as da década de 1970, apenas recentemente, e ainda de maneira tímida, os historiadores têm se interessado em atravessar as fronteiras que os levam além das histórias das resistências e da violência do Estado.

Com isso, arriscando-se em temas que colocarão a sociedade diante do espelho, que indicarão pontes que uniram continentes onde se viam universos isolados.

Devemos observar que mesmo os estudos sobre a repressão política poderiam ter rompido com o binômio anteriormente identificado. No entanto, permaneceram em grande parte voltados para a denúncia (instrumento mais do que necessário no início da redemocratização), a descrição das torturas e dos centros de detenção. Só há pouco tempo os pesquisadores buscaram entender a formação daqueles que atuavam na repressão: quem eram, suas ideias e visões de mundo forjadas nos treinamentos nacionais e internacionais. Ver o homem, e não o "monstro do torturador", tem sido uma preocupação desses trabalhos. O homem com a cara-de-qualquer-um, saído da sociedade, nada estranho a ela, portanto. Não sendo suportável acreditar que a barbárie foi aceitável, criou-se a figura do torturador não à imagem e semelhança de homens e mulheres, mas de seres *loucos*, *monstros*, *anormais*, como se o Mal não fizesse parte da humanidade. Em sentido inverso, mas seguindo a mesma lógica, a rejeição ao Hitler doce e sensível do filme *A queda*.[4] Enquanto estivermos procurando *torturadores* sem rostos humanos, longe estaremos de compreender a barbárie como criação de homens e mulheres, gestada em nosso meio.

Da mesma maneira, ainda pensando a historiografia latino-americana, ampliou-se o debate sobre o quão clandestina poderia ter sido a violência política, na medida em que os principais centros de repressão estavam no perímetro urbano, ao lado de escolas, residências etc., e não nos chamados *porões*. Discutir a indiferença e/ou o silêncio frente à violência nos períodos ditatoriais é também compreender como essas sociedades se relacionam hoje, em tempos democráticos, com os arbítrios praticados pelas forças de segurança do Estado, mais notoriamente as policiais.

Os movimentos de resistência a regimes autoritários e ditaduras têm sido, em geral, supervalorizados em experiências do século XX, seja quanto às suas dimensões quantitativas seja quanto às qualitativas. Sem desconsiderá-los, inclusive como objetos de pesquisa, não raramente essa ênfase está ligada à luta política, que acaba por encobrir o papel que tiveram num contexto marcado pelo consenso e pelo consentimento em torno de um regime autoritário.

Falar das resistências é também — para além das reconstruções *a posteriori* anteriormente referidas — uma maneira de afirmar a sobrevivência do livre-arbítrio, mesmo em situações as mais adversas. Passado o confronto — da afirmação, da luta contra a negação, mesmo que as tiranias jamais tenham desaparecido — é preciso superá-lo, ir adiante. O trabalho militante diferencia-se, pois, do trabalho do historiador.

Em determinados meios — mesmo acadêmicos — ainda sobrevive a crença segundo a qual afirmar a legitimidade de um regime autoritário ou ditatorial, o apoio de significativas parcelas da sociedade, sobretudo quando se trata de camadas populares, é o mesmo que defendê-los. Como se a luta política contra o autoritarismo e a ditadura justificasse a deformação da análise, da interpretação, da informação. Não compartilhamos dessas posições. Afirmar que um tirano foi amado por seu povo não significa concordar com a tirania, apoiar suas ideias e práticas. Tampouco o falseamento das relações da sociedade com o autoritarismo deve ser um instrumento válido e útil para combatê-lo. Ao contrário. Conhecê-las é o primeiro passo para transformá-las. São os valores e as referências, as culturas políticas que marcam as escolhas, sinalizando relações de identidade e consentimento, criando consensos, ainda que com o autoritarismo. Aliás, a deturpação da informação, do conhecimento, não seria também um ato autoritário?

Motivadas por essas tendências historiográficas e pretendendo contribuir nessa direção, propusemos, na linha de pesquisa memória e história, do Núcleo de Estudos Contemporâneos da Universidade Federal Fluminense, uma coletânea (embora não seja necessariamente de memória) capaz de reunir textos sobre diversos regimes autoritários e ditatoriais do século XX, em diferentes momentos e continentes — América Latina, Europa, África e Ásia — basicamente a partir de duas questões-eixo:

— como um regime autoritário/uma ditadura obteve apoio e legitimidade na sociedade;

— como os valores desse regime autoritário/ditatorial estavam presentes na sociedade e, assim, tal regime foi antes resultado da própria construção social.

São artigos que tratam de situações concretas, países de culturas, tradições e passados os mais variados, nos quais a construção do consenso e a busca do consentimento estiveram centradas nas características que os definiam: países ricos, pobres, capitalistas, socialistas, de passado colonial, de passado colonialista, saídos de guerras, rumando em sua direção; países nos quais a religião fundira-se com o Estado, nos quais o Estado laico era a religião; países em que os aspectos religiosos pouco importaram; países nos quais supostamente havia uma democracia consolidada, nos quais a democracia talvez fosse apenas uma palavra; países onde se pode trabalhar à vontade com os conceitos de sociedade e Estado; países onde isso não é evidente, ao contrário, outros conceitos expressam melhor uma formação histórica muito diferente da ocidental. Assim, como veremos, os conceitos Estado, democracia e sociedade ganham significados próprios em tempos e lugares tão diversos.

Enfim, as diferenças são muitas, o que enriquece a reflexão, mas também aponta limites. Enriquece porque mostra como em situações muito diferentes entre si a possibilidade do consenso e do consentimento em torno de regimes autoritários e ditatoriais foi uma realidade no século XX. Dificulta na medida em que o estado da historiografia quanto à proposta sugerida é desigual. Como já dissemos, enquanto para determinados regimes já existe uma produção significativa nessa linha, para outros essa abordagem não é visível, o que colaborou na seleção dos países aqui tratados. Mesmo que haja pesquisadores desenvolvendo esse ponto de vista, a bibliografia está longe de ser abundante. Dificuldades também surgem quando pensamos conceitos tais como Estado, ditadura, democracia, sociedade em países com formações próprias, distantes do suposto universalismo ocidental.

Quanto ao Brasil, nos concentramos no período da ditadura civil-militar, pois, sem dúvida, para o Estado Novo a questão das relações entre regime autoritário e sociedade está bem mais desenvolvida. Conseguimos, então, reunir autores da nossa última ditadura, que vêm desenvolvendo suas pesquisas nessa direção, nada comum até recentemente.

No caso da América Latina, alguns autores já trabalhavam seus temas segundo a abordagem que nos interessava; para outros, foi um desafio. Separamos o Brasil, pois sobre ele concentramos um número maior de artigos em relação aos demais países latino-americanos.

Enfim, o debate já presente na historiografia nos estimulava a pensá-lo para além das fronteiras geográficas, culturais e temporais nas quais se inscrevia; aguçava a curiosidade de historiador de imaginá-lo onde permanecia ausente, mesmo em países e continentes povoados por ditaduras.

Aqui encontramos algumas das experiências de regimes autoritários no século passado. O leitor lembrará de outras. Afinal, quantos volumes seriam necessários para reunir todas? O Vietnã de Ho Chi Minh, o Egito de Nasser, a Romênia de Ceausescu, a Turquia de Atatürk, a Iugoslávia de Tito, a Uganda de Idi Amin...

Nem sempre houve entre nós — autores e organizadoras — uma posição comum quanto ao entendimento se determinado regime era — é — autoritário e mesmo uma ditadura. Cuba de Fidel e Argentina de Perón são casos, entre outros, polêmicos. Angola e Moçambique pós-libertação nacional. O México do PRI (Partido Revolucionário Institucional), em 1968, considerado por uns autoritário, por outros, como o escritor Mario Vargas Llosa, *a ditadura perfeita*. Assim, os recortes de tempo e lugar de cada artigo não comprometem as posições do conjunto dos autores. Esclarecemos ainda que consideramos a historiografia — sua existência e seu mérito — que não concebe determinados governos ou regimes aqui trabalhados autoritários ou ditatoriais. Que a coletânea, então, possa enriquecer o debate, dialogando com seus autores.

A intenção, ao reunir pesquisadores de universidades e centros de estudo que trabalham com essa abordagem e lançar o desafio a outros colegas, foi refletir sobre as relações complexas entre autoritarismo e democracia no século XX. A luta política contra o autoritarismo talvez tenha levado a uma superestimação das *aspirações democráticas* dos povos, segundo a fórmula *o mundo marcha para a democracia*. Na verdade, a história do século mostra como, não raro, o autoritarismo é que foi a reivindicação. Não afirmamos que sempre ou na maior parte das vezes foi assim. Estamos dizendo que muitas vezes ocorreu dessa forma, em momentos diferentes do século, em países com características muito distintas. Aí está o nosso objeto de estudo. É preciso, pois, perceber a dimensão que a democracia — ou o desejo de democracia — teve no século XX, não em função do quanto gostaríamos que tivesse sido, mas confrontada com as bases sociais das experiências autoritárias.

Muito menos a intenção foi fazer uma caça às bruxas. A governos, regimes, sociedades e personagens. Como já aprendemos, nesse movimento, a bruxa torna-se o próprio caçador e das cinzas da fogueira não saem respostas às questões do historiador, nem mesmo algo de que possa se orgulhar.

O que se quer é compreender como, ao longo do século XX, o consenso, frequentemente, se formou em padrões não democráticos, sem que essa ausência tenha sido percebida pela sociedade contemporânea como um problema. Portanto, interessa verificar concretamente como os consensos foram criados; como as acomodações de interesses fizeram-se em regimes autoritários através de mecanismos traduzidos em ganhos materiais e/ou simbólicos para as sociedades.

Se a resistência e a memória da resistência sempre identificaram as ditaduras à tirania, veremos como, não raramente, estas foram reivindicadas até mesmo como salvadoras da própria democracia, dos valores nacionais e sociais, como o único caminho, o fio condutor da transformação radical da sociedade. Em diferentes circunstâncias, a democracia é que foi rejeitada.

A intenção, então, é entender como os ditadores foram amados — quando se trata de ditaduras pessoais — não porque temidos, mas, provavelmente, porque expressavam valores e interesses da sociedade que, em dado momento, eram outros que não os democráticos. Em questão, portanto, um *senso comum* e uma historiografia que veem o desejo de democracia com mais frequência do que se pode constatar historicamente.

Que esta coletânea de textos sobre experiências autoritárias e ditatoriais no século XX, legitimadas pelo apoio de significativas parcelas da sociedade, sobretudo pelas camadas populares, sirva não para justificá-las, mas para compreendê-las. Que contribua para a percepção do autoritarismo como traço de união do passado e do presente, das presenças que sobrevivem às rupturas, que acompanham as mudanças. Que se some a uma historiografia que rompeu com as noções de opressão/oprimidos, coerção-todo-poderosa, progaganda-manipuladora-sedutora, Estado *versus* sociedade. Que se distancie de uma história do Bem contra o Mal, a aliviar a humanidade das suas supostas desumanidades, mas que a condena ao desconhecimento de si mesma.

TEORIAS, DEFINIÇÕES, REFLEXÕES

Democracia e ditadura são dois termos oriundos da Antiguidade. A democracia foi criada em Atenas, Grécia, e apontava para uma maior participação dos cidadãos nas decisões políticas, ainda que excluísse mulheres, estrangeiros e escravos. Já o termo ditadura apareceu pela primeira vez no período da República romana. Com sentido positivo, era uma instituição convocada diante de uma situação de emergência, prevista pela Constituição e "com poderes extraordinários, mas legítimos e limitados no tempo".[5]

Ao longo da história, as concepções de democracia e ditadura foram (são) permanentemente reconstruídas por diferentes sociedades. Atualmente, se a democracia no mundo ocidental é consagrada pela máxima *um governo do povo, para o povo e pelo povo*, a ditadura acabou tornando-se sinônimo de tirania em oposição direta à democracia. No senso comum, um governo não democrático é imediatamente rotulado de ditatorial.

No entanto, se o conceito de democracia é aparentemente de mais fácil compreensão — um sistema de governo para ser democrático deve apresentar eleições regulares, sem fraudes e realmente competitivas, liberdade de imprensa e de organização, alternância no poder, independência dos três poderes e o direito de qualquer cidadão votar e ser votado[6] —, a questão da definição de ditadura nos remete a um dilema. É possível classificar todos os governos não identificados com esses padrões sob um mesmo conceito? Nesta coletânea, por exemplo, temos governos considerados ditaduras pessoais, militares, civis-militares, de esquerda, de direita. Como falamos anteriormente, no caso de algumas experiências históricas aqui trabalhadas, não há consenso sobre a sua definição. Nesse sentido, não são percebidas como ditaduras, mas regimes autoritários. E outras, ainda mais singulares, nem ditaduras nem regimes autoritários, mas exemplos de democracia.

A ausência de uma *boa definição* de ditadura é considerada um problema por vários autores de períodos e posições políticas e acadêmicas diferentes que se dedicaram ao tema no século XX. É o caso do jurista alemão Carl Schmitt, no livro *A ditadura*,[7] e de Franz Neumann, no artigo "Notas sobre a teoria da ditadura".[8]

O livro de Carl Schmitt foi publicado pela primeira vez em 1921, portanto antes da constituição dos governos fascistas do século XX.[9] No prólogo da primeira edição, Schmitt afirmava que, até então, o termo político ditadura permanecera confuso, o que explicava, ao mesmo tempo, a sua enorme popularidade, bem como a aversão dos eruditos do direito a admiti-lo.[10]

Para Schmitt, de uma maneira geral, podemos chamar de ditadura

> a toda excepción de una situación considerada como justa, por lo que esta palabra [ditadura] designa ya una excepción de la democracia, ya una excepción de los derechos de libertad garantizado por la Constitución, ya una excepción de la separación de los poderes o bien (como el la filosofía de la historia del siglo XIX) una excepción del desarrollo orgánico de las cosas.[11]

Já Franz Neumann afirma que

> por mais estranho que pareça, não temos um estudo sistemático sobre ditadura. A informação histórica é abundante e há muitas análises sobre diversos ditadores em muitos países. Mas não existe uma análise que procure generalizar não somente com base na experiência política do século XX, mas nos sistemas políticos do passado mais distante.[12]

Embora reconhecesse o livro de Carl Schmitt como a "exceção mais significativa", Neumann não considerou sua análise "aceitável", reservandolhe apenas uma nota no fim do artigo.

Na busca por uma definição, Neumann estabelece ditadura como "o governo de uma pessoa ou de um grupo de pessoas que se arrogam o poder e o monopolizam, exercendo-o sem restrições".[13]

Existiriam, então, três tipos de ditadura, a saber: a *simples*, na qual o governo — quer seja militar, monárquico etc. — detém o controle dos instrumentos clássicos de domínio: o exército, a polícia, a burocracia e o judiciário; a *cesarista*, cujas características são a necessidade do apoio popular e a personalização do governo em torno de um líder; e a *totalitária*, que apresenta características *cesaristas*, por meio da forte presença de um líder e das massas populares. No entanto, esses pontos podem não ser fortes o suficiente para a garantia do poder e acabam por obrigar o Estado a lançar mão de outras estratégias, tais como o controle da educação, dos meios de comunicação e das instituições econômicas.

Além de criar tal tipologia, Neumann defende a tese de que, se analisarmos mais atentamente alguns casos ao longo da história, seríamos forçados a concluir que a visão democracia liberal (bem) *versus* ditadura (mal) não se sustentaria: "Uma moralização sobre os sistemas políticos torna difícil a compreensão de suas funções."[14] Nesse sentido, as ditaduras podem ser uma implementação da democracia, uma preparação para a democracia, na qual teríamos uma ditadura educativa; por outro lado, podem ser a negação da democracia e, portanto, um sistema totalmente regressivo.[15]

Contemporâneo dos fascismos, assim como Schmitt, Neumann levanta uma questão essencial relacionada particularmente à temática desta coletânea: a busca de apoio na sociedade. A ditadura *simples* ocorreria em países onde

> as massas não são politizadas, onde a política está nas mãos de pequenos grupos que competem por favores e que esperam ganhar prestígio e fortuna com uma associação com o ditador. A massa paga apenas os impostos e talvez seja obrigada a servir no exército, mas não toma mais parte alguma da vida política.[16]

Assim, "dispensaria" a busca de apoio na sociedade. Já na ditadura do tipo *cesarista* ocorreria a necessidade do apoio popular, um novo elemento que a diferenciaria do primeiro modelo. Por fim, ao analisar a ditadura totalitária, Neumann concluiu que, em função da maioria dos casos modernos aí classificados terem surgido *na* democracia e *contra* ela, era-lhes necessário "cultivar os rituais democráticos, embora despidos de toda a sua verdadeira substância".[17] O controle da sociedade tornava-se um de seus elementos característicos a ser exercido desde a liderança, *sincronizando* todas as organizações sociais, criando elites graduadas, atomizando e isolando o indivíduo, transformando a cultura em propaganda e usando o terror como ameaça permanente ao indivíduo.[18]

Neumann viu no medo um elemento fundamental dos processos psicológicos da ditadura, seja como aviso, proteção ou destruição.[19] Do medo, que ativou a ansiedade, resultaria a ligação entre as massas e o líder, especialmente no tipo totalitário.

Outros dois autores a serem destacados no debate sobre a definição de ditadura são Carl Friedrich[20] e Giovane Sartori, ainda que este se preocupe antes em definir o que não é democracia.[21] Em ambos, o termo autocracia seria um conceito melhor do que ditadura para designar os regimes não democráticos. Sartori reconhece que "a vantagem do conceito de autocracia sobre aqueles examinados até agora [como totalitarismo e ditadura] é que ele aponta diretamente para um 'princípio' constitutivo do poder com respeito à base de legitimidade do poder".[22] No entanto, apesar da defesa desses e de outros autores do uso de autocracia em oposição à democracia, o termo não encontrou ressonância.

Friedrich também avaliou a ditadura totalitária e sua relação com a sociedade. Como outros autores,[23] chegou à conclusão de que ela só foi possível graças à passividade das massas, manipuladas e enganadas.

Recorrendo ao verbete "Ditadura" do *Dicionário de política* organizado por Bobbio, Matteucci e Pasquino,[24] nos deparamos mais uma vez com a constatação de que "até hoje não se encontrou um termo mais adequado do que ditadura para designar, em seu conjunto, os regimes não democráticos modernos".[25]

Para o autor do verbete, Mario Stoppino, as principais características das ditaduras modernas são: "A concentração e o caráter ilimitado do poder; as condições políticas ambientais, constituídas pela entrada de largos estratos da população na política e pelo princípio da soberania popular; a precariedade das regras de sucessão no poder."[26] Em especial, nos interessa o terceiro aspecto porque diz respeito à legitimidade das ditaduras. Nesse sentido, Stoppino destaca que, apesar de as ditaduras alcançarem a legitimidade por diferentes caminhos, como plebiscitos, festas etc., não será uma legitimidade democrática, já que as ditaduras "não podem eliminar o fato crucial de que a autoridade política é transmitida do alto para baixo, e não vice-versa".[27]

Dialogando com Neumann e outros autores, Stoppino demarca ainda o *fim*, o *destino* essencial das ditaduras, visto que elas podem ser *revolucionárias*, aquelas que "visam a abater ou minar, de forma radical, a velha ordem político-social e introduzir uma ordem nova ou renovada";[28] *conservadoras*, "que têm como finalidade defender o *status quo* dos perigos de mudança"[29] e, algumas vezes, *reacionárias*, "que dirigem seus objetivos para dar novamente vida a valores e formações sociais do passado, que se encontram em via de extinção".[30]

Até aqui foi possível observar como autores clássicos que formularam teorias acerca das ditaduras, mesmo discordando entre si, reconhecem as dificuldades de tratar o conceito. Neumann e Friedrich dão atenção especial aos casos totalitários. Neumann os explicaria pelo medo; Friedrich, pela passividade das massas.

Compreender o que é uma ditadura, como a sociedade se comporta frente à sua instauração e permanência, legitimando-a ou não — ou como ela participa da sua instauração e permanência —, seu comportamento, sua opinião, as relações que estabelece com o Estado, representava um desafio para os pesquisadores das ciências humanas.

Com a Segunda Guerra Mundial e no pós-1945, as experiências ditas totalitárias tornaram-se a referência incontornável no debate.

A constante revisão do conceito de ditadura nos permite observar o quanto foi — e permanece sendo — difícil definir tipologias para as experiências autoritárias do século XX. O diálogo com o conceito de totalitarismo ampliou perspectivas de análises, num movimento revelador, igualmente, das dificuldades e dos limites do próprio conceito. Embora o seu uso nas ciências humanas tenha sofrido críticas desde o início dos anos 1960,[31] sua grande repercussão foi inegável no pós-guerra, marcando uma tendência historiográfica produzida na ambiência da guerra fria. As imagens do inimigo da véspera se sobrepunham às do inimigo do dia. Mesmo considerando que "a emergência e o uso de todo conceito se inscrevem e flutuam na História", Denis Peschanski vê aí, entretanto, um "conceito-símbolo", "eminentemente sujeito aos imprevistos da conjuntura".[32]

Antes do fim do século, e sem que houvesse a reedição da intervenção externa para fraturar o monolito, ruía com o Muro, o leste europeu e a URSS um dos pilares do conceito: a onipotência do Estado capaz de engessar a sociedade, criando uma estrutura inalterável. E, nesse sentido, o estudo da sociedade e das suas relações com Estado não se justificou. Em linhas muito gerais, essa foi a crítica de Moshe Lewin ao uso do totalitarismo para entender a URSS, afirmando, em meio à *Era Gorbachev*, a história social como viés para a compreensão do país. Em 1987, afirmava:

> A habitual antítese Estado *versus* sociedade é talvez inadequada quando se deseja estudar as relações entre ambas as coisas. Caso se aceite a hipótese de os Estados, mesmo arbitrários, serem parte de um todo mais amplo e que o fato de permanecerem arbitrários produzirá resultados catastróficos, é preciso elaborar um conceito de Estado que dê margem ao estabelecimento de conexões entre a área política e as demais áreas da vida social.[33]

Quanto ao estudo da Alemanha nazista — e aqui só para citar os dois casos consagrados —, Pierre Ayçoberry avaliou, no fim da década de 1970, que o uso do conceito deixara um saldo de dez anos perdidos para a compreensão da *questão nazista*.[34]

Entretanto, ele não se restringiu às disputas ideológicas da guerra fria. Ganhou autonomia em relação a interesses e simplificações inerentes a determinadas interpretações. Em muitos autores, diz respeito, sobretudo, à ambição do Estado de assumir todas as esferas da vida da nação, mas não, absolutamente, à sua realização. O totalitarismo representaria, então, "um limite jamais atingido", como defende Claude Lefort.[35] Esses autores continuaram a trabalhar com o conceito para demarcar a especificidade de determinadas ditaduras do século XX: o caráter ideológico. A pretensão de controlar o passado, o presente, o futuro, fazendo da História, mitologia (Max Horkheimer); a pretensão de criar o *homem novo*, realizar a utopia do mundo *perfeito* aqui e agora são características ausentes, por exemplo, nas ditaduras militares (ou civis-militares) da América Latina dos anos 1950, 1960 e 1970. Isso explicaria — *e justificaria* — a permanência do conceito de totalitarismo nos casos das ditaduras fascistas e socialistas.

Não é nossa pretensão aqui, evidentemente, estender essa discussão. Especialistas já o fizeram.[37] Apenas sublinhar como a reflexão sobre o conceito de totalitarismo acabou por motivar "numerosos trabalhos históricos, com efeito, estudando as configurações sucessivas e respectivas dessa geometria política fundamental que associa Estado, sociedade, partido(s), elites".[37]

A derrota dos países do Eixo e o fim da Segunda Guerra Mundial não significaram o desaparecimento de todas as ditaduras na Europa. Salazar, em Portugal, e Franco, na Espanha, seguiram com seus governos. Ainda assim, a democracia estava na ordem do dia, em oposição ao *totalitarismo* soviético. Seria a melhor forma de combatê-lo.

Para a América Latina, por exemplo, o período do fim do conflito mundial ao início da guerra fria foi marcado pela queda de várias ditaduras ou, como no caso paraguaio, por medidas de abertura política.[38] No entanto, a guerra fria viria a transformar esse cenário, e o prestígio internacional da URSS, devido ao destacado papel desempenhado na vitória contra o nazismo, foi considerável nessa mudança.

Ainda pensando a América Latina, a democracia, que sempre enfrentou — enfrenta — dificuldades na região, paulatinamente deixou de ser vista por setores importantes da sociedade como a melhor maneira de combater o comunismo. Um *governo forte*, capaz de conter o avanço do *perigo vermelho*, sobretudo após a vitória da Revolução Cubana (1959), tornou-se a melhor ou a única saída possível. Os Estados Unidos, porta-vozes dos valores democráticos como meio de combate ao comunismo, aparecem no cenário como um dos principais incentivadores dos golpes e das ditaduras que se sucediam. Durante muito tempo, e ainda hoje — na historiografia, no meio político, no senso comum —, aos Estados Unidos foi atribuída a conta pelas ditaduras, especialmente nos casos brasileiro e chileno. Não negamos a influência estadunidense, seja por meio de suporte militar e/ou financeiro. Contudo, não lhe podemos atribuir toda a responsabilidade sobre o que aconteceu. A América Latina tem sido compreendida como *sem opção, explorada, à mercê dos interesses internacionais*, ou seja, uma *vítima* através dos tempos. À região é atribuída uma história linear, sem cortes, desde a chegada dos europeus até o *imperialismo americano*. Suas sociedades seriam sempre manipuladas por governantes pouco preocupados com seus países. Não compartilhamos de maneira alguma dessas visões. Como veremos nos artigos aqui reunidos, o autoritarismo foi desejado e alguns ditadores foram (são) queridos e percebidos como *salvadores da pátria* por pessoas e/ou segmentos da sociedade de todas as idades e origens sociais. O autoritarismo constituía elemento da cultura política de muitas sociedades. Antes da "influência estadunidense", as ditaduras latino-americanas dos anos 1960 e 1970 tinham, desde as articulações do golpe e durante o regime, como discurso principal "salvar os valores ocidentais e cristãos do perigo do comunismo". Buscaram e receberam o apoio de setores da sociedade para o golpe. Sucessivamente, Brasil (1964), Uruguai (1973), Chile (1973) e Argentina (1976) passaram a ter governos ditatoriais. Os governos legítimos e legais foram depostos e acusados de incapacidade e irresponsabilidade.[39] Os novos governos, representados por militares, mas não exclusivamente formados por eles, seriam a representação da salvação, enquanto o que havia antes nos países, o caos. A esquerda queria entregar o país a Moscou. Até mesmo Stroessner, no poder desde 1954, adotou o discurso do anticomunismo e da salvação da nação.

O cenário mundial, tanto na América Latina quanto na Europa, passou a contar com "novas" ditaduras que não se adequavam mais às tipologias existentes. Não se tratava de governos totalitários no sentido inicial da concepção e demandavam novas análises para os novos fenômenos políticos.

Em 1964, Juan J. Linz escreveu o artigo "An Authoritarian Regime: Spain",[40] no qual apontava a existência de uma *terceira dimensão*, localizada entre os dois polos democrático e totalitário, que seria o regime autoritário. Era um dos primeiros autores a pensar para além do binômio consagrado até então. Os regimes autoritários seriam:

> Sistemas políticos com um pluralismo limitado e não responsável; sem uma ideologia complexa que os norteasse, mas com mentalidades bem características; sem mobilização política, quer extensiva ou intensiva, exceto em alguns momentos do seu desenvolvimento, nos quais um líder ou, às vezes, um pequeno grupo exerce o poder dentro de limites formalmente mal definidos, que, no entanto, são bastante previsíveis.[41]

No projeto *Transições do regime autoritário: perspectivas da democracia na América Latina e no sul da Europa*, desenvolvido entre 1979 e 1981, sob a coordenação de Guillermo O'Donnell e Philippe C. Schmitter, no âmbito do Programa Latino-Americano do Woodrow Wilson International

Center for Scholars (Washington, EUA), os dois coordenadores chamaram a atenção para o que consideravam as diferenças entre os dirigentes autoritários dos períodos entreguerras e os dirigentes autoritários do pós-1945. Segundo os autores, os primeiros obtiveram

> condições de aspirar e legitimar seu governo através de alguma combinação do imaginário mobilizador do Fascismo e de referências a formas mais tradicionais de corporativismo. Esses regimes podiam promover a si mesmos (e efetivamente o fizeram) como solução a longo prazo para os problemas da ordem política e como a melhor forma possível de governo para suas respectivas sociedades.[42]

Já os dirigentes autoritários do pós-1945 "não puderam contar com essa possibilidade [...] trata-se de regimes que recorrem a práticas ditatoriais e repressivas no presente, ao mesmo tempo que prometem liberdade e democracia no futuro".[43]

Em 1996, mais uma vez, o mesmo Juan J. Linz, ao lado de Alfred Stepan, defendeu no livro *A transição e consolidação da democracia* uma tipologia revisada, pois na visão dos dois autores

> as tipologias ascendem e caem de acordo com sua utilidade analítica para os pesquisadores. A nosso ver, o regime de classificação tripartida atualmente existente não apenas se tornou menos útil do que era antes para os teóricos e os praticantes da democracia como também transformou-se num obstáculo.[44]

No quadro proposto por Linz e Stepan, teríamos os regimes democráticos, autoritários, totalitários, pós-totalitários e sultanísticos.[45]

A explicação da alteração pode residir, em parte, no fato de a pesquisa inicial dos autores, da mesma maneira que a de O'Donnell e Schmitter, dizer respeito ao sul da Europa e à América Latina. As novas experiências do mundo oriental, africano e dos países do Leste da Europa e mesmo da América Latina (pensando em Fujimori) não estavam incluídas no conceito original.

Enfim, a própria diversidade das experiências do século XX, certamente, obrigou o pesquisador a avançar em relação às tipologias conhecidas,[46] até porque esses regimes não ocorreram num mesmo período ou espaço, superando-as em muitos sentidos, voltando a elas, enriquecendo-as. Após os fascismos, outras e diferentes experiências autoritárias surgiram e continuam a surgir. Inclusive antigos governos, ainda no poder, são reconstruídos para dar conta das demandas do mundo e da própria sociedade que se renovam, se atualizam.

Na discussão sobre as *novas* tipologias e as análises das ditaduras e dos regimes autoritários, da mesma maneira que ocorre com a América Latina, o continente africano tem sido visto como vítima da História, da ambição dos homens através dos tempos. O desconhecimento da África, não raramente, leva o Ocidente a uma percepção simplificada e monolítica, marcada por estereótipos: um só povo, devastado pelo colonialismo e pelo imperialismo, minado na escravidão[47] e na exploração, com uma enorme dívida a resgatar. As ditaduras que se seguiram, especialmente após os processos de independência, têm sido explicadas e/ou justificadas pelas guerras civis, confrontos entre etnias, pelo baixo desenvolvimento da educação e pelo apoio das nações mais ricas. Os africanos, manipulados por seus líderes — em alguns casos heróis do confronto de libertação nacional — ou pela *ausência* de uma *sociedade civil*, após o fim do antigo sistema, teriam sido facilmente dominados por ditadores.

A Ásia, outro continente povoado por fascínios e medos, nascidos do desconhecimento do Ocidente, da incompreensão de suas culturas, de um tempo — um passado, um futuro — do qual há muito nos distanciamos, traz para o pesquisador de regimes autoritários uma série de elementos. Nos países asiáticos — igualmente múltiplos, plenos de diferenças evidentes e também nuances — esses elementos, como veremos, coesionam grupos e sociedades em torno de ditaduras. Nem sempre o olhar ocidental é capaz de percebê-los.

Os trabalhos aqui reunidos contribuem para esse debate. Os regimes autoritários e as ditaduras não são mais compreendidos a partir da manipulação, da infantilização e da vitimização das *massas*, incapazes de fazer escolhas; nem exclusivamente em função da repressão, do medo, da ausência de ação ou pressão popular; tampouco como regimes fechados. Ao contrário, buscaram entender como se constroem consensos e consentimentos, como se estabelecem relações entre Estado e sociedade. Nessa perspectiva, acredita-se que, uma vez gestadas no interior das sociedades, as ditaduras não lhes são estranhas. Alguns autores, por exemplo, trabalham com o conceito de cultura política como uma "chave", como compreendeu Serge Berstein, introduzindo "diversidade, dimensão social, ritos, símbolos, ali onde reina, supõe-se, o partido, a instituição, a imobilidade".[48]

Não temos a intenção — nem a pretensão — de escrever uma *nova* definição de ditadura e regimes autoritários. Entretanto, ao propor as duas questões identificadas no início da apresentação, refletimos também sobre esses conceitos. Os artigos aqui apresentados são, em seu conjunto, contribuições nesse sentido. As abordagens elaboram as definições. As próprias fontes com as quais os autores trabalham — e como trabalham — afastavam hipóteses e teses consagradas. Assim, essa historiografia tem avançado na percepção do que são as ditaduras e os autoritarismos.

Não negamos as resistências, nem muito menos estamos dizendo que a história está fadada às ditaduras. Estamos simplesmente lidando com uma constatação: um século marcado por muitas ditaduras, em diferentes países e continentes, com culturas, tradições e passados diversos, que tiveram apoio da sociedade. Esse é nosso recorte. Descartadas as respostas que subestimam os povos, buscamos nos reunir a essa historiografia que já tem muito a dizer sobre o século XX e o legado que dele recebemos.

* * *

Ao chegarmos ao fim de uma etapa de trabalho, é uma satisfação constatar o quanto temos a agradecer.

O fato de estarmos na UFF, no Departamento de História, no Núcleo de Estudos Contemporâneos (NEC), no Programa de Pós-Graduação de História, foi essencial.

A participação em Convênios internacionais (Capes-Cofecub/França) e (Capes-Secyt/Argentina) igualmente contribuiu para a ampliação dos debates e das perspectivas.

Somos gratas a Thaddeus Blanchette, Angelo Segrillo, Fábio Merçon, Daniela de Carvalho Sophia, Alain François, Marco Mazzillo, Roberto Mauro Facce, Lívia Magalhães e Renata Chiossi, que nos socorreram em várias traduções. E ainda a Giordano Bruno Reis dos Santos e a Caio Paz, que verificaram as referências, notas e bibliografias.

Gostaríamos também de agradecer aos amigos e colegas o diálogo que muito contribuiu para a realização do trabalho. A Daniel Aarão Reis, cujas ideias inspiram a coletânea, agradecemos o incentivo e o apoio. A Norberto Ferreras e Marcelo Bittencourt, colegas do NEC. A Elizabeth Jelin, Mariana Candido, Alexandre Vieira Ribeiro, Federico Guillermo Lorenz, Jorge Ferreira, Marco A. Pamplona, as discussões, as sugestões e as críticas sempre muito pertinentes e bem-vindas. A Didier Musiedlak, que nos *apresentou* a Pierre Laborie. Aos autores que contribuíram com seus textos, com suas ideias, muitos, inclusive, nos indicando nomes e colegas. A eles, a todos, nosso reconhecimento.

Denise Rollemberg e Samantha Viz Quadrat
Núcleo de Estudos Contemporâneos
Universidade Federal Fluminense

Notas

1. LABORIE, Pierre. *L'opinion française sous Vichy. Les Français et la crise d'identité nationale. 1936-1944*. Paris, Seuil, 2001 (ed. orig. 1990) e *Les Français des années troubles. De la guerre d'Espagne à la Liberation*, Paris, Desclée de Brouwer, 2003.
2. GOMES, Angela de Castro. *A invenção do trabalhismo*, 3ª ed., Rio de Janeiro, FGV, 2005 (1ª ed., São Paulo, Vértice, 1988); tese de doutorado defendida em ciência política no Iuperj, Rio de Janeiro, 1987.
3. AARÃO REIS, Daniel. *Ditadura militar, esquerdas e sociedade*. Rio de Janeiro, Jorge Zahar Editor, 2000.
4. *A queda, as últimas horas de Hitler* (Der Untergang), de Oliver Hirschbiegel (Alemanha/Áustria/Itália, 2004).
5. BOBBIO, Norberto. "Democracia/Ditadura". *Enciclopédia Einaudi: Estado — Guerra*. Lisboa, Imprensa Nacional/Casa da Moeda, 1989, p. 209.

6. Reconhecemos aqui o privilégio das questões políticas, o que não quer dizer de maneira alguma que não compartilhamos da ideia de que a democracia deve vir acompanhada de melhorias nas condições sociais e econômicas para toda a sociedade.
7. SCHMITT, C. *La dictadura*. Madri, Alianza Editorial, 1999. Crítico da República de Weimar, Schmitt é centro de polêmica sobre o seu envolvimento com o III Reich, tendo mesmo se filiado ao Partido Nazista. Com a derrota alemã, ficou preso por dois anos e foi interrogado no Tribunal de Nuremberg. No entanto, suas ideias, como o próprio debate sobre ditadura e a política como o confronto de amigos e inimigos, continuaram a ser discutidas, inclusive por setores das esquerdas, e estudadas até os dias atuais, constituindo-se numa importante referência para a ciência política. Para os objetivos do breve debate que se segue, nos limitamos a autores do século XX.
8. NEUMANN, Franz. *Estado democrático e Estado autoritário*. Rio de Janeiro, Zahar Editores, 1969. Neumann, jurista e cientista político, foi preso em 1933 pelos nazistas na Alemanha. Integrante da chamada Escola de Frankfurt, foi também um dos grandes críticos do nazismo. Exilou-se nos Estados Unidos. O autor não chegou a concluir a versão final do texto porque faleceu em 1954.
9. O autor continuou a publicar trabalhos, em que refletiu sobre as experiências autoritárias do século XX, até a sua morte em 1985.
10. SCHMITT, C., *op. cit.*, p. 19.
11. *Idem*, pp., 194-195.
12. NEUMANN, Franz, *op. cit*, p. 257.
13. *Idem*, p. 259.
14. *Idem*, p. 273.
15. *Idem.*
16. *Idem*, p. 260.
17. *Idem*, p. 269.
18. *Idem*, pp. 269-270.
19. *Idem*, p. 278.
20. FRIEDRICH, Carl. "Dictadura". *Política* 2. Madri, Rioduero,1975, pp. 102-118.
21. SARTORI, G. *A teoria da democracia revisitada — 1: O debate contemporâneo.* São Paulo, Ática, 1994.
22. *Idem*, p. 277.
23. É o caso de Hannah Arendt. *Origens do totalitarismo.* São Paulo, Companhia das Letras, 1989.
24. STOPPONO, Mario. "Ditadura". BOBBIO, Noberto *et al. Dicionário de política.* Brasília, UnB, 1997, pp. 368-378.

25. *Idem*, p. 373.
26. *Idem*.
27. *Idem*, p. 374.
28. *Idem*, p. 275.
29. *Idem, ibidem*.
30. *Idem, ibidem*.
31. Essa crítica ao conceito se deu tanto em termos teóricos como submetendo-o a estudos históricos, cf. PESCHANSKI, Denis. "Le concept du totalitarisme", *in*: PESCHANSKI, Denis, POLLAK, Michaele; ROUSSO, Henry (orgs.). *Histoire Politique et Sciences Sociales*. Questions au XXè siècle. Paris; Bruxelles, IHTP, Editions Complexes, 1991.
32. *Idem*, pp. 191 e 195.
33. LEWIN, Moshe. *O fenômeno Gorbachev*. Uma interpretação histórica. Rio de Janeiro, Paz e Terra, 1988, p. 24. Também nessa perspectiva, Denis Peschanshi cita, além de Moshe Lewin (1985), Karel Bartosek, que em edição especial da revista *Communiste*, nº 8, 1985, entre outros historiadores da URSS e da Europa comunista, resgatava a história social da URSS, evidenciando a existência de uma sociedade que se acreditava destruída. PESCHANSKI, Denis. *op. cit.*, pp. 204-5.
34. AYÇOBERRY, Pierre. *La question nazie. Les interprétations du national-socialisme*. 1922-1975. Paris, Seuil, 1979, p. 13. Cf. também SILVA, Francisco Carlos Teixeira da. "Os fascismos". AARÃO REIS, Daniel; FERREIRA, Jorge; ZENHA, Celeste (orgs.). *O século XX. O tempo das crises. Revoluções, fascismos e guerras*. Rio de Janeiro, Civilização Brasileira, 2000, vol. 2.
35. Cf. PESCHANSKI, Denis, *op. cit.*, p. 193.
36. Cf. HERMET, Guy; HASSNER, Pierre e RUPNIK, Jacques (orgs.). *Totalitarismes*. Paris, Economica, 1999 (1ª ed. 1984). C.f. TRAVERSO, Enzo. *Le totalitarisme*. Le XXè siècle em débat. Paris, Éditions du Seuil, 2001 (Coll. Essais).
37. PESCHANSKI, Denis, *op. cit.*, p. 204.
38. ROXBOROUGH, I. e BETHELL, L. *A América Latina entre a Segunda Guerra Mundial e a guerra fria*. Rio de Janeiro, Paz e Terra, 1996.
39. Devemos observar a especificidade uruguaia no Cone Sul da América Latina, em função de o presidente Juan María Bordaberry, eleito em 1971, ter dado início à ditadura com apoio das Forças Armadas em 1973.
40. LINZ, Juan e STEPAN, Alfred. *A transição e consolidação da democracia*. São Paulo, Paz e Terra, 1999.
41. *Idem*, p. 57.
42. O'DONNELL, Guillermo e SCHMITTER, Philippe C. *Transições do regime autoritário. Primeiras conclusões*. São Paulo, Vértice, 1988, p. 35.

43. *Idem*, p. 35.
44. LINZ e STEPAN, *op. cit.*, p. 58.
45. *Idem*, p. 59.
46. Agradecemos a Alessandra Carvalho, que nos chamou a atenção para esse aspecto.
47. Cf. a historiografia que tem se destacado na revisão da escravidão na época moderna, embora ainda persista o debate sobre o peso do tráfico internacional nas modificações das estruturas sociais na África: ELTIS, David. *Economic growth and ending of the transatlantic slave trade.* Nova York, Oxford Academic Press, 1987; LOVEJOY, Paul E. *A escravidão na África: uma história de suas transformações.* Rio de Janeiro, Civilização Brasileira, 2002; MILLER, Joseph. *Way of death: merchant capitalism and de Angolan slave trade, 1730-1830.* Madison, Wisconsin University Press, 1987; e THORNTON, John. *A África e os africanos na formação do mundo atlântico, 1400-1800.* Rio de Janeiro, Elsevier, 2003.
48. BERSTEIN, Serge. "L'historien et la culture politique". *Vingtième siècle. Revue d'histoire*, nº 35, 1992, p. 67.

CAPÍTULO 1

1940-1944. Os franceses do pensar-duplo*

Pierre Laborie**

Tradução de Vera Gertel

*Agradecemos ao autor e ao editor a autorização para publicação no Brasil do artigo, publicado originalmente em inglês em: Sarah Fishman; Laura Lee Downs; Ioannis Sinanoglou; Leonard V. Smith; Robert Zaretsky. *France at War*: Vichy and the Historians. Oxford, Nova York: Berg, 2000; e em francês em: Pierre Laborie. "1940-1944: Les Français du penser-double." *In*:——. *Les Français des années troubles.* De La guerre d'Espagne à la Liberation. Paris: Desclée de Brouwer, 2003. (Ed. original, 2001.)

**Professor da École des Hautes Études en Sciences Sociales (EHESS), Paris. Autor de *Les Français des anncées troubles. De la guerre d'Espagne à la Liberation*. Paris: Desclée de Brower, 2003 (1ª ed. Desclée de Brouwer 2001) e *L'Opinion française sous Vichy. Les Français et la crise d'identité nationale. 1936-1944*. Paris: Seuil, 2001 (1ª ed. 1990).

Mas somos, não sei como, duplos em nós mesmos, o que faz com que não acreditemos no que acreditamos e não possamos nos desfazer do que condenamos.

MONTAIGNE[1]

O trabalho dos historiadores ajudará algum dia os franceses a classificar e julgar fora do campo das paixões aqueles tempos em que eles "não se amavam"?[2] Até que ponto se pode saber e compreender o que foi essa França dos anos negros, embaralhada nas confusões de uma crise de identidade levada ao paroxismo? Em que medida é possível discernir o verdadeiro sentido das escolhas coletivas quando a perturbação de um povo humilhado atinge de tal maneira as profundezas de sua consciência e as próprias bases da ideia de pátria e nação?

OBSESSÃO E SURDEZ

O tempo e as gerações passam, os testemunhos se distanciam, mas o fascínio, o mal-estar e a dúvida estão sempre presentes e estreitamente ligados. Durante muito tempo onipresente e, em exagero, o enaltecimento da escolha pela rejeição e pela honra preservada se faz menos visível, mais resignado, como se nada pudesse apaziguar as cicatrizes de Vichy e da Ocupação.[3] Uma parte do presente continua sendo escrita no passado, mas o inverso é igualmente verdadeiro, e essa dialética confere cada vez mais à síndrome autopsiada por Henry Rousso a profundidade de uma questão estrutural. Remoendo de maneira quase obsessiva a lembrança desses quatro anos intermináveis, a França continua fazendo, a seu próprio respeito, as mesmas interrogações perturbadoras. Não cessa de fazer e repetir as mesmas perguntas, ignorando, ou fingindo descobrir a cada vez, verdades estabelecidas há muito tempo pelos pesquisadores. Por meio de repetidos espantos — explorados e ampliados pelo jogo do mercado midiático — os franceses se mostram obstinadamente surdos ao estranhamento de sua própria surdez. Repetem à exaustão que chegou a hora de derrubar tabus que deixaram de sê-lo há muito tempo, que é urgente falar, enfim, do que não se falaria jamais. Está claro que não se disse tudo sobre Vichy, sobre a colaboração ou sobre a Resistência, menos ainda sobre a maneira multiforme como a sociedade francesa atravessou o período. Mas podemos nos perguntar o que podem nos trazer as permanentes hesitações de uma história-memória acomodada às tendências mutantes do clima da época. O que pode restar da dimensão cívica de uma reflexão sobre o passado quando ela é, a esse ponto, modelada e instrumentalizada por reconstruções sucessivas, quando lógicas identitárias ferem a lógica da verdade, quando os interesses ideológicos produzem leituras anacrônicas que desvalorizam as regras de método, a marcha do tempo e uma exigência elementar de rigor? A despeito das intenções afirmadas pelos detentores de uma determinada pedagogia da fidelidade à lembrança, podemos nos interrogar sobre sua eficácia. Não é certo que essas simplificações e inversões de perspectiva constituam o melhor meio para convencer por muito tempo os franceses a considerar o seu passado sem complacência e a viver a sua história, toda a sua história, com os olhos abertos.

Os julgamentos sobre as atitudes e os comportamentos coletivos entre 1940 e 1944 refletem de maneira característica essa mistura de intenções respeitáveis, de temor, de indignações súbitas e de crispações sobre as disputas de memória. A extraordinária diversidade das experiências vividas transmitidas pelos testemunhos dos familiares, a sensibilidade do tema e sua popularidade — todo mundo tem uma opinião formada sobre a questão — limitam o alcance do olhar distanciado dos historiadores e seus esforços de explicação. Quando se afastam demais de um "memorialmente correto" próprio a cada grupo ou comunidade, e vigiados de maneira desconfiada, esses esforços são mal aceitos, a ponto de serem suspeitos de procurar insidiosamente justificar o injustificável. Profundamente atual por sua dimensão moral, mas muito frequentemente reduzido a generalidades abusivas, a alternativas simplistas ou mesmo radicalmente reduzido a condenações sem apelo — do tipo "todos culpados, todos colaboracionistas"[4] — o problema dos comportamentos encontra-se sempre no centro de um debate no qual se trata menos de enfrentar a complexidade — ou compreender do que de julgar, ou mesmo estigmatizar.[5] O debate volta a todo momento, a propósito do extermínio dos judeus, do percurso de um presidente da República, do processo de um alto funcionário, das trajetórias de certos resistentes, do zelo da administração... A partir de tipologias solidamente estabelecidas e excessivamente cristalizadas — pétainistas, resistentes, colaboracionistas, *attentistes** criminosos, cúmplices etc. — quer-se classificar, catalogar, enumerar. Quer-se também acusar ou glorificar, denunciar, exigir justiça, obter reparação. Em configurações nas quais os imperativos do momento exigem aplicar categorias mentais e referências culturais do presente para a compreensão do passado — arriscando-se a deformar-lhe o sentido — o historiador é, no entanto, convocado para fins de legitimação. De onde um mal-entendido persistente, ainda mais complicado pela injunção insistente do dever de memória que transporta o passado para o futuro.

COMPORTAMENTOS COLETIVOS E COMPLEXIDADE DO SOCIAL

A universalidade dos ensinamentos da Shoah e a imprescritibilidade do crime contra a humanidade relançaram assim em termos fortes a dialética complexa da relação entre memória e história, entre fidelidade e verdade, entre a dupla necessidade de seus laços indissociáveis e de uma leitura críti-

*Do verbo *attendre*, esperar, não tem tradução precisa para o português; no contexto tratado pelo autor, refere-se aos franceses que não assumiram posição explícita quando da derrota da França para a Alemanha nazista, da Ocupação e do estabelecimento do Regime de Vichy, esperando os desdobramentos de um mundo em guerra para se posicionar a respeito da nova realidade. (*N. das O.*)

ca recíproca. As dificuldades do diálogo não são novas mas não podem, em nenhum caso, sob pena de regressão, permitir que se dê crédito à ideia segundo a qual toda *démarche* explicativa seria por natureza exoneratória e relativista. O prosseguimento e aprofundamento da reflexão sobre a natureza e o sentido das reações coletivas dos franceses perseguem um único objetivo: tentar encontrar os modos de pensamento comuns e analisar as motivações de sua construção para poder penetrar um pouco melhor na complexidade do social. É nessa perspectiva que estas poucas páginas sobre o pensar-duplo dos franceses devem ser lidas. Antes de tudo, e para esclarecer, três observações revelam-se indispensáveis.

A primeira exprime um dado primordial: o modo de presença no mundo dos atores sociais — visão do presente por meio da presença do passado e as representações do futuro — constitui um fator fundamental de compreensão da relação com o acontecimento e os problemas do tempo. É tentando reencontrar as formas de racionalidade dos sistemas de representação mentais, o mais das vezes não diretamente perceptíveis, que o historiador pode ter esperanças de revelar alguns dos mecanismos essenciais que comandam os comportamentos. A segunda diz respeito ao método de abordagem e prolonga a precedente: é preciso quebrar o elo que, em muitos historiadores de história política, parece vincular o movimento da opinião à explicação pela evidência da razão e a compreensão dos fenômenos de opinião à sua manifestação aparente. Enfim, a terceira principalmente, mesmo sendo banal, não deve ser negligenciada: trata-se de lembrar que o sentimento coletivo se exprime sempre em função de uma escala de interesses e de uma ordem das prioridades, hierarquias instáveis construídas a partir do que os homens podem e creem perceber do real, no momento e lugar onde eles estão. Por mais prosaica que seja a constatação, é preciso repetir, com Étienne Fouilloux, que logo depois do choque da derrota, para um povo desamparado, cansado e marcado por uma inércia antiga,[6] "a escolha de um campo não foi a preocupação maior".[7] Longe disso.

AMBIVALÊNCIAS E CÓDIGOS CULTURAIS PERDIDOS

Como saber o que podia ser percebido, pensado e compreendido pelos franceses comuns da época, como apreender o que eles sabiam da história e descobrir a maneira como podiam tê-la vivido? Como ler e sentir, mais de meio século depois, as palavras de 1940 ou 1944, como reencontrar e reconstituir os prismas por meio dos quais eles eram recebidos e entendidos? Em 10 de fevereiro de 1941, Jean Guéhenno escrevia em seu *Journal**: "Que gênio deverão ter os historiadores do futuro para reconhecer as verdadeiras causas e as verdadeiras motivações dos acontecimentos nestes textos, nestas informações nas quais nem uma palavra é leal nem exata."[8] Uma vez descartado o que há de malícia nessas palavras, o apelo ao dever de genialidade dos historiadores do futuro constitui uma espécie de advertência a seu uso. Ele pressente com lucidez as dificuldades consideráveis que enfrentarão para reencontrar as formas de sensibilidade coletiva de um período desconcertante, para restituí-la, para apreender o que podia se passar nas cabeças, para tentar reconstituir o que podiam ser, para a maioria dos franceses, as representações comuns do presente.

Apesar dos múltiplos sinais de uma proximidade que dá a ilusão de poder apagar a pouca distância do tempo, as lógicas mentais e os códigos culturais dos franceses dos anos 1940 se tornaram para nós consideravelmente estranhos.[9] É, no entanto, sobre o que podiam ser os seus modos de funcionamento que é preciso se interrogar. Dessa busca, e em meio a outras observações, emerge o lugar considerável ocupado pela ambivalência do pensamento e dos sentimentos. Uma presença tão forte e de vestígios tão numerosos leva inevitavelmente a interrogações.[10] Antes de fazer da ambivalência um conceito maior das análises da opinião, ou um dado estrutural de toda forma de psiquismo coletivo, seria preciso se perguntar se estamos tratando de uma característica inerente à natureza profunda da opinião, independentemente dos meios e das culturas, ou se ela constitui um traço específico de algumas entre elas. Faltam elementos de comparação para

*Em português, "diário". (*N. das O.*)

fornecer uma resposta plausível. No caso em que o fenômeno indicasse de maneira patente uma singularidade francesa, como alguns se esforçam em sugerir, o exemplo dos anos 1940 poderia vir alimentar certos estereótipos de uma francofobia banal na qual a aptidão "natural" à tergiversação, ao oportunismo — e até mesmo à deslealdade ou à covardia —, é valorizada.

AMBIVALÊNCIA OU AMBIGUIDADE

Particularidade nacional ou característica mais propagada das relações ocupantes-ocupados, a ambivalência ocupa um lugar preponderante nas atitudes dos franceses sob Vichy. Ela é um dos espelhos menos deformantes para dar conta da plasticidade das situações *attentistes* e de suas aparentes contradições. As alternativas simples entre petanismo e gaullismo, resistência e vichismo ou resistência e colaboração fornecem apenas imagens redutoras da vivência dos contemporâneos. Sabe-se assim que uma maioria de franceses chorou a derrota sem deixar de desejar o armistício, que foram capazes de aplaudir fervorosamente o marechal Pétain enquanto rejeitavam o regime de Vichy, que conseguiram ser irredutivelmente hostis ao ocupante sem por isso se tornarem resistentes ou ainda que alguns foram capazes de contribuir na salvação de judeus enquanto mantinham uma atitude de lealdade ao chefe de Estado. Essas mesmas observações, ressaltadas por todos, deram lugar a diversas interpretações, muitas vezes entrecortadas por apreciações de ordem moral.[11] Falou-se da esquizofrenia dos franceses, mas também de seu profundo senso de acomodação e mudança brusca de atitude, de sua virtuosidade para se colocar a favor do vento, de sua inclinação à indecisão; viu-se nisso um oportunismo calculista, duplicidade, cinismo, covardia. No espírito de muitos, ambivalência e ambiguidade não se diferenciavam e não eram mais do que sutilezas nebulosas.

Sem procurar diminuir a importância do julgamento moral na apreciação dos comportamentos, e sem descartar sua eventual legitimidade, a ideia de ambivalência é de outra natureza. Ela abre outras portas ao historiador e alarga suas possibilidades de análise. Permite não mais pensar somente as contradições em termos antinômicos — resistentes ou pétainistas, gaullistas ou *attentistes*... —, mas ultrapassá-las se perguntando o que elas tentam dizer, para além das pseudoevidências do sentido aparente. Levar em conta a ambivalência dos espíritos ajuda a compreender que a evolução geral do conflito e a derrota anunciada da Alemanha não fornecem razões suficientes para dar respostas a tudo. Os franceses, em sua maioria, não foram primeiramente vichistas depois resistentes, pétainistas depois gaullistas, mas puderam ser, simultanemanente, durante um tempo mais ou menos longo, e de acordo com os casos, um pouco dos dois ao mesmo tempo. Em entrevista[12] recente, Simone Veil lembrava as dificuldades para apreender hoje a complexidade da época e indicava, a respeito dos franceses, "alguns se comportaram bem, outros mal, muitos os dois ao mesmo tempo", antes de acrescentar "...não era tão simples quanto se apresenta hoje". Com os problemas suscitados por todo julgamento global sobre uma França mediana hoje desaparecida, que não corresponde jamais às infinitas singularidades da experiência vivida, o julgamento de Simone Veil, destacando as duas faces de uma mesma atitude, se aproxima, sem dúvida, da verdade dos dias comuns.

UMA CULTURA DO DUPLO

A imagem dos franceses trazendo em si mesmos sentimentos opostos, mais partilhados entre dois impulsos contraditórios do que separados em campos hostis, não pode ser reduzida unicamente à expressão da duplicidade. Ela remete à ideia do homem duplo,[13] daquele que é um e outro ao mesmo tempo, mais pelo peso de uma necessidade exterior do que por cálculo cínico ou interesse. Com suas lógicas contrárias, mas não pensadas como tal, o pensar-duplo pertence ao universo mental dos franceses sob Vichy. É uma de suas realidades, instrui sobre um dos modos de funcionamento dos sistemas de representação e destaca a sua importância. É nessa direção que se poderia talvez encontrar um elemento de explicação para a forte presença dos modos de pensamento ambivalentes na opinião comum. Seus traços acentuados resultariam assim do desenvolvimento difuso de uma espécie de "cultura do duplo" e de seus efeitos no ambiente. Sem pertencer à consciência clara, e sem tampouco ser vivida como uma contradição dilacerante, mais como uma forma de aculturação, a ideia do duplo ritma as formas do pensamento ordinário, tanto na banalidade do cotidiano quanto nas situações excepcionais e nos riscos de engajamento. Muito rapidamente, para sobreviver, os franceses tiveram de aprender a existir com duas imagens de si mesmos: um rosto para mostrar publicamente a fim de subsistir e um para esconder a fim de preservar uma maneira de ser e agir.[14] Os vestígios do duplo estão em todo o lugar e se tornam dados familiares à paisagem. Seus múltiplos signos alimentam uma gramática do duplo-viver cujos numerosos exemplos vêm facilmente ao espírito. As duas principais zonas que cortam o território obrigam a pensar o país em duplo e há duas maneiras de pensar a ideia da França, a de Londres e a de Vichy. Nos limites estreitos do reino de Vichy, há ainda duas maneiras de ser francês, a de Pierre Laval e a do marechal Pétain. Para a maioria de franceses, o velho homem por sua vez é percebido como um homem duplo, identificado com a estratégia secreta do jogo duplo que insistem em lhe atribuir, estratégia do velho camponês silencioso e ardiloso. Na zona livre, até novembro de 1942, a leitura da imprensa e de revistas autorizadas[15] se faz por meio da decodificação sutil de uma dupla linguagem. A escolha da clandestinidade, enfim, exige vidas duplas, jornadas duplas, identidades duplas, enquanto os constrangimentos da penúria impõem o mercado duplo etc.

AS ZONAS CINZENTAS DO PENSAR-DUPLO

A despeito de suas névoas e perturbações, o pensar-duplo aparece como uma maneira de contornar uma realidade que se tornou insuportável, como uma resposta de circunstância a uma situação de exceção, como elemento de um amplo processo de adaptação. Não se trata, no entanto, de ser ingênuo, e está claro que as zonas cinzentas da ambivalência comportam riscos de deslizes em direção a comprometimentos e covardias. Para avaliar isso, a cronologia deve servir de primeira proteção. Até o outono de 1942, puderam coabitar, nas mesmas cabeças, duas maneiras opostas de pensar a França. Além desse limite, com a multiplicação dos sinais cada vez mais gritantes de um conluio entre Vichy e a Alemanha nazista, é natural que a ambivalência não pertença mais ao mesmo registro. Não é mais possível se pensar resistente e vichista simultaneamente, salvo fechando voluntariamente os olhos e ouvidos para as realidades da colaboração ou entrando, por interesse, deliberadamente, nas manobras calculadas do jogo duplo. O pensar-duplo se torna então "operação de desdobramento", como escrevia Bernanos em outubro de 1943, a respeito do comportamento dos responsáveis que se recusavam a pedir demissão: "Suas consciências atravessam os mares para socorrer a liberdade, mas seus corpos de funcionários permanecem em seus lugares."[16]

Com os refúgios do *attentisme*, as oscilações inconstantes da ambivalência trazem uma indicação a mais sobre os reais recursos e as longas fadigas de um povo submetido a duras provações.[17] Muito longe dos comportamentos heroicos e das rejeições declaradas, o duplo-pensar aparece como uma forma de resposta social a alternativas consideradas insuperáveis, uma resposta datada que deve ser vista como tal, como tentativa patética de ajustamento entre o desejo e o possível. Se seu significado parece escapar a toda interpretação unívoca, ele talvez tenha servido como pedagogia e permitiu preparar os espíritos para aceitar outras duras contradições impostas pelas necessidades da guerra. Assim, apesar do número de vítimas e apesar da exploração das dificuldades da situação pela propaganda alemã e vichista, os violentos bombardeios da primavera de 1944 impostos ao país pelos Aliados foram suportados com dignidade. E isso num momento em que, é preciso lembrar, as represálias do exército alemão contra as populações civis não cessavam de aumentar, acumulando tragédias e sofrimentos. Em uma de suas cartas apaixonadas a Nelson Algren, Simone de Beauvoir lembrava, após ter descrito sem nenhuma reserva o horror de um trem de passageiros metralhado por aviões ingleses e americanos: "Era o fim da guerra, quando *vocês* tentavam bloquear os trens e destruir as locomotivas exatamente como deviam fazer, ninguém se indignava, só estávamos um pouco amedrontados."[18]

Desmontando em sua época os mecanismos da sociedade do espetáculo e a prática do falso sem réplica, Guy Debord ressaltava o poder da injunção: "Político? Social? É preciso escolher. O que é um não pode ser o outro."[19] Os franceses do pensar-duplo, seus cansaços, suas perturbações repetem, eles também, a dificuldade de fazer com que a densidade do social penetre na cultura binária do computador e da palavra urgente. Ela não é, não pode ser, a da história e dos historiadores.

Notas

1. *Essais,* livro II, capítulo XVI, "De la gloire", Paris, Gallimard, Bibliothèque de la Pléiade, 1962.
2. Tomando emprestadas as palavras do presidente da República, Georges Pompidou, na entrevista coletiva à imprensa em 21 de setembro de 1972: "Ainda não chegou o momento de encobrir, de esquecer esses tempos em que os franceses não se amavam, se dilaceravam entre si e, até mesmo, se matavam uns aos outros..." Ver *Le Monde* de 23 de setembro de 1972 e Henry Rousso, *Le Syndrome de Vichy de 1944 à nos jours*, Paris, Le Seuil, 1987. Nova edição "Points Histoire", 1990.
3. "Tudo, nos dias de hoje, contribui para a lembrança obsessiva de Vichy", observa após tantos outros, e mais uma vez, Pierre Nora no *Le Monde* de 1º de outubro de 1997.
4. Uma opinião em cem: no domingo 24 de março de 1994, Jacques Attali, ex-conselheiro especial do presidente François Mitterrand, podia se expressar desta maneira no "Fórum" da Rádio J: "...vivemos desde a guerra uma dupla mistificação que foi encarnada por dois presidentes da República [...] De Gaulle fez os franceses acreditarem que eles eram resistentes quando, na verdade, eram colaboradores. Mitterrand fez os franceses acreditarem que eles eram de esquerda quando eram, na verdade, de direita. Essa dupla aparência [...] escondeu uma realidade: a França era colaboracionista." *Le Monde* de 22 de março de 1994.
   Sobre um debate que não cansa os franceses, ver por exemplo, para obter um ponto de vista diferente, o artigo de François Maspero "Tous coupables?", publicado no mesmo jornal em 11 de dezembro de 1997.
5. Como não citar ainda mais uma vez a apóstrofe célebre de Marc Bloch que escrevia, após ter constatado que as vãs reabilitações apenas sucediam aos vazios requisitórios: "Robespierristas, antirrobespierristas, suplicamos: por piedade, digam-nos, simplesmente, o que foi Robespierre", *Apologie pour l'Histoire ou métier d'historien*, Paris, Armand Colin, édition 1974.
6. Na primavera de 1939, retomando o assunto da hostilidade da revista com relação aos acordos de Munique, Emmanuel Mounier escreveu: "Se nossa reação foi tão violenta em outubro passado, [...] é porque sentimos, de repente, uma espécie de langor mortal em nosso país, aquela primeira síncope das vontades que anuncia a submissão iminente." *Esprit*, nº 80, maio de 1939.
7. Étienne Fouilloux, *Les Chrétiens français entre crise et libération*, 1937-1947, Paris, Le Seuil, 1997.
8. Jean Guéhenno, *Journal des années noires, 1940-1944*, Paris, Gallimard, 1947.
9. Há muitos contemporâneos desse período que, apenas alguns anos após o fim da Ocupação, reconheciam a sua incapacidade de decifrar o sentido das alusões e

sutilezas que haviam nutrido sua necessidade cotidiana de contestação. Conforme, por exemplo, o testemunho de Charles d'Aragon. O caso da *Esprit* é exemplar, uma vez que os redatores da revista deviam admitir, na Libertação, a impossibilidade de compreender os próprios textos: "[...] às vezes, apenas encontramos nos limites da nossa memória, o fato, então conhecido de todos, que dava interesse à notícia..." *Esprit*, janeiro de 1945.

10. As crônicas ou memórias do período são abundantes em exemplos. É o caso, especialmente, de Léon Werth, *Déposition, Journal*, 1940-1944, Paris, Viviane Hamy, 1992, na edição apresentada por Jean-Pierre Azéma. Muitas vezes tentei chamar a atenção para esse traço característico dos modos de pensamento durante os anos da Ocupação.
11. Pode acontecer, entre os historiadores, que o julgamento moral assuma o papel de explicação e sirva para dissimular renúncias diante das dificuldades decorrentes da complexidade.
12. Entrevista concedida ao jornalista Éric Conan, *L'Express*, 9 de outubro de 1997.
13. Em janeiro de 1937, foi sob o título de "Les hommes doubles" que Émile Vandervelde analisou o romance de Aragon *Les beaux quartiers*. Um dos personagens do livro declara: "Vivemos em uma época histórica que talvez um dia se caracterize por o tempo dos homens duplos." No prefácio da reedição do livro em 1965, Aragon volta ao tema dos homens duplos que, a seu ver, teria sido revelado no início dos anos 1960. (Minha gratidão a Édouard Ruiz, hoje falecido, a quem devo essas precisões.)
14. Essas intenções se inspiram no testemunho de Joffre Dumazedier dado em maio de 1981 à *Esprit*.
15. Aragon falava de literatura de contrabando. Ver Anne Simonin, *Les Éditions de Minuit*, 1942-1955. *Le devoir d'insoumission*, Paris, Imec, 1994, e *La Revue des Revues, Revue internationale d'histoire et de bibliographie*, nº 24, 1997. Ao lado de outras contribuições, o estudo sobre a *Esprit*, em 1940, retoma essa questão da linguagem camuflada.
16. Georges Bernanos, "Réflexions sur le cas de conscience français", outubro de 1943, Textes non rassemblés, 1938-1945, *in: Essais et Écrits de combat*, tomo 2, Paris, Gallimard, Bibliothèque de la Pléiade, 1995, p. 892.
17. Retomando o assunto do abatimento dos franceses, o resistente Jean Cassou dirá, após a Libertação, que vale mais falar de "covardias medianas do que de infâmias medianas". *Une vie pour la liberté*, Paris, Robert Lafont, 1981. Quase quarenta anos antes, em plena guerra, no mês de agosto de 1943, o resistente Jacques Bingen escrevia em sua carta testamento: "Não esquecer, após a radiante vitória, que se a França é uma grande dama, os franceses estarão bem fatigados." Será preciso ter por eles "não apenas muito orgulho, mas também muita indulgência benevolente". Cf. *Espoir*, revista do Instituto Charles de Gaulle, nº 48, Paris, Plon, 1984.

18. Simone de Beauvoir, *Lettres à Nelson Algren*, Paris, Gallimard, 1997. Carta de terça-feira, 16 de dezembro de 1947.
19. Guy Debord, *Commentaires sur la société du spectacle*, seguido de *Préface à la quatrième édition italienne* de "*La Société du Spectacle*", Paris, Gallimard, 1992, p. 37.

Bibliografia

BEAUVOIR, Simone de. *Lettres à Nelson Algren*. Paris. Gallimard, 1997.

BEMANOS, Georges. *Essais et écrits de combat*. Tomo 2. Paris: Gallimard, 1995. (Bibliothèque de la Pléiade.)

BLOCH, Marc. *Apologie pour l'Histoire ou métier d'historien*. Paris: Armand Colin, 1974.

CASSOU, Jean. *Une vie pour la liberté*. Paris: Robert Lafont, 1981.

DEBORD, Guy. *La société du spectacle*. Paris: Gallimard, 1992.

FOUILLOUX, Étienne. *Les Chrétiens français entre crise et libération*, 1937-1947. Paris: Éditions du Seuil, 1997.

GUÉHENNO, Jean. *Journal des années noires*, 1940-1944. Paris: Gallimard, 1947.

MONTAIGNE. "De la gloire". *In*: ——. *Essais*. Livro II. Paris: Gallimard, 1962. (Bibliothèque de la Pléiade.)

ROUSSO, Henry. *Le Syndrome de Vichy*. De 1944 à nos jours. Paris: Éditions du Seuil, 1987. (Nova edição "Points Histoire", 1990.)

SIMONIN, Anne. La Revue des Revues. *Revue internationale d'histoire et de bibliographie*, nº 24, 1997.

——. *Le devoir d'insoumission*. Paris: Les Éditions de Minuit, 1942-1955; Paris: IMEC, 1994.

WERTH, Léon. *Déposition, Journal, 1940-1944*. Paris: Viviane Hamy, 1992.

CAPÍTULO 2

Sociedades e regimes autoritários

Marc Olivier Baruch*

Tradução de Vera Gertel

*Administrador civil do Ministério da Cultura da França, professor da EHESS, Paris. É autor de *Servir l'État français. L'administration en France de 1940 à 1944*. Paris: Fayard, 1997, e organizador de *Une poignée de misérables: l'epuration de la société française après la Seconde Guerre Mondiale*. Paris: Fayard, 2003.

"Vichy, um regime legal, mas não legítimo." Quantas vezes a fórmula, que parece profunda, não foi pronunciada desde o fim da Segunda Guerra Mundial para qualificar um poder que, em apenas 20 dias, tomou duas decisões importantíssimas! Em 22 de junho de 1940, em nome do realismo, tirou as consequências da esmagadora derrota do Exército francês diante da Alemanha nazista pedindo a Hitler um armistício; em 11 de junho do ano seguinte, fazendo valer os poderes especiais que lhe haviam sido concedidos na véspera, por grande maioria, pelo Parlamento eleito nos anos 1930, o marechal Pétain aboliu a República para substituí-la por uma ditadura, a qual deu o nome de Estado Francês.

Legal (em virtude desse voto), mas não legítimo (pois o armistício voltava atrás com a palavra dada à Grã-Bretanha de que a França não assinaria a paz em separado): aqueles que estabeleceram essa distinção pretendem justificar, ao mesmo tempo, tanto os franceses que obedeceram, serviram e acreditaram em governos que se revelaram cada vez mais submissos aos alemães quanto os que, aderindo à Resistência dentro da França ou seguindo o general de Gaulle, no exterior, combateram esses mesmos governos. E mais ainda, diante de uma situação complexa a ponto de exigir distinções tão sutis, será que não se pode também incluir a massa dos franceses *attentistes** que não tomaram partido e aprovaram, consciente ou inconscientemente, Pétain e depois de Gaulle, ou até mesmo Pétain e de Gaulle ao mesmo tempo?

**Attentiste*, do verbo *attendre*, esperar, não tem tradução precisa para o português; no contexto tratado pelo autor, refere-se aos franceses que não assumiram uma posição explícita quando da derrota da França para a Alemanha nazista, da Ocupação e do estabelecimento do Regime de Vichy, esperando os desdobramentos de um mundo em guerra para se manifestar a respeito da nova realidade. (*N. das O.*)

O único problema com tal análise, ensinada durante décadas aos alunos dos colégios franceses, é que ela é falsa ou, melhor, que ela só é verdadeira em determinado momento e para certos grupos. Seria igualmente possível sustentar que Vichy não era nem legal nem legítimo (como fez, por exemplo, o principal jurista da França livre, o professor René Cassin,[1] numa brochura publicada em 1941), ou, em sentido inverso, que dispunha tanto de legitimidade quanto de legalidade (essa foi a análise oficial do Estado Francês até a queda, em agosto de 1944, e continua sendo a dos nostálgicos do regime). Mais raramente, vimos também raciocínios que reconheceram que tal ou tal decisão, tomada em momento crítico, podia não estar de acordo com a legalidade mas se justificava pelo interesse superior em respeitar as regras de direito.[2] Entre legalidade e legitimidade, todas as combinações dois a dois foram, portanto, utilizadas entre 1940 e hoje.

É preciso, então, abandonar a cômoda vulgata pela qual começamos, que derroga excessivamente o cuidado com a precisão histórica. Nem por isso seria o caso, aqui, de propor uma análise cruzada da evolução dos dois conceitos, pois implicaria refazer toda a história interna e externa do regime e, ao mesmo tempo, da sociedade francesa entre 1940 e 1944.[3] Mas não é proibido se perguntar quais eram e como evoluíram as raízes dessa legitimidade — sempre tentando distinguir o que deve ser distinguido, especialmente em termos de cronologia e grupos sociais, e procurando menos justificar ou condenar do que compreender.

É o que faremos ao atribuir particular importância à conjuntura, mesmo que o formato reduzido do presente texto nos impeça de sermos sempre tão precisos quanto seria necessário. Os 50 meses que vão da derrota de junho à liberação de Paris em agosto de 1944 podem ser lidos, em primeira análise, como a história de um combate entre duas legitimidades — digamos, para simplificar, a do marechal Pétain e a simbolizada pelo general de Gaulle — em nome de um mesmo valor, a pátria.[4] Atrás de cada uma dessas personalidades, no fundo relacionadas uma à outra,[5] havia concepções da França, do mundo e dos valores radicalmente antagônicas. A democracia, a liberdade, a defesa dos direitos individuais, todos os parâmetros pelos quais julgamos nos dias de hoje os regimes políticos, dependiam de apenas um dos componentes dessas legitimidades e constituíam consequentemente apenas um dos desafios desse combate. Percebemos, dessa maneira, como responder à problemática em uma ótica comparativa na presente obra. O duplo questionamento proposto — perguntar-se como o regime foi capaz de criar em proveito próprio uma base importante e, em sentido oposto, como a sociedade apoiou e legitimou o regime — apenas faz sentido, em se tratando do Estado Francês de Vichy, em relação ao curso da guerra e aos eventos de ordem diplomática, militar e política ocorridos no mundo entre 1940 e 1944.

Consideremos um primeiro exemplo particularmente esclarecedor, o da Igreja Católica:[6] em junho de 1940, época em que a derrota estava próxima, o governo laico, e provavelmente majoritariamente maçom, de Paul Reynaud assistira em massa, na catedral Notre-Dame de Paris, a um *Te Deum* destinado a invocar o milagre que salvaria nossas Forças Armadas; mas como o milagre, raro desde Clóvis, não acontecera, algumas semanas mais tarde o marechal Pétain tomou as rédeas do país. A hierarquia católica derramou-se então em discursos moralizadores e hagiográficos. A França recebia o castigo de Deus por ter se afastado demais da Igreja, mas o Senhor, que ainda tinha alguma indulgência por sua filha mais velha, havia-lhe enviado um salvador providencial, o marechal Pétain. O primeiro ano do regime foi uma verdadeira lua de mel, pois a Igreja recuperava o apoio institucional e político do poder, que havia perdido desde o início do século. Mas as tensões começaram no verão de 1941, a respeito da política para a juventude, e um ano mais tarde importantes prelados, o mais famoso dos quais é o arcebispo de Toulouse, monsenhor Saliège, pronunciaram-se em público e em cátedra contra as razias de judeus. Minoritária no início, essa atitude de oposição acabou estendendo-se a grande parte da hierarquia. Em 1943, o cardeal-arcebispo de Lille afirmou que, para um jovem cristão, atender a uma convocação para o STO[7] não era um dever de consciência. Compreenderemos melhor a extensão do caminho percorrido quando soubermos que entre os Justos,* que salvaram judeus,[8] assim como entre os resistentes,[9] havia muitos membros do clero e católicos praticantes: comprometida pelo

*São chamados *Justos* não judeus que, arriscando suas vidas, salvaram judeus da Shoah sem qualquer tipo de interesse (político, econômico, sexual etc.). (*N. das O.*)

apoio inicial de sua alta hierarquia ao regime, a Igreja reencontrou uma posição privilegiada na política francesa após 1945, com o MRP (Movimento Republicano Popular), oriundo dos quadros da Resistência.

Para voltar aos processos de legitimação, acreditamos poder classificá-los em duas categorias, correspondendo à dupla ambição do projeto de Vichy. Tratava-se, por um lado, de fazer aceitar o princípio de uma ditadura no país da Revolução Francesa e dos direitos humanos. A condução desse exercício de *legitimação política e ideológica* (I) foi confiada a políticos e intelectuais ligados ao regime. Mas tratava-se também, por outro lado, de fazer compreender que a nova ordem que se havia instalado em favor da derrota militar e do desmoronamento da República não era contingente, mas, ao contrário, constituía a instauração de uma sociedade nova, não mais democrática, mas corporativista. Esse exercício de *legitimação jurídica e social* (II) coube aos especialistas, mais particularmente aos profissionais do direito e do Estado, juristas e altos funcionários.

LEGITIMAÇÃO POLÍTICA E IDEOLÓGICA

Como Pierre Laborie analisa finamente, a derrocada do regime republicano em junho de 1940 resultava tanto da esmagadora derrota militar quanto do desfecho de uma grave crise de identidade nacional ligada a uma percepção confusa do declínio francês em um contexto de ameaça crescente. Para o autor, cujo principal terreno de observação se situa no sudoeste da França, a maneira como a opinião reagiu à guerra da Espanha foi o presságio das tensões e ambivalências que a guerra, a Ocupação e o programa político de Vichy levariam ao extremo.[10]

Não há para ele, em todo o caso, qualquer dúvida de que o regime gozou durante muito tempo de grande legitimidade, e seu chefe, de imensa popularidade. O historiador sabe — é uma das regras de seu ofício — manter a distância as lembranças dos atores, indagar-se sobre o que as fontes querem dizer e cruzá-las para verificar o teor das informações. Isso posto, pode-se confiar nas lembranças de dois homens em boa posição, o chefe do Gabinete Civil do marechal Pétain, o inspetor de finanças Henri du Moulin de Labarthète, oriundo dos meios ligados a Charles Maurras, e o segundo ministro da Justiça do regime, o muito conservador professor de direito Joseph Barthélemy. Em suas memórias,[11] ambos relembram a confiança quase unânime da opinião na capacidade do marechal Pétain para tirar o país da dificuldade, antes de ressaltar o quanto a história seguiu um curso diferente.

Houve, inegavelmente, uma "mística Pétain", muito forte na França de 1940, mas também na de 1944, que se construiu sobre a imagem do herói de Verdun que abandonou o sossego da reserva para servir uma última vez à pátria. Herói carismático da História da França,[12] Pétain entrava vivo no panteão dos salvadores da pátria, onde o esperavam Henrique IV e Luís XIV, assim como celebridades menos monárquicas, como Napoleão ou os dois grandes organizadores de vitórias, Lazare Carnot em 1792 e Georges Clemenceau em 1917; e certamente Joana d'Arc, ao mesmo tempo camponesa e inimiga dos ingleses. Ora, como essa última era santa, o paralelo passou naturalmente do marechal-Joana d'Arc para o marechal-Cristo. Considerando ter tudo a ganhar com o novo regime, a Igreja Católica tolerava essa identificação, embora beirasse a blasfêmia, que levava a evocar — ou, antes, a invocar — os "mandamentos" do chefe de Estado e a obediência que lhe era devida como um ato de fé, sem reflexão inútil.[13] Expiação e redenção apareciam frequentemente no discurso de Vichy, que, ao contrário, valorizava a necessidade do país de virar a página, longa sem dúvida (pouco antes do início das hostilidades, acabavam de ser celebrados os 150 anos da Revolução Francesa), mas não eterna, do Iluminismo e de 1789. Era aos valores "eternos" que se precisava retornar, e foi uma das grandes ambições da Revolução Nacional tentar construir uma política baseada nesses valores.

Maurras foi um dos grandes inspiradores dessa corrente de pensamento. No momento em que era preciso definir as opções iniciais, o regime tomou de empréstimo a denúncia virulenta do intelectualismo, do individualismo e do igualitarismo. O primeiro, que conduzia a um ensino baseado no primado da razão, como concebia a República, era — mais do que a incapacidade do alto-comando militar — apresentado como o veneno mortal que quase levara a França a perecer. A crítica estendia-se ao individualismo, severamente condenado nos discursos de Pétain: "Erguido sistematicamente contra todos os grupos sociais sobre os quais o indivíduo se apoia e se prolonga, o individualismo jamais manifesta virtudes criadoras."[14] No mesmo espírito a paixão francesa pela igualdade, sobre a qual Alexis de Tocqueville tanto insistiu, também era rejeitada como puramente abstrata, sem relação com a ordem natural que exigia chefes oriundos de uma rigorosa seleção das elites. Com o igualitarismo deveria também desaparecer o modelo político legado pelo Iluminismo, baseado na ideia da representação do povo soberano por deputados eleitos por sufrágio universal. O regime criticava essa "falsa igualdade" e sua tradução constitucional, o parlamentarismo, apresentado ao mesmo tempo como ditadura da maioria em detrimento das elites naturais — da competência técnica, do poder financeiro e da força dos notáveis locais — e como o triunfo dos interesses particulares sobre o interesse geral da comunidade.

Em uma França desorientada, esse discurso repercutiu. Houve, de fato, na França metropolitana, poucas reações à revolução política de 1940, que instaurou uma verdadeira ditadura em proveito do marechal Pétain. Esse detinha a plenitude dos poderes Executivo e Legislativo, nomeava e destituía ministros que só respondiam a ele e designava a pessoa destinada a lhe suceder. Alguns meses mais tarde, até recebeu um poder judiciário próprio, que lhe permitia condenar sem julgamento os ministros da República que teriam traído os deveres do cargo. Tal confusão dos poderes, na qual Montesquieu via o princípio do governo despótico, havia sido reabilitada pelos regimes ditatoriais, totalitários ou autoritários que, havia uns 15 anos, governavam um número crescente de países europeus. Na França, que se pensava ser firmemente republicana desde o fim dos anos 1870, foi uma verdadeira convulsão, tanto mais que os novos homens no poder — a maioria dos quais havia exercido cargos na República mas estimava que suas qualidades não tivessem sido suficientemente reconhecidas — não poupavam críticas ao regime defunto. Em outubro de 1940, um ex-alto funcionário da República nomeado ministro do Interior descrevia os políticos republicanos como "profissionais do antigo eleitorado, cujo objetivo, sob os vocábulos de liberalismo e democracia, sempre foi o de satisfazer os apetites de clientela insaciável e explorar as paixões populares em benefício próprio".[15]

Sob pedido alemão ou iniciativa própria, o regime procurou, desde o outono de 1940, responder às angústias da opinião designando bodes expiatórios. Por mais incrível que possa parecer, acusaram-se em primeiro lugar os professores primários, culpados de ter inculcado ideias pacifistas na juventude e até de ter demonstrado fraqueza durante os combates da primavera — enquanto se sabia (embora fosse proibido dizê-lo) que a derrota se devia à incapacidade estratégica do alto-comandante e, por vezes, à covardia dos oficiais de carreira. Tudo servia de pretexto para um desejo de revanche, liderado pelos meios reacionários e pró-fascistas que criticavam indiscriminadamente o surrealismo, os textos de André Gide ou o cinema de Marcel Carné. Chegou a tal ponto que, preocupada, uma revista de propaganda próxima do poder[16] pediu para que todos parassem de fazer o *mea culpa*. Ela temia que essas denúncias sistemáticas, que se tornariam delações, fizessem o jogo dos alemães, bem determinados a enfraquecer um dos últimos trunfos da França no mundo: o prestígio intelectual e cultural.

Em compensação, o regime foi firme em sua denúncia de alguns dos inimigos que reconheceu na linha de pensamento de Maurras: os maçons e, sobretudo, os judeus. Em outubro de 1940, uma lei proibiu-lhes o exercício de qualquer função política e da maioria dos cargos administrativos e vedava-lhes terminantemente alguns setores: a polícia, a diplomacia e o Exército, assim como, a pedido pessoal do marechal Pétain, o ensino e a Justiça. Esse texto foi apenas o primeiro de várias dezenas de outros que, apoiando-se no Commissariat Général aux Questions Juives (Comissariado Geral para os Assuntos Judaicos), criado em março de 1941, tiveram por objetivo retirar dos judeus todo e qualquer lugar na vida econômica e social do país. Uma lei de julho de 1941 decretou o confisco de suas empresas e instituiu cotas para limitar o número de advogados, médicos e estudantes judeus. Além disso, desde outubro de 1940, os chefes de polícia haviam recebido poderes extraordinários e podiam mandar internar os judeus estrangeiros em "campos especiais". Em junho de 1941, o recenseamento de todos os judeus, estrangeiros ou não, tornou-se obrigatório. Quando, em meados de 1942, os alemães iniciaram a "solução final" na França, souberam fazer bom uso desse trabalho preparatório. Naquela época, como vimos, parte da população — que se calara até então — ficou chocada com a violência demonstrada nas razias de homens, mulheres e crianças judias.

Isso foi mais particularmente o caso da parte do país dita "zona livre", ainda não ocupada pelas tropas alemãs (que só penetrariam na região em novembro de 1942), onde, de fato, os *gendarmes* e policiais franceses prenderam, agruparam e transferiram para a morte milhares de famílias judias que ali haviam se refugiado para escapar dos nazistas. Tal foi a consequência da política de colaboração com a Alemanha, na qual Pétain tinha grandes esperanças, desde seu encontro com Hitler em outubro de 1940 na cidadezinha de Montoire. "Apenas eu serei julgado pela História", havia declarado o chefe de Estado, não sem orgulho e fanfarrice, após a reunião. Efetivamente, como haviam reparado aqueles que, desde o início, se opuseram ao regime surgido da derrota, a personalidade do marechal Pétain contou muito na adesão dos franceses a Vichy. Em 26 de junho de 1940, comentando o armistício, o general de Gaulle exclamou com tristeza que "para obter e aceitar tal servilismo, não precisava do [...] vencedor de Verdun; qualquer um teria servido". Do mesmo modo, o socialista Léon Blum censurou Pétain por ter "lançado mão do peso do seu nome, da sua patente e do seu crédito" para impedir que os chefes do Império e da frota se juntassem àqueles que, seguindo de Gaulle, pretendiam continuar o combate.

LEGITIMAÇÃO JURÍDICA E SOCIAL

Embora a influência pessoal de Pétain tenha desempenhado um papel importante na adesão das camadas da sociedade francesa ao regime ditatorial, seria injusto minimizar o efeito de legitimação decorrente da atitude das elites da época. Refugiado em Londres à frente de um punhado de homens decididos a continuar lutando contra o Reich ao lado dos ingleses e depois dos americanos, de Gaulle constatava a ausência quase total das elites do Estado: nenhum prefeito, nenhum embaixador, nenhum alto funcionário de ministério estava ao seu lado no começo da aventura. Foi preciso esperar 1941, ano em que se uniu a de Gaulle Jean Moulin, homem muito marcado à esquerda, que Vichy expulsara do cargo por sua proximidade com a Frente Popular dos anos 1936-37, para que alguns poucos funcionários públicos em cargos de comando se distanciassem do governo de Pétain.

Na realidade, o regime de Pétain pôde contar por muito tempo com o apoio de altos funcionários, que teriam podido fazer sua a frase pronunciada por um antigo ministro de Pétain, oriundo da administração colonial, quando julgado em 1945: "Não sou republicano, não sou antirrepublicano, sou funcionário público." Para eles, tratava-se provavelmente de não interromper a carreira, embora a explicação apenas pela defesa de interesses individuais pareça insuficiente. Mesmo que o termo pareça inapropriado, não há dúvida de que a burocracia era guiada também por um forte sentimento patriótico. Não mais instrumento de uma nação livre, mas guia de uma sociedade ordenada, o Estado punha sua missão e suas responsabilidades em primeiro plano. Os funcionários públicos — ao menos aqueles que o regime estimava capazes e dignos de continuar no cargo — tinham consequentemente um papel essencial na construção da França nova. Foi por meio da valorização de seu papel na condução do poder público — e também por atitudes concretas, como a promulgação, no outono de 1941, de um estatuto dos funcionários, prometido pelos governos da República havia mais de 40 anos — que o regime tentou agradar a seus funcionários e, em parte, conseguiu.

A tendência ao autoritarismo, que se desenvolveu plenamente sob Vichy, estava em germe no pré-guerra, como mostram as frases abaixo, extraídas de um relatório sobre a modernização do Estado, publicado em 1939:

> O ponto de partida e de chegada de toda reforma da República deve ser a restauração das noções de ordem, de autoridade e de responsabilidade nos diversos serviços da Nação. [...] Tomemos aos regimes ditatoriais o que faz a sua força, o bom rendimento de seus serviços públicos; coloquemos homens competentes e dedicados à frente desses serviços; demos-lhes a autoridade e a responsabilidade necessárias [...] Mas mantenhamos o que é a própria justificativa da democracia: o controle soberano do povo sobre os assuntos públicos através do Parlamento, eleito pela Nação.[17]

Tais análises são interessantes pelo equilíbrio que pretendem manter entre exaltação da ordem e da autoridade e preocupação republicana do controle do Estado sobre o povo. Contudo, quando, como foi o caso na França a partir de julho de 1940, a filosofia política do regime conduz a renunciar à vertente democrática dessa proposta, só resta desse quadro, de início equilibrado, a vertente dedicada a reforçar a autoridade.

As elites administrativas careciam da força do espírito republicano e não constituíram uma barreira contra a destruição voluntária e rápida de valores básicos como liberdade e igualdade. Nenhum membro do Conselho de Estado emitiu a menor objeção diante do estatuto dos judeus, que essa alta assembleia tratou, ao contrário, de aperfeiçoar com pareceres de grande precisão jurídica. Nenhum prefeito tentou refrear as razias de judeus operadas durante o verão de 1942 tanto na zona ocupada como na zona livre. Em nome da legitimidade e da obediência devida às ordens do chefe, o regime do marechal Pétain implicou o aparelho de Estado francês na colaboração, transformando-o em instrumento de uma política de exclusão e de repressão sem precedentes.

Em sua obra consagrada à exclusão dos advogados judeus durante a Ocupação,[18] o ex-ministro da Justiça Robert Badinter ressaltou o legicentrismo glacial (*dura lex sed lex*) demonstrado pelos colegas desses ex-advogados, alguns dos quais se incluíam entre os maiores expoentes da classe. A brutal reviravolta da doutrina publicista incitava-os a agir assim. Desse modo, ao abrir, em 4 de outubro de 1940, a sessão solene de volta às aulas da Faculdade de Direito de Bordeaux, um dos representantes do direito público, Roger Bonnard, evocou as novas instituições do Estado autoritário instaurado pelo que um de seus alunos, Maurice Duverger, viria a chamar de "a Revolução de 1940":[19]

> As mudanças serão profundas. Atingirão os grandes princípios que dominam nosso direito público desde a Revolução de 1789, ou seja, o liberalismo individualista, a democracia e a separação dos poderes [...] Tais princípios serão descartados não porque tenham se tornado ultrapassados após ter sido úteis em certo momento, mas porque são radicalmente ruins em si, como destruidores do Estado, e vão de encontro à própria ideia de Estado. São erros absolutos, tanto teóricos quanto práticos.[20]

Em seguida, esse direito público contrarrevolucionário difundiu-se na universidade francesa. O regime não durou o suficiente para que tenha tido alguma influência, mas já estavam prontos novos manuais (alguns assinados por futuros grandes nomes do pensamento jurídico francês) que justificavam claramente, tanto no plano teórico como em termos de oportunidade, as regras jurídicas que regiam o Estado autoritário e ditatorial. Neles, esse era contraposto aos princípios, generosos talvez, mas inaplicáveis e até mesmo nocivos, do regime republicano.[21] Às conquistas políticas e filosóficas da Revolução Francesa (liberalismo, individualismo, representação do povo por corpos eleitos, separação dos poderes), o regime construído em Vichy opôs assim uma filosofia política segundo a qual o indivíduo não pode existir fora da sociedade, pois a ditadura da maioria traduz uma concepção falsa da igualdade e a diluição da autoridade arruína o Estado. Consequentemente, como se viu, levou a efeito uma concentração dos poderes Executivo, Legislativo e, em parte, Judiciário nas mãos do velho salvador da pátria. Diante desse abandono claro dos princípios republicanos, poder-se-ia ter imaginado uma reação igualmente clara dos guardiões do templo republicano. Ora, com exceção de alguns artigos discretos, todos os professores de direito público e os juristas que compunham o Conselho de Estado demonstraram um espírito de adaptação notável.

Finalmente livres de um Parlamento antes todo-poderoso, uns se dedicaram a teorizar, outros a validar as bases jurídicas do Estado autoritário e iliberal. Assim, o governo não teve o menor problema para fazer aprovar leis radicalmente opostas aos princípios democráticos: exclusão da função pública de categorias inteiras de cidadãos (judeus, maçons, mulheres, pessoas nascidas de pai estrangeiro), desigualdade de acesso ao serviço público, politização da administração. Desde a origem, a exclusão esteve, portanto, na ordem do dia: a contradição era flagrante entre o discurso de um regime que pretendia unir a comunidade dos franceses, por reação à política que divide, e a realidade de uma prática fundamentalmente repressiva, que suscitou uma das fraturas mais profundas da sociedade francesa desde a Revolução.

Também foi em nome do realismo e da eficiência que o regime empreendeu a reforma social. Por ser fonte de discórdia, rejeitou categoricamente a luta de classes entre um proletariado politizado e reivindicativo e um patronato egoísta e retrógrado e propôs um conjunto de textos reunidos em uma Carta do Trabalho, que não passava de uma organização profissional corporativista. A colaboração entre operários, executivos e patrões seria organizada por ramos de atividade, nos quais a reivindicação sindical, estritamente cerceada, não teria outro objetivo senão defender interesses locais. Paralelamente, tanto para se adaptar às restrições no acesso às matérias-primas quanto para planejar racionalmente a produção, comitês de organização, organismos paraestatais cujos dirigentes eram designados pelo governo, teriam poder de decisão sobre as evoluções de ordem econômica e industrial de cada ramo de atividade. Na agricultura, a criação de uma corporação camponesa também foi uma das realizações das quais o regime se orgulhava; ela devia melhor regular a produção e as cotações, evitando as crises de excesso de produção. Nem é preciso frisar o quanto a realização de reformas de tal amplitude, complexas já em tempos normais, estava esvaziada de todo conteúdo pelas condições excepcionais da guerra. Os limites impostos pelo ocupante (divisão do país em zonas estanques, sangrias financeiras e de matérias-primas, elevação considerável dos custos de ocupação, encarceramento na Alemanha de centenas de milhares de prisioneiros de guerra) impediam o funcionamento harmonioso dos novos dispositivos, gerando inflação, restrição da mão de obra, escassez de alimentos, mercado negro. A fome quase generalizada que reinava nos centros urbanos contribuiu muito para a antipatia da população com relação ao regime.

Diante desse descontentamento, o regime endureceu; parodiando os Evangelhos, Pétain não hesitou em proclamar, em agosto de 1941: "Quem não está comigo está contra mim", slogan que serviria para muitos regimes totalitários. O mesmo é válido para a tentativa de reescrita do passado, arte que, conforme se constatou desde então, as ditaduras sabiam praticar com maior ou menor sucesso.[22] Assim como Raymond Aron constatava sem surpresa, em março de 1941, o regime instalado em Vichy estava interessado em "escrever a história dos últimos vinte anos de tal modo que pareça levar necessariamente à catástrofe final".[23] Até o fim de 1941, as reescritas multiplicaram-se. Embora não poupassem qualquer elemento constitutivo do passado republicano da França, focalizam-se no entreguerras, período que viu a guerra ganha e a paz perdida. Essa vontade de refazer o imaginário histórico nacional, sob os auspícios de um homem que já durante o caso Dreyfus era um oficial de uns 40 anos, era apenas mais um dos aspectos da tentativa de construção de uma França nova.[24] Diante de um presente doloroso demais, era no passado que se reencontrariam as raízes do futuro: na elaboração da nova ordem social, cabia um papel primordial à elite da juventude. Duas escolas de altos executivos foram criadas. Como a da zona ocupada, onde a influência alemã predominava, logo caiu nas mãos de ultracolaboradores fascistizantes, o governo depositou toda a sua esperança na escola que instalara em Uriage, perto de Grenoble. Durante um tempo, essa serviu de laboratório de novas ideias de ordem política e social mas acabou se afastando do regime quando ficou evidente, a partir de meados de 1942, que continuar com a política de colaboração resultaria em submeter a França ao nazismo. Era mais um dos importantes suportes do poder no cerne da sociedade civil que desmoronava.

Para concluir, o caso do regime francês de Vichy pode de fato inscrever-se em uma história comparativa dos processos de legitimação das ditaduras, contanto que não sejam omitidas nem suas especificidades — um país derrotado e ocupado em grande parte, uma economia desnorteada, realizações geralmente mais virtuais do que reais — nem suas temporalidades. Com essas ressalvas, a curva das tentativas, coroadas de sucesso no começo, mas cada vez mais vãs, em seguida, que fez para se legitimar aos olhos da sociedade fornece um esquema ao mesmo tempo preciso e denso da história da França entre 1940 e 1944.

Como tentamos mostrar, as escalas temporais são múltiplas: tempo curto dos acontecimentos militares e suas repercussões políticas; tempo médio, analisado com sofisticação por Pierre Laborie, da crise de identidade nacional aberta no fim dos anos 1930 e que somente acabaria, após os sobressaltos da Liberação e da Depuração, com a reconstrução econômica, social e política do país, obra da Quarta República; mas também tempo longo do gaullismo, que marcaria a vida política francesa ao menos até meados dos anos 1970.

Para ser bem exato, dois outros tempos, de alguma maneira extratemporais, deveriam se acrescentar ao quadro. Analisando as esperanças às quais o regime se agarrava, o historiador Philippe Burrin reforça a preocupação de defender uma soberania formal na sua esfera de influência, mantida fora da guerra e, portanto, fora do tempo, a qual chama de "ucronia" de Vichy.[25]

Regime de historicidade em que o tempo não existe ou passa tão lentamente que evoca a célebre frase da Carta de 1814, na qual Luís XVIII se propunha, em palavras, a "restabelecer a cadeia dos tempos interrompida por deslizes funestos", sem deixar de estar perfeitamente consciente da inutilidade dessa fórmula — como o demonstrou a atitude de solução de compromisso firmada com as elites da Revolução e do Império. Menos conscientes do peso inexorável do presente, e guiados pelo que consideravam realismo estratégico, os governos do Estado francês escolheram a passagem do armistício à colaboração, a qual depois resvalou para o servilismo. Ao contrário, a visão dinâmica e profeticamente estratégica da amplitude do conflito — resumida no famoso apelo de 18 de junho de 1940 — permitiu que o general de Gaulle fizesse suas as palavras de Péguy: "Quem se rende está sempre errado em relação a quem não se rende." Entrava-se, assim, em um combate também extratemporal, que opunha duas "Franças eternas", duas "almas da França".

Certamente, os franceses dos anos 1940-1944 — e nossa memória é herdeira de suas ambiguidades — viveram a guerra entre duas ideias da França; de um lado, a França camponesa da terra e dos mortos, retomada por Pétain do pensamento nacionalista de Barrès; de outro lado, a França, às vezes mais abstrata, da justiça e da liberdade, nascida da Revolução Francesa e valorizada pelos combates do Caso Dreyfus, defendida pelo gaullismo e pela Resistência. Essa última, a França dos direitos humanos e da democracia, pareceu por muito tempo a mais fraca: as elites francesas de fato se acomodaram — a ponto de servir sem preocupações, e durante o tempo que lhes pareceu legítimo, ao autoritarismo extremo que Vichy quis impor à França. Às margens da tentação totalitária, mas bem no centro do discurso autoritário e da exclusão, o Estado Francês de Vichy passou por todas as fases de repressão da liberdade de expressão, da ordem moral, da repressão e também de uma tentativa de clericalização da sociedade. A indispensável reconciliação da França com essa parte de sua história passa por um reconhecimento — difícil, embora saudável — da realidade das intenções e dos comportamentos dos franceses entre 1940 e 1944.

Notas

1. CASSIN, René. *Un coup d'État, la soi-disant constitution de Vichy*; brochura, s/l, s/d.
2. Como os professores de direito constitucional ligados ao regime (quase todos, na verdade) se esforçaram para refutar o argumento segundo o qual o Parlamento não podia delegar ao governo, como fez em 10 de junho de 1940, o poder de modificar a Constituição e, em particular, de renunciar à forma republicana. Do mesmo modo, em um momento particularmente delicado da história do regime, o governo promulgou uma lei, exigida pelos nazistas, que derrogava dois princípios fundamentais do direito penal republicano: não julgar uma pessoa duas vezes pelos mesmos fatos (*non bis in idem*) e não condenar um acusado a uma pena mais pesada (no caso, à pena de morte) do que a existente no momento dos fatos (não retroatividade da lei penal mais severa). Para romper a oposição do ministro da Justiça, Joseph Barthélemy, famoso professor de direito público, o ministro do Interior, Pierre Pucheu, oriundo do movimento pró-fascista do regime, pediu que os escrúpulos jurídicos fossem deixados de lado quando o destino da pátria estivesse em jogo e foi atendido.
3. Foi o que tentamos fazer, após grandes nomes, em uma obra de síntese publicada pela primeira vez em 1996: BARUCH, Marc Olivier. *Le regime de Vichy*, Paris: La Découverte, 1996 (coleção Repères). Uma nova edição revista e ampliada foi publicada, pela mesma editora, em 2006.
4. Para análises mais precisas, ver trabalhos essenciais, em particular, LABORIE, Pierre. *L'opinion française sous Vichy*. Paris: Seuil, 1990 (reedição coleção Points, 2001), e LABORIE, Pierre. *Les Français des années troubles: de la guerre d'Espagne à la Libération*. Paris: Desclée de Brouwer, 2001 (reedição Seuil, coleção Points, 2003).
5. Entre as duas guerras, o então oficial superior Charles de Gaulle, nascido em 1890, havia sido próximo do marechal Pétain, que era bem mais velho do que ele, pois nascera em 1856. Tal proximidade conferiu verossimilhança à lenda da "espada e do escudo", que foi popular por muito tempo durante a Ocupação e principalmente após 1945, nos círculos pétainistas. Segundo essa tese, que os trabalhos históricos derrubaram, teria existido um acordo secreto, e até mesmo implícito, entre de Gaulle e Pétain para lutar contra os alemães. Livre de movimentos, desde seu exílio em Londres e depois em Argel, a espada do general de Gaulle teria incitado ao combate, enquanto, no interior do país ocupado sob as ordens do escudo, Pétain teria lutado discretamente para proteger os franceses e enfraquecer os alemães.

6. Para uma síntese recente sobre o assunto, ver FOUILLOUX, Étienne. *Les chrétiens français entre crise et libération.* 1937-1947. Paris: Seuil, 1997.
7. Instaurado no início de 1943 pelo governo francês por exigência alemã, o Serviço de Trabalho Obrigatório (STO) convocava todos os jovens franceses, anteriormente obrigados ao serviço militar, para um período de trabalho nas fábricas alemãs.
8. GUTMAN, Israël (dir.). *Dictionnaire des Justes de France.* Edição de Lucien Lazare, prefácio de Jacques Chirac. Paris; Jerusalém: Fayard; Yad Vashem, 2003.
9. FESSARD, Gaston. *Au temps du prince esclave: écrits clandestins 1940-1945.* Apresentação e notas de Jacques Prévotat. Limoges: Critérion, 1989.
10. LABORIE, Pierre, *op. cit.*, 1990.
11. LABARTHETE, Henri du Moulin de. *Le temps des illusions. Souvenirs (julho de 40 — abril de 1942).* Genebra: Éditions du Cheval Ailé, 1946; BARTHÉLEMY, Joseph. *Joseph Barthélemy, Ministre de la Justice: Vichy 1941-1943.* Paris; Pygmalion, 1989.
12. Tomamos a liberdade de remeter ao nosso artigo: BARUCH, Marc Olivier. "Charisma and Hybrid Legitimacy in Pétain's État Français (1940- 1944)". *Totalitarian Movements and Political Religions.* Oxford, vol. 7, nº 2, junho de 2006, pp. 215-224.
13. Ver o brilhante ensaio de MILLER, Gérard. *Le pousse-au-jouir du marechal Pétain.* Paris: Seuil, 1975 (reedição coleção Points, 2004).
14. PÉTAIN, Philippe. "Individualisme et nation". *La Revue Universelle*, Paris, 1º de janeiro de 1941, reproduzido em PÉTAIN, Philippe. *Discours aux Français 17 juin 1940-20 août 1944*, recolhidos e comentados por Jean-Claude Barbas. Paris: Albin Michel, 1989, pp. 360-363.
15. Circular "muito confidencial" de Marcel Peyrouton, secretário do Ministério da Defesa, aos prefeitos, de 15 de outubro de 1940. AN Fla 3630.
16. "Nos raisons de croire et d'espérer", *Les documents français*, 3e année, nº 4, abril de 1941, pp. 1-2.
17. MISSION DU COMITÉ DE RÉORGANISATION ADMINISTRATIVE AUPRÈS DE LA PRÉSIDENCE DU CONSEIL. *Rapport relatif à la réorganisation générale, la délimitation et le regroupement des principaux services de l'État,* 14 de março de 1939, AN F60 978, pp. 1, 26.
18. BADINTER, Robert. *Un antisémitisme ordinaire: Vichy et les avocats juifs, 1940-1944.* Paris: Fayard, 1997.
19. DUVERGER, Maurice. *La situation des fonctionnaires depuis la Révolution de 1940.* Paris: LGDJ, 1941.
20. BONNARD, Roger. *Revue du droit public et la science politique en France et à l'étranger.* Paris, XLVII année, 1940, pp. 149-150.

21. GROS, Dominique. "Un droit monstrueux?". *In*: *Le genre humain*, nº 30-31, *Le droit antisémite de Vichy, actes du colloque tenu à Dijon les 19 et 20 septembre 1994*. Paris, 1996, pp. 561-575.
22. Ver, para o exemplo chinês, LEYS, Simon. *Les habits neufs du président Mao: chronique de la Révolution culturelle*. Paris: Champ Libre, 1971.
23. ARON, Raymond. "Le gouvernement des notables", *La France Libre*, 15 de março de 1941, retomado em ARON, Raymond. *Chroniques de guerre. La France Libre, 1940-1945*. Paris: Gallimard, 1990, p. 78.
24. *La France Nouvelle* é o título de várias obras de propaganda publicadas de 1940 a 1943. É o caso, por exemplo, de uma coletânea de discursos do marechal Pétain publicada em 1941, de grande tiragem.
25. BURRIN, Philippe. "Vichy". *In*: NORA, Pierre (dir.). *Les lieux de mémoire, III. Le France*, vol. 1. Paris: Gallimard, 1992, pp. 320-345.

Bibliografia

ARON, Raymond. *Chroniques de guerre. La France Libre, 1940-1945*. Paris: Gallimard, 1990.

BADINTER, Robert. *Un antisémitisme ordinaire: Vichy et les avocats juifs, 1940-1944*. Paris: Fayard, 1997.

BARTHÉLEMY, Joseph. *Joseph Barthélemy, Ministre de la Justice: Vichy 1941-1943*. Paris: Pygmalion, 1989.

BARUCH, Marc Olivier. *Le régime de Vichy*. Paris: La Découverte, 1996. (Coleção Repères.)

——. "Charisma and Hybrid Legitimacy. *In:* Pétain's *Etat français* (1940-1944)." *Totalitarian Movements and Political Religions*. Oxford, vol. 7, nº 2, junho de 2006, pp. 215-224.

BONNARD, Roger. *Revue du droit public et de la science politique en France et à l'étranger*. Paris, XLVIIe année, 1940, pp. 149-150.

BURRIN, Philippe. "Vichy". *In*: NORA, Pierre (dir.). *Les lieux de mémoire, III. Le France*, vol. 1. Paris: Gallimard, 1992, pp. 320-345.

CASSIN, René. *Un coup d'État, la soi-disant constitution de Vichy*, brochura, s/l, s/d.

DUVERGER, Maurice. *La situation des fonctionnaires depuis la Révolution de 1940*. Paris: LGDJ, 1941.

FESSARD, Gaston. *Au temps du prince esclave: écrits clandestins 1940-1945*. Apresentação e notas de Jacques Prévotat. Limoges: Critérion, 1989.

FOUILLOUX, Etienne. *Les chrétiens français entre crise et libération, 1937-1947*. Paris: Seuil, 1997.

GROS, Dominique. "Un droit monstrueux?". *In*: *Le Genre Humain*, nº 30-31, *Le droit antisémite de Vichy, actes du colloque tenu à Dijon les 19 et 20 décembre 1994*. Paris, 1996, pp. 561-575.

GUTMAN, Israël (dir.). *Dictionnaire des Justes de France*. Edição organizada por Lucien Lazare, prefácio de Jacques Chirac. Paris; Jerusalém: Fayard; Yad Vashem, 2003.

LABATHETE, Henri du Moulin de. *Le temps des illusions. Souvenirs (juillet 40-avril 1942)*, Genève: Editions du Cheval Ailé, 1946.

LABORIE, Pierre. *L'opinion française sous Vichy*. Paris: Seuil, 1990. (Reedição coleção Points, 2001.)

——. *Les Français des années troubles: de la guerre d'Espagne à la Libération*. Paris: Desclée de Brouwer, 2001. (Reedição Éditions du Seuil, coleção Points, 2003.)

LEYS, Simon. *Les habits neufs du président Mao: chronique de la Révolution culturelle*. Paris: Champ Libre, 1971.

MILLER, Gérard. *Les opuse-au-jouir du maréchal Pétain*. Paris: Seuil, 1975. (Reedição coleção Points, 2004.)

PÉTAIN, Philippe. *Discours aux Français 17 juin 1940-20 août 1944*, recolhidos e comentados por Jean-Claude Barbas. Paris: Albin Michel, 1989, pp. 360-363.

CAPÍTULO 3

Há "democracia demais" na URSS?* **

Marc Ferro***

Tradução de Vera Gertel

*Agradecemos ao autor e ao editor a autorização para publicação no Brasil do artigo "Y a-t-il 'trop de démocratie? Em URSS?", publicado em *Annales ESC*, julho-agosto de 1985, nº 4, pp. 811-827. Publicado há um quarto de século, num momento particularmente importante para a URSS, quando mudanças levariam à desagregação do sistema soviético e do próprio país, este texto de Marc Ferro contribui de maneira significativa para a reflexão da questão central da coletânea. A particular atenção do leitor às referências temporais valerá, certamente, às preciosas percepções de Ferro de uma URSS muito além — e aquém — dos dualismos e polaridades que, justamente, mais dificultaram do que ajudaram a compreensão do país.

**K. Cemenko, "Avangadnaja rol' partii Kommunistov", Kommunist, 1982, 6, retornado em Narod i partija ediny, izd. Reci i Staty, Moscou, 1984, p. 204.

***Professor da EHESS Paris. Autor de *La revolution de 1917*. Paris: Aubier, 1967, 2 vols. E coautor com René Girault de *De la Russie à l'URSS. Histoire de la Russie de 1850 à nos jours*. Paris: Nathan, 1989.

"Não somos democratas demais e isso não conduz a um enfraquecimento da disciplina?" A interrogação de Konstantin Tchernenko, em 1982, tem motivos para parecer insólita; pega no contrapé aqueles que acreditam na verdade do testemunho dos dissidentes e julgam o regime soviético a partir da representação que esses fazem dele. Certamente a "democracia" a que se refere Tchernenko não tem nem o mesmo estatuto nem o mesmo funcionamento que a "democracia" de tipo ocidental. Se tirarmos lições da experiência relatada sucessivamente pelos emigrados, oponentes, dissidentes desde quase três quartos de século, julgaríamos, sobretudo, que a democracia dos sovietes afundou; e que durante esses últimos 15 anos, no mínimo, se é verdade que as medidas de controle e de vigilância da sociedade não são mais sangrentas como na época de Stalin, as malhas da rede que enclausuram essa sociedade são ainda mais finas do que antes. As possibilidades de telefonar para o estrangeiro, de receber publicações vindas do Ocidente foram ainda mais reduzidas sob Yuri Andropov; os julgamentos emitidos oficialmente em Moscou sobre os dissidentes, os *refuzniks*, como sobre a situação na Polônia, são sinais que, vistos do Ocidente, *testemunham* esse enrijecimento.

Que Tchernenko faça essa pergunta, no entanto, suscita vários problemas. Desde a Revolução de Outubro, o apelo à disciplina constituiu um *leitmotiv* do regime, mas esse não o havia jamais invocado com relação a um excesso de democracia. É verdade que, em 1917, Bukharin havia declarado que o partido bolchevique era "democrata demais, não suficientemente socialista", mas em um contexto totalmente diferente, uma vez que se tratava então, antes de Outubro, de se apoderar do poder sem esperar ter obtido a maioria dentro dos sovietes. Assim, o estatuto e o funcionamento que

Bukharin atribuía à democracia eram bem aqueles que a definem comumente como pluralista e representativa. Na maneira como Tchernenko usou, ao contrário, introduz-se uma ruptura de sentido. Indicar que existiria democracia "demais" na URSS — ideia além do mais corroborada por outras análises de dirigentes — se apresenta tão ininteligível quanto paradoxal.[1]

Para entender a vida política na URSS, gostaríamos de tentar tornar compreensível tal julgamento.

Durante muito tempo, a análise do sistema soviético procedeu de dois modos de abordagem. O primeiro, a partir de um estudo de poder, levantou e confrontou as diferentes estratégias que o sistema propunha ou enunciava e observou sua relação com as reações da sociedade. Essa abordagem, que se baseava em uma análise global do sentido da história, emanava de militantes, de oponentes, pensadores, enfim, de intelectuais que, em nome de seu saber ou experiência, pretendiam ser os analistas autorizados da história. Que tenham de fato disposto ou não de um instrumento de poder (partido, fração, sindicato ou outra organização) em nada muda a natureza dos julgamentos que fizeram sobre a evolução do regime.[2] A segunda abordagem, desprovida de qualquer projeto político, ao menos aparentemente, confronta o regime soviético a outros modelos como a democracia ocidental, o totalitarismo nazista ou as ditaduras militares. Ela permite que se constate, por exemplo, que a dinâmica dos conflitos engendrados pela revolução resultou na repressão a qualquer deriva em direção ao pluralismo dos poderes. Está claro que esse tipo de análise, que situa o sistema soviético ao lado do nazismo, como o regime totalitário por excelência, dificulta muito a compreensão da observação de Tchernenko, que nos serve aqui de ponto de partida.[3]

No curso dos vinte últimos anos, os analistas do primeiro tipo se juntaram aos do segundo, a "ciência política" dando mais respeitabilidade às suas conclusões. Como era anteriormente o caso para o conceito de luta das classes, o de totalitarismo pretende, por sua vez, explicar tudo: tanto o que muda na URSS como o que não muda... Por meio de um movimento de vagas, o conceito foi, por sua vez, questionado principalmente nos Estados Unidos, sob pretexto de se tratar de instrumento da guerra fria. Depois, por efeito desse movimento, alguns chegaram a detectar um tipo de pluralismo na sociedade soviética. Mas, ao mesmo tempo, no início dos anos 1970, o conceito de totalitarismo reaparecia nas democracias populares, reanimado de um novo vigor, particularmente pelos acontecimentos de Praga em 1968.[4]

Ora, o que caracteriza essas análises, ao menos no Ocidente, é que a partir de alguns parâmetros elas aspiram a uma compreensão global; procedem assim à maneira da ciência econômica, que, durante os anos 1950, já havia formulado um diagnóstico sobre o desenvolvimento da URSS a partir de um número limitado de parâmetros. Gerschenkron, por exemplo, demonstrava que, considerando-se o ritmo de seu crescimento industrial entre 1885 e 1913, a URSS teria atingido, em 1960, um nível de desenvolvimento econômico mais elevado do que o que atingiu, se tivesse evitado a Revolução de Outubro e os planos quinquenais. Na qualidade de economista, não levava em conta em seu modelo as greves que esse crescimento acarretava... e que tiveram por consequência, entre outras, conduzir à revolução. Aqueles que usam o conceito de totalitarismo procedem um pouco da mesma maneira: fazem dele o pivô de seu modo de explicação da sociedade soviética, omitindo a consideração de outros dados, como, por exemplo, as disparidades regionais, o consenso que reina no país etc. Eles certamente não negam essas realidades, mas as julgam secundárias. Ou ainda, em se tratando do consenso, incluiriam de bom grado na conta (ou melhor, no débito) do povo russo e sua tradição de docilidade — como se, na URSS, só houvesse russos. Paradoxalmente, reencontramos aí um tipo de raciocínio tipicamente leninista, mas invertido e requentado, pois significa que convém injetar uma clara consciência de seu infortúnio em uma sociedade definida como incapaz de senti-lo ou analisá-lo. A sociedade soviética seria então aquela cujo regime organiza o consenso, como se ela fosse a única nessa situação.[5]

Na verdade, essas maneiras de analisar o sistema soviético que tomam por referencial ora um ideal, ora um modelo constituído não poderiam julgá-lo democrático e muito menos "democrático demais". Hoje, esses modos de pensar são dominantes; é significativo que as últimas obras publicadas sobre o regime soviético se definam pela oposição que elas mesmas enunciam entre "os dominantes e os dominados" (C. Bettelheim), entre "os que dirigem e os que são dirigidos (Hoffmann e Laird), entre "os governantes e os governados" (H. Carrère d'Encausse), cada um se propondo a analisar uns *e* outros...[6]

Quando tentamos tornar inteligível a sociedade soviética a partir de observações particulares — para 1917-1918, um comitê de fábrica, um regimento ou comitê de bairro; para a época atual uma prefeitura, um comitê de fiscalização de fábricas, a atividade de um secretário do partido em uma república ou um colcoz buriate — percebemos que *a fronteira entre dirigentes e dirigidos não é necessariamente o único princípio de explicação* da sociedade soviética e que se trata mesmo, às vezes, de um engodo. Compreendemos melhor também o sentido das palavras de Tchernenko, que parecem completar, sem esforço aparente, uma profecia de Michelet definindo a propaganda russa nesses termos: "Variada segundo os povos e os países... Ontem dizia sou o cristianismo; amanhã dirá: sou o socialismo." Com Tchernenko, será que não afirma: "Sou a democracia..."?

Para os primeiros tempos do regime, demonstrou-se que reduzir a análise do sistema soviético a essa simples representação entre dirigentes e dirigidos era, ao mesmo tempo, realidade e ilusão. Realidade na medida em que o partido bolchevique exerceu um papel dominante no cumprimento e na realização da Revolução de Outubro e, depois, na construção de uma nova ordem política, econômica e social. Ilusão na medida em que esse modo de ver representa, à sua maneira, uma forma especial da bolchevização da história, uma vez que admite que um partido político pode exercer uma espécie de monopólio no movimento da sociedade, como se a história não pudesse secretar conflitos cuja natureza e origem escapam à ação e à análise dos comunistas. De fato, longe de ter sido apenas um golpe organizado por um pequeno grupo, ou, ao contrário, um movimento de massa que, graças à ação de Lênin, teria resultado na tomada do poder pelo partido majoritário nos sovietes, a situação foi quase o inverso: é preciso lembrar que a insurreição de Outubro teve por efeito executar e legitimar uma mudança de poder que não conseguia se realizar. Outubro foi assim uma prova de força entre um governo (Kerenski) cujo Estado havia sucumbido e um Estado em vias de formação (o sistema dos sovietes) no qual se implantou um governo — o partido bolchevique... Uma vez a insurreição vitoriosa, os dirigentes do partido confiscaram a totalidade do poder supremo; mas, ao menos nos primeiros tempos, o poder não exerceu influência profunda sobre a sociedade. Foi a grande quantidade de sovietes e outros comitês que, de fato, o exerceu.[7]

De maneira que a história política da Rússia, depois da URSS, a partir de fevereiro de 1917 até o fim dos anos 1920, se compreende por meio de vários fenômenos que nascem simultaneamente e se desenvolvem com rapidez sincrônica:

- a bolchevização da sociedade, em primeiro lugar, que se efetua sucessivamente por via democrática, pela adesão às ideias ou à prática dos bolcheviques, pela manipulação dos simpatizantes e por fim por via autoritária;
- a institucionalização do bolchevismo que se efetua após outubro, primeiramente pela eliminação dos outros partidos políticos, pelo controle burocrático do partido sobre os sovietes de deputados e os outros comitês e sovietes confiscados em seguida; pela redução e eliminação de instituições autônomas, graças a uma coalizão de alianças com outras instituições (por exemplo, alianças de *vários* partidos socialistas com os sindicatos contra os comitês de fábricas), pela subversão de instituições — os sindicatos, as organizações de jovens — cuja natureza, papel e organização mudam. Ao longo desse movimento, a grande guinada se situa no fim de 1919, quando se decidiu que os membros das outras organizações diferentes do partido, como sindicatos, por exemplo, deveriam ser "antes comunistas, depois membros do sindicato";
- a plebeização do poder surgida na base com o nascimento e a formação de inúmeros comitês e sovietes se transformou em fenômeno político específico quando aqueles que dirigiam essas instituições, a partir dos então chamados *apparatchiks*, e que, na maioria das vezes, não tinham na origem nem formação militante nem princípios socialistas, aderiram ao poder bolchevique para manter sua função. Esses antigos soldados, operários não especializados, guardas vermelhos, de recente origem camponesa, galgam pouco a pouco os degraus do novo aparelho de

Estado. Sua determinação não ficava atrás da dos dirigentes bolcheviques, pois tiravam sua legitimidade justamente da capacidade de intervir ativamente: requisitar, organizar. De maneira que ao absolutismo vindo do alto se acrescenta um absolutismo vindo da base. Durante os anos 1920, a pressão desses *apparatchiks*, para cima, resulta na lenta eliminação dos *spets*, os especialistas de origem "burguesa" que se tinham mantido no aparelho de Estado, no Exército, na indústria. Dessa maneira, a estrutura social do poder não cessa de se modificar no sentido dessa plebeização, na medida em que a eliminação desses dirigentes acompanha o desaparecimento e a evaporação dos bolcheviques de origem que, no comando do partido, faziam necessariamente parte da *intelligentsia*.

Esse movimento resultou no fortalecimento dos valores e mentalidades que secretou os novos grupos sociais no poder e determinou uma prática política e social ligeiramente oposta ao estilo dessa espécie de aristocracia que formavam os dirigentes do movimento revolucionário: problemas da família, da arte, do antissemitismo, do chauvinismo. Tudo os separa.[8]

DESLOCAMENTO DA FRONTEIRA ENTRE GOVERNANTES E GOVERNADOS

O quarto fenômeno — a burocratização do regime — introduz diretamente à pergunta feita. Essa burocratização é o efeito de procedimentos que os diferenciam dos outros sistemas pela especificidade do laço que se cria entre a ordem política, a ordem administrativa e a sociedade. Os mecanismos apareceram a partir de fevereiro de 1917, antes da Revolução, portanto, com o controle do *bureau* dos sindicatos pelos partidos socialistas, depois o controle dos sovietes pelos *bureaux* dos partidos e dos sindicatos etc. Paralelamente a essa burocratização vinda do alto, que, após outubro, se exerce unicamente a favor do partido bolchevique, se iniciou um processo de burocratização vindo da base com as instituições autônomas (comitês de fábrica, de bairro etc.) que se enxertou, para sobreviver, nas instituições do poder bolchevizado.

Esse poder dispunha assim de um duplo centro, emanando, o primeiro, das instâncias dirigentes do partido e, o segundo, de instituições populares oriundas da sociedade. Seu cruzamento resultou no aparecimento de um sistema burocrático novo, uma vez que não havia solução de continuidade entre o poder político e a administração do Estado e da sociedade. Criava-se também uma situação diferente: na cúpula do sistema, o poder era irrestrito e estava nas mãos dos bolcheviques; mas na base, igualmente irrestrito, o poder pertencia coletivamente às camadas populares, bolchevizadas ou não. No meio, entre dirigentes e dirigidos, a fronteira era móvel.

Acumulados, desenvolvidos, esses fenômenos se acompanhavam de outras transformações profundas: a escolarização, a mobilidade geográfica e profissional, a renovação quase completa do aparelho de Estado da época leninista-stalinista — salvo na mais alta cúpula. E, necessariamente, modificaram as condições da vida política. Mas como?

Em primeiro lugar, essas transformações dizem respeito precisamente à *natureza e localização das fronteiras*, que existem entre dirigentes e administrados. O desaparecimento de tal fronteira havia sido um dos traços da ruptura revolucionária de 1917-1918, uma vez que os cidadãos se tornaram *simultaneamente* sujeitos de decisão em nome de um poder que exerciam com ou sem delegação — e objetos de decisões tomadas em sua ausência, sem ter sido necessariamente consultados. Todavia, durante a década que começa em 1917, essa fronteira aos poucos se restabelece e a partir de então o poder emana cada vez mais explicitamente de um único centro: o partido-Estado.

Na realidade, diversas contradições acusam, certamente, esse reaparecimento e confirmam um funcionamento mais complexo. Os processos descritos acima chegam ao seu termo na véspera da guerra: naquela época, mesmo se as solicitações vindas da base provocavam terror, esse, doravante, emanava tão somente do partido-Estado. O mesmo se dá com a organização dos poderes: enquanto em 1917-1918 havia *dois focos* — democrático-autoritário na base, centralista-autoritário na cúpula —, só há um em 1939 que se define como centralista-democrático. Nessa época, como bem demonstraram os estudos de G.T. Rittersporn, os sovietes não passavam de equivalentes de municipalidades. "As decisões importantes eram tomadas no seio do partido e sua execução confiada a organismos especializados, os sovietes tendo como tarefa apenas organizar os serviços municipais, recolher impostos, participar no cumprimento dos planos agrícolas nas localidades rurais." Como os excessos eram numerosos, salvo a criação de organismos especiais de controle, as "investigações" suscitadas pela cúpula resultavam em um carrossel que acelerava o processo de plebeização[9] entre o pessoal da administração.

A degenerescência dos sovietes locais atinge seu nível máximo após a guerra, no fim da época stalinista, quando as reuniões se tornaram cada vez mais raras, mensais ou mesmo semestrais. O poder central lhes atribuía tão pouca importância que os resultados das eleições ocupavam um lugar ínfimo nos jornais do centro e as eleições eram deslocadas autoritariamente sem que, nem ao menos, os organizadores fossem informados. E o que vale para os sovietes locais vale, sob outra forma, para outras instituições, desde então todas sob controle.[10]

Todavia, por efeito de mecanismos postos em prática na época stalinista, a fronteira se desloca e se dissolve um pouco, mudando assim de natureza, se tornando porosa.

Durante os anos 1930, de fato, porque a maioria das instituições sociais públicas (sindicatos, comitês de fábricas, organizações nacionais, organizações de mulheres) havia sido destruída, absorvida ou deturpada, e porque havia sido igualmente despedaçada a armadura social que sustentava as organizações sociais ditas privadas (ordem dos médicos, academia militar, grupos literários), o partido precisou atualizar-se para que um novo tecido institucional servisse de ligação entre o aparelho de Estado em vias de formação e os indivíduos.

No início, os grupamentos que substituíram aqueles que haviam desaparecido e que foram criados a partir de uma injunção do Estado tinham o objetivo de desenvolver "a iniciativa organizacional" dos cidadãos. Eles deveriam ser formados por voluntários, na verdade vivamente "solicitados", como era o caso dos colcozes. Na teoria, entrava, no entanto, quem o desejasse e, salvo exceção, o partido recompensava a associação concedendo-lhe um monopólio (União dos Escritores, Sociedade Voluntária de Ajuda ao Exército etc.). Surgidas oficialmente na Constituição de 1936, essas organizações sociais são reconhecidas pela Constituição de 1977 como instância paralela ao Estado, enquanto o partido é definido como a força que dirige a sociedade soviética, "o núcleo do sistema político, do Estado e das organizações sociais" (art. 6).

Ora, o ponto importante aqui é que essas instituições sociais começam, a partir dos anos 1930, e primeiramente de maneira muito modesta, a subtrair do Estado uma parte de sua competência. Assim, os sindicatos que geravam a previdência social tornam-se administradores do serviço de tratamentos e recuperação e dispõem de seu equipamento e meios de transporte. O mesmo ocorre com o *Znamja*, criado em 1947 por iniciativa de escritores e professores universitários, que é investido de responsabilidades anteriormente atribuídas ao Ministério da Cultura. Essa microautonomia no interior do sistema explica certamente, se associarmos ao fenômeno de plebeização analisado anteriormente, que tenha podido surgir, sobretudo na Ucrânia, certo número de obras antissemitas — e não apenas antissionistas — ou que um filme turquestano, *Chakhsem et Garib*, de Tahib Sabirov, apresentado todavia em um festival internacional, seja totalmente estranho à ideologia oficial. A extensão do número dessas organizações sociais no campo esportivo, cultural etc., a multiplicação dessas áreas de microeconomia que secretam uma capacidade de agir, exercer um poder, praticar trocas inter — e micro — institucionais, constituem a marca da era de Nikita Khrutchev e mais ainda de Leonid Brejnev. Ora, observam P. e M. Lavigne, "a tendência da evolução (a partir dos anos 1960) consiste em passar de uma fase de coordenação da ação paralela dos órgãos de Estado (sovietes ou administrações executoras) a uma fase de ações comuns, em seguida a uma fase de transferência de funções de certos órgãos de Estado às organizações sociais de massa, especialmente as Uniões Profissionais".[11] Essa capacidade de ação é certamente de uma natureza diferente da capacidade de agir de um sindicato de tipo clássico. Ela não exclui a subordinação burocrática do sindicato ao partido, mas sua capacidade não é menos efetiva.

Existem diferentes formas dessas atividades ao mesmo tempo microautônomas e coletivas em vários campos da vida soviética contemporânea; no funcionamento do Estado propriamente dito, primeiramente, na gestão municipal que constitui uma parte de suas atividades. Já mencionamos em que estado de degenerescência havia caído o poder real dos sovietes locais.

A grande mudança da tendência data, nesse caso também, da época de Brejnev. Mesmo se é verdade que a competência dos sovietes locais permanece fraca, o essencial dos recursos estando fora de seu controle, os eleitos que sofrem a pressão de seus mandatários são obrigados a encontrar, ao mesmo tempo, meios para consertar imóveis, calçar ruas, equipar escolas. Querendo manter sua influência na esfera local, valem-se da posição para penetrar em seguida no aparelho burocrático e subir na hierarquia social: seja se fazendo aceitar no partido, seja se fazendo nomear como representantes de sua instância em nível superior, na esperança de fazer carreira.[12] Numerosos aposentados participam dessas sessões que, assim como os valorizam, os mantêm ocupados. Assim assistidos e ajudados por esses voluntários, os eleitos, que constituem uma espécie de subelite, têm acesso às decisões locais e transmitem as reivindicações a instâncias mais fortes do ponto de vista orçamentário. Um "deputado" da pequena cidade caucasiana de Kutaisi, por exemplo, que é membro do partido em sua fábrica, é igualmente presidente — nessa condição — da comissão de controle dessa fábrica e membro da comissão do soviete encarregado das empresas públicas. O mesmo acontece com diretores de escola, clubes esportivos etc. que acumulam diversas responsabilidades.[13]

Certamente, tais atividades são controladas em nível superior pelos sovietes da região (*oblast*) e por órgãos do partido que vigiam a escolha dos elegíveis e a execução das decisões tomadas pelo escalão anteriormente citado. Além disso, o partido intervém e *substitui* os sovietes em muitas ações em que deveria apenas "guiá-los": um presidente do Soviete Supremo da República do Quirguistão evidenciou, em 1966, que o partido interviera, nessa condição, em 95 decisões de ordem econômica que eram da competência do soviete, inclusive decisões referentes à preparação técnica para a próxima tosa das ovelhas. O efeito não é menos duplo: por um lado, esse intervencionismo certamente paralisa, mas por outro o apelo ao partido permite chegar mais rapidamente a Moscou. Simultaneamente, os sovietes locais devem também lutar contra outras instâncias concorrentes, como Conselhos Econômicos Regionais, por exemplo, que, dotados de competências e orçamento desde 1962, confiscaram alguns dos restos dos sovietes locais moribundos, antes que esses fossem, por sua vez, estimulados a se regenerar.

Alguns necessitam desses estímulos, enquanto outros não têm o que fazer com eles — como os sovietes que sabem que os órgãos centrais continuam sem influência sobre eles: a proliferação dos subúrbios e a criação de conjuntos habitacionais isolados são oportunidades que suscitam o nascimento de um novo soviete urbano; seu número passou de 3.061 a 3.598 entre 1961 e 1975. O movimento se acentuou desde então. De maneira que os incentivos a uma maior autonomia vindos do alto podem ser efetivos ou permanecer ilusórios; mas o controle vindo do alto pode ser igualmente ilusório, sempre que a microinstituição se situa longe do centro, no sentido orgânico ou geográfico do termo. A autonomia, certamente, não predomina nos centros nervosos do sistema, não na *Maison Jaune*, evidentemente.[14]

Essa participação, assim solicitada e regenerada, não interessa somente às organizações sociais ou ao governo das repúblicas no escalão da vida municipal; ela diz respeito, igualmente, à sua maneira, ao próprio Partido Comunista na hora do "socialismo desenvolvido", de "Estado de todo o povo". Nas origens, em 1917, as mudanças na organização do poder e o fenômeno aqui denominado institucionalização do partido, em particular, haviam tido por corolário fazê-lo crescer, multiplicar-se, torná-lo onipresente. De fato, seus efetivos não pararam de crescer. Ultrapassam hoje 17 milhões de membros. Isso não seria possível sem controle, e mesmo duplo controle: o de dentro, que sempre existiu, e o de fora, a partir do momento em que o partido e o Estado se identificavam um com o outro.

A ideia de uma vigilância do poder estabelecido nasceu em 1917, antes de outubro, nos tempos em que o partido ainda não havia tomado o poder. Aos sovietes de deputados cabia a vigilância política; aos sindicatos e aos comitês de fábricas, o controle da produção. Em Outubro, os bolcheviques instituíram o controle "operário" em uma época na qual a produção ainda não era estatizada. Tratava-se de exercer, por meio da classe operária, a vigilância sobre o patronato. Posteriormente, a estatização resulta na integração das instituições de controle no aparelho de Estado. No entanto, a necessidade de manter uma delas à parte surgiu e originou a criação do *Rabkrin*, a Inspeção do Trabalho, destinada a resguardar os direitos dos trabalhadores a partir do momento em que o sindicato percebeu que suas funções tinham se modificado. Stalin suspendeu o *Rabkrin* em 1934, mas ele ressuscitou em 1953; Khrutchev e

Brejnev o reorganizaram completamente, sob outro nome. A ideia era fazer renascer um controle *vindo da base*, constituindo uma rede de comitês composta por uma parte de assalariados membros do partido e outra parte de voluntários selecionados por esses e que não pertenceriam necessariamente ao partido. Essa estrutura paralela logo cobriu todo o país (193 mil grupos comportando mais de quatro milhões de pessoas a partir de 1964). Mesmo estando implantada no partido e guiada pelo Comitê Central, ela era ligada não ao partido, mas ao Conselho de Ministros, e seu presidente era nomeado pelo presidente do Soviete Supremo. Esse "desligamento" poderia ter sido o esboço de uma mudança institucional essencial, mas o importante, nesse caso, é observar que o Comitê de Controle do Povo (Komitet Narodnogo Kontrolja — KNK), uma vez associado aos sovietes, se tornava um verdadeiro exército de controle, pois um em cada seis soviéticos adultos havia sido ou era "inspetor".[15]

Os milhares de comitês recebem relatórios, queixas, protestos sobre todo tipo de disfunções imaginável: o *Pravda* de 8 de agosto de 1977 indica que o Bureau Central do KNK em Moscou havia recebido 575 mil cartas em dois anos. Na economia, a instituição tem como função, entre outras, a de, de alguma maneira, substituir a pressão social às "leis" do mercado livre. Mas ela é eficaz? Basile Kerblay observou em uma localidade rural que quando uma "missão" de inspetores é anunciada, o presidente do colcoz aparece, de acordo com um sinal combinado, sem boné. Na outra extremidade da URSS, no Buriate, Caroline Humphrey reparou igualmente que essas inspeções não faziam quase mais efeito do que uma visita pastoral...[16] Resta que essa participação, mais ou menos ativa, aumenta ao menos o controle social. Resulta na lenta justaposição desse controle vindo da base ao exercido pelo alto, que usa formas mais tradicionais bem conhecidas: doutrinação, ensino etc.[17] Mesmo sendo formal, essa penetração constitui, no entanto, um deslocamento parcial das linhas de fronteiras.

Que as linhas se tornem imperceptíveis, em certos lugares do funcionamento institucional, e pode-se imaginar que a participação assim solicitada traga vantagens para os indivíduos ou microinstituições que, a um título ou outro, vigiam, negociam uma decisão ou autogestão de uma atividade social qualquer — com as trocas de vantagens recíprocas, de serviços, produtos etc. que tal atividade implica. Esses excedentes sociais se insinuam nos interstícios do sistema, nos limites da legalidade; a imprensa está cheia desses *faits divers*.

UM POLIMORFISMO INSTITUCIONAL

Que a institucionalização da vida social aumente a influência política dos cidadãos ou ainda que ela seja um simples instrumento do regime, com seus efeitos perversos, não muda a seguinte característica, identificada, dessa vez, pelos sociólogos soviéticos: a participação voluntária — fraca entre os operários como entre os membros dos colcozes, cresce na medida em que se sobe na escala da instrução. A distância se torna visível principalmente dentro das instituições — organizações sociais, sovietes locais, inspetorias etc. — onde os mais instruídos se tornam, aos poucos, majoritários, na medida em que sobem na hierarquia dos poderes. Jerry Hough viu que o fenômeno é verificável na cúpula: entre 1970 e 1975, o Soviete Supremo compreendia 24% de operários, mas esses representavam apenas 12% dos responsáveis por relatórios de comissão e apenas 6% dos responsáveis designados para a primeira sessão plenária.[18]

Assim, enquanto após 1917 havia-se assistido a uma plebeização do poder, um mecanismo diferente e inverso se instala a partir de então, caracterizado pela pressão para o alto dos elementos sociais mais instruídos; como se a hierarquia dos poderes devesse em seguida refletir a dos saberes e do *savoir-faire*.

O sangue novo constantemente insuflado em direção às cúpulas do aparelho de Estado pode, por sua vez, ter efeitos sobre a prática dos dirigentes e modificar os comportamentos coletivos na base do poder? No estágio atual do desenvolvimento social, ainda não seria possível prejulgar. Pode-se ao menos verificar que outro fenômeno, ligado a esses problemas, já aparece e modifica a natureza das relações entre instituições: o polimorfismo. Para constatar a sua existência, observemos o Exército. Ele representa um caso muito significativo, pois com alguns anunciando seu inelutável conflito com o partido, outros já definindo a URSS como uma estratocracia, será mais fácil, por meio de seu exemplo, avaliar tais afirmações e ver como *o regime passou de um poder polimorfo a um polimorfismo institucional.*[19]

Quanto às relações entre o Exército e o partido, por exemplo, elas se caracterizaram, após 1917, pela extensão do controle desse sobre aquele e essa representação sobreviveu. A luta de poderes entre o comissário e os militares durante a guerra civil, e cuja imagem o filme *Tchapaev* perpetuou, foi reatualizada pelos conflitos entre o marechal Joukov e os dirigentes do partido, durante os anos 1960. Na realidade, para sua grande satisfação, os militares haviam visto desaparecer desde a guerra o laço que os unia ao poder político pela supressão, no início de 1944, dos "delegados no *front*", herdeiros dos comissários; logo após a guerra, o caso Jukov talvez levasse a crer que renascia uma velha querela, uma vez que Jukov era acusado de "bonapartismo" e de "aventureirismo". Tratava-se, na realidade, de um simples conflito pessoal entre oficiais superiores, como bem mostrou T. S. Colton, e suas rivalidades não tinham qualquer significado institucional. A prova é que os companheiros do marechal não foram freados em sua ascensão e que ele mesmo, em seguida, recebeu todas as honrarias. T. S. Colton demonstrou, aliás de maneira irrefutável, que a dupla hierarquia dos oficiais e dos oficiais políticos, isto é, diretamente nomeados pelo partido, não tem de jeito algum o mesmo significado de antes. De fato, a plebeização do corpo de oficiais entre 1930 e 1980 acabou com a suspeita da qual podiam ser vítimas os sobreviventes e herdeiros da antiga tradição. Restavam os interesses de casta e as rivalidades que podiam surgir entre dois aparelhos paralelos. Ora, além de controlar o comando hoje, os oficiais políticos colaboram estreitamente com este, sendo em geral subordinados diligentes. As interferências e passagens entre as duas hierarquias são constantes e numerosas; a principal diferença com relação ao passado é que os oficiais políticos se tornaram verdadeiros militares profissionais, com ingerência direta na administração e gestão do Exército, e também especializados, como os outros militares; identificando-se finalmente mais com o Exército do que com o partido, do qual, em princípio, são a expressão. Isso, aliás, não tem mais grande importância, porque já 90% dos membros do alto-comando pertencem ao partido e já há quase tanto tempo quanto os oficiais "políticos". Quanto ao resto, havia no Comitê Central, em 1980, 27 membros do comando militar e três oficiais políticos, se a distinção ainda faz sentido, enquanto os representantes do Exército somavam 7% do total — um pouco menos do que durante os anos 1960. Segundo Colton, é preciso abandonar a ideia de um conflito e considerar, antes, que as duas instâncias se apoiam uma na outra. Observa-se que o marechal Ustinov, falecido em 1984, era civil na origem e que um militar o substituiu. Desde que Gorbatchev está no Secretariado, o número de membros do Exército diminuiu um pouco no Bureau Político e no Secretariado, mas essas variações não são sensíveis a ponto de serem significativas.

Não é menos verdade que as razões, os raciocínios dos militares e dirigentes da alta tecnologia que lhes são associados penetram mais do que antes no aparelho de Estado, tendo em vista sua função de vanguarda na economia do país. Além disso, é igualmente verdadeiro que o Exército se tornou uma instituição cada vez mais autônoma, cada vez mais livre em seus movimentos; a importância crescente dos transportes aéreos, a multiplicação das fazendas do Estado atribuídas ao Exército, de fábricas sob seu controle direto, suas capacidades de recrutamento dos melhores engenheiros e técnicos, características que vão todas no mesmo sentido. Vimos certas guarnições preferirem produzir a própria eletricidade, ao passo que poderiam obtê-la pela metade do custo utilizando recursos locais. O Exército dispõe praticamente de um sistema econômico semiparalelo e, quando isso não é possível — nas estradas de ferro, por exemplo —, assina acordos garantidos por um comitê de coordenação em nível ministerial. Assim, beneficia-se de uma faixa horária particular que lhe é reservada.

Se for verdade que assim integrado e mimado o aparelho do Exército não tem razão aparente, enquanto instituição, para entrar em conflito com o partido — tanto mais que os valores patrióticos são glorificados mais do que nunca[20] —, resta que o Exército pode ser dividido por conflitos internos, transversais, por exemplo, entre os serviços que querem desenvolver o arsenal nuclear e aqueles que defendem o papel das armas convencionais: a luta pelos créditos suscitou entre eles uma querela feroz que, naturalmente, repercute nos conflitos pessoais. Sobretudo, essa rivalidade tem efeitos *derivados* provenientes das alianças funcionais entre, por exemplo, o complexo militar-industrial e as repúblicas nas quais devem se instalar fábricas e equipamentos; diante delas pode ocorrer, por exemplo, uma coalizão entre o governo da República da Rússia e as indústrias instaladas no seu território — que, aliás, sustentam aqueles que se dizem os apologistas do exército convencional, com suas urgências prioritárias, a segurança do território e a salvaguarda do *status quo* nos *glacis* da Europa Oriental onde as forças convencionais garantem "a ordem socialista". Como se vê, o jogo das forças institucionais pode até interferir nas escolhas da política externa.[21]

A característica importante é, certamente, que a concorrência entre os interesses particulares de uma instituição (ou uma de suas ramificações) e os interesses gerais da URSS se repete em outras instituições e, principalmente, no Comitê Central do partido. Observa-se, assim, que nos últimos dez anos sua ampliação de 287 para 319 membros representa, certamente, um enfraquecimento da representação relativa das diferentes repúblicas (salvo a República da Rússia), que passa de 56 membros sobre 287 a apenas 58 sobre 319, enquanto cresce nitidamente a representação das instâncias pan-soviéticas. Observa-se, por outro lado, que é mantida a representação relativa do aparelho propriamente dito do partido, dos membros dos governos, dos militares (respectivamente 138, 85, 22 de um total de 319) em todas as repúblicas e representações pansoviéticas, assim como o acréscimo da penetração da KGB e dos serviços de política externa aos mais altos níveis — Bureau Político e Secretariado — outro fenômeno relativamente recente.[22]

Seríamos tentados, então, pela hipótese de que de agora em diante os órgãos supremos do partido poderiam constituir a *representação* das forças institucionais, das organizações sociais, inclusive dos interesses de certas repúblicas, e que existiria assim, na URSS, uma espécie de pluralismo institucional: o que, com relação a épocas anteriores, traduziria uma mudança essencial. Essa hipótese deve ser imediatamente corrigida: primeiro porque a expressão remete a um contexto diferente, principalmente pelo fato de que, do alto até a base de todos os sistemas do aparelho (Estado, partido, instituições sociais) existe uma espécie de polimorfismo que é certamente uma das características específicas do sistema político soviético. A mobilidade das responsabilidades e as passagens de uma instituição à outra são de fato uma prática constante e mais espetacular do que em outros lugares: o marechal Ustinov era civil, Brejnev era marechal e Andropov não era, na origem, "kagebista". Os perfis de carreira são testemunhos da realidade do fenômeno. Além disso, as divergências que essas rivalidades suscitam não são nem permanentes nem associadas a uma visão do mundo ou a um status social particular. No lugar de pluralismo ou corporativismo, usaremos a terminologia marxista-soviética para definir os efeitos desse fenômeno: ele cria "contradições não antagônicas".

Consequentemente, o discurso de Tchernenko pode ser interpretado de várias maneiras. A dupla democracia/disciplina visa em primeiro lugar ao comportamento individualista, "antissocial", de todos os cidadãos que violam a lei soviética graças às intrincadas ações no interior das instituições anteriormente mencionadas e que eles controlam: circuitos e tráficos paralelos, corrupção individual ou institucional etc.; esses atos se tornaram públicos na época de Andropov. Simultaneamente, o discurso de Tchernenko diz respeito à incapacidade da cúpula do Estado, no caso o Bureau Político, de assegurar do alto até a base, "como no tempo de Stalin", a aplicação efetiva das decisões diante da multiplicidade de circuitos institucionais transversais e paralelos e, mesmo, autônomos. O "excesso de democracia" dá conta da paralisia desses modos de funcionamento associados às lutas de poder entre instituições sociais, governos, grupos de pressão, aparelhos do partido.

Existem atualmente 112 institutos que tratam do desvio de curso dos rios siberianos; não basta constatar que, no alto da cúpula, é o poder que toma finalmente a decisão de escolher esse ou aquele de seus projetos; a questão é saber como funciona a mecânica das deliberações que resulta, na cúpula, em uma escolha, em uma decisão.[23] Para toda e qualquer decisão, a multiplicidade das instâncias em causa traduz ao mesmo tempo o "exagero" de deliberações evocado por Tchernenko e corrobora, na base, o esgotamento do deputado de Kutaisi, citado anteriormente, que vai e vem de uma instância a outra para obter um crédito. Na cúpula, em que, por serem mais importantes, as causas em questão provocam o enfrentamento entre vários sistemas institucionais, não basta, para atingir um objetivo, cumprir a corrida burocrática; uma das condições do sucesso é dominar o labirinto dos procedimentos, assim como conhecer o perfil de carreira dos membros da *nomenklatura* e o território de cada clientela.[24]

Assim, para os dirigentes soviéticos, se oporiam, por um lado, os interesses coletivos particulares — de uma república, de uma produção, de uma rede burocrática ou tecnocrática — e, por outro, um interesse coletivo, que o partido, os sovietes deveriam encarnar. Daí a necessidade de aumentar seu poder de controle sobre as instâncias de decisão e de execução. A terminologia soviética distingue assim nitidamente as instâncias da democracia (partido, sindicatos, sovietes, organizações para a juventude etc.) e os órgãos executivos ou de decisão (Estado, rede tecnocrática).

Essa representação, que demonstra a nova necessidade de controle das próprias atividades pela sociedade, uma vez que assumiram forma institucional — e que essas atividades não mais encarnam os interesses "de classe" de um grupo social como no começo do regime —, mostra a percepção particular, em país soviético, dos efeitos do desenvolvimento tecnoburocrático do sistema nesse estágio do "socialismo avançado".[25] No interior da sociedade tecnoburocrática (assim denominada pelos sociólogos soviéticos) observamos melhor se definir a distância que separa todos aqueles que participam do funcionamento do sistema de todos os que se recusam, permanecem os apologistas isolados, impotentes de outra concepção da democracia e que "pensam de maneira diferente", isto é, os dissidentes. A distância se torna intransponível, uma vez que, simultaneamente, as instituições e a sociedade ignoram o pluralismo, enquanto a doutrina do partido e a prática popular o recusam.

PLURALISMO: TANTO A BASE QUANTO O APARELHO DE ESTADO O REJEITAM

O discurso de Iuri Andropov por ocasião do centenário do nascimento de Djerzinski, fundador da Tcheka, explica melhor a concepção de democracia que predomina. Ele observava na ocasião "que após 60 anos de existência, a URSS leva adiante combates de um terceiro tipo: após ter vencido os obstáculos sucessivos do bloqueio econômico e da grande guerra patriótica, o conflito que enfrenta hoje é essencialmente de ordem ideológica". Pois "nossos adversários", escreve Andropov, "se esforçam para minar e arruinar a fé que anima os cidadãos soviéticos com relação ao comunismo e tentam impor pontos de vista estranhos ao socialismo"... "Seu objetivo é mudar a natureza da sociedade soviética" (...). "É preciso reduzir os trabalhos de sabotagem desses inimigos do socialismo." Especificando quem é visado, Andropov ataca a "incrível propaganda" feita no Ocidente em torno do problema dito dos direitos humanos e das liberdades individuais; como se a sociedade soviética não permitisse aos cidadãos se expressar livremente. Como se a URSS não fosse um imenso canteiro de discussões no qual os cidadãos debatem cotidianamente os seus problemas. Claro, sempre há aqueles que não querem participar, que se afastam e se recusam a discutir;

há aqueles que chamamos de dissidentes. Todavia, observa Andropov, "seu questionamento, que se tornou uma verdadeira profissão, está em vias de extinção (...) como desapareceram os ladrões, os corruptos etc.". É preciso compreender, explica Andropov, que "esses dissidentes, como um vestígio da antiga sociedade, estão destinados eles também a desaparecer da história... pois o nascimento do "homem novo" não poderia acontecer em algumas décadas. Assim, é normal que pessoas que não se adaptam à nossa sociedade nova ainda existam e não possam viver em harmonia com ela". Mas eles são "cada vez menos numerosos e nós fazemos o que podemos para educá-los, para que os desgarrados mudem de opinião".[26]

Na análise de Andropov, entrecruzam-se uma visão leninista do papel de vanguarda do partido, único competente para julgar o regime que a sociedade deve adotar, ou a definição do que seja o estado de saúde integral de uma sociedade; e uma observação que indica essa ruptura, já mencionada, entre um tipo de democracia e o que os soviéticos chamam a "democracia do socialismo avançado", cujas manifestações e limites foram indicados.

Que uma ovação formidável tenha acompanhado o discurso de Andropov quando estigmatizava aqueles "que não obedecem a nossa lei soviética", que a mesma ovação saúde os discursos idênticos de Gorbatchev, eis o que é revelador das escolhas operadas pelos dirigentes para receber aclamações e, ao mesmo tempo, da percepção que os dirigentes da sociedade soviética fazem de sua função e de seu papel. Os aplausos, que emanam de representantes de uma legião de instituições soviéticas, comprovam também sua adesão a uma regra que não conhece exceções.[27]

DE UMA SOCIEDADE SOB CONTROLE A UMA SOCIEDADE AUTOVIGIADA

Segundo Andropov, o fato de que o estrangeiro incentive e aprove os contestadores é visto como uma tentativa de "contaminar um corpo social em vias de desenvolvimento, convalescença e florescimento". Felizmente para a sociedade, explica, "o regime soube criar instituições de salvaguarda e prevenção, como a KGB, que zela pela saúde moral da sociedade e não tolera que sua fé no socialismo possa vacilar". De resto, quando Andropov louva Djerzinski e evoca o papel dos serviços de segurança do regime, ele não apresenta o organismo, à maneira dos ocidentais, como um serviço secreto, mas sim como "uma instituição brilhante em seu orgulho de assegurar a defesa da sociedade soviética, no interior como no exterior".

O paralelo é significativo se lembrarmos que no tempo de Djersinski as iniciativas da Tcheka vinham tanto da base quanto do alto, tanto da sociedade quanto do poder. Andropov não menciona, ao contrário, os herdeiros da Tcheka, os membros da GPU e do NKVD que, justamente, violaram a lei soviética em vantagem própria, se apoderaram dos poderes do partido e fizeram o papel, ao mesmo tempo, de polícia e de Justiça. A KGB, ao contrário, tomou o cuidado de deixar aos juízes, aos jurados, aos médicos psiquiatras, a tarefa de decidir o destino dos inimigos do regime e outros "delinquentes". Pois, na verdade, explica Andropov, a KGB *não tem mais necessidade* de cometer os abusos de seus antecessores: "o homem novo" já está estabelecido e é majoritário em todas as instituições soviéticas que condenam, *por si só*, os não conforme e inadaptados.[28]

Assim, tanto nas origens da URSS quanto hoje, é visível que o poder popular, quer exercido coletivamente na base, quer tenha sido galgado pouco a pouco no aparelho, permaneça estranho ao pluralismo, à expressão livre de opiniões não conformes que expressariam seu desacordo com o poder, à sobrevivência de uma oposição, a pessoas que contestariam por princípio o sentimento comum: a democracia individualista é, desse modo, vítima de um duplo jogo coletivo, exercido pelo alto e pela base, que se traduz por um *consenso*. Ao contrário do passado leninista-stalinista, a rejeição não se apoia mais na competência do partido, na sua modernidade: surge da própria sociedade, da qual o partido assumiu o crescimento, a saúde e a soberania.

Existem, no entanto, inúmeras áreas de reduzida autonomia, contanto que não comprometam o sistema em seu princípio: encontramos algumas no próprio funcionamento político, mas existem muitos outros que não cabem na presente análise. Na produção, por exemplo, no campo da literatura, certamente do cinema e no de algumas ciências sociais. Ninguém tem dúvidas quanto ao progresso recente dessas áreas, junto ao progresso maciço do nível cultural médio do conjunto da sociedade, nem que o movimento continuará e acabará por ter influência no sistema; no período precedente, os efeitos da plebeização comprovam o contrário. Tampouco restam dúvidas quanto ao olhar aguçado que é preciso ter para identificar tais áreas e os movimentos, pois o ambiente político e cultural testemunha a existência de um poder claramente arrogante em suas certezas, seu autoritarismo e sua intransigência.

Mas quem, afinal, associaria o poder do povo — a democracia — à liberdade, à igualdade?

Notas

1. *Spartak*, junho de 1917.
2. Essa linha que aparece a partir de 1918 com os escritos dos mencheviques, socialistas revolucionários (SR), anarquistas e mais tarde trotskistas, stalinistas e ex-stalinistas apresenta todas as variedades de julgamento. Cf. Marc FERRO, *L'occident et la révolution soviétique*, Paris, Éditions Complexe, 1980.
3. Essa linha surgiu com a obra de Hannah ARENDT, *The Origins of Totalitarianism*, Nova York, Harcourt, 1951; desde então cresceu consideravelmente.
4. Encontramos um itinerário dessas correntes e sua topografia atual em Pierre HASSNER, "Le totalitarisme vu de l'Ouest", em *Totalitarisme*, organizado por Guy HERMET, Paris, Éditions Economica, 1984, pp. 15-41; para os países do Leste, cf. Jacques RUPNIK, "Le totalitarisme vu de l'Est", *ibid.*, pp. 43-71.
5. A. GERSHENKRON, "The Rate of Industrial Growth in Russia since 1885", *Journal of Economic History*, 1947, suplemento 7, cujas análises, aliás, foram questionadas. Cf. M. E. FALKUS, "Russia's National Income, 1913. A reevaluation", *Economica* nº 137, 1968, pp. 52-74. Sobre o *consenso*, remetemos à nossa primeira aplicação do conceito na URSS: "Instincts-institutions, note d'introduction à une étude du *Consensus*", *Mélanges Ch. Morazé*: *Culture, science et développement*, Toulouse, Privat, 1979, pp. 387-391. Sobre "a organização" do *consenso*, ver Victor ZASLAVSKY, *The Neo-Stalinist State*, Nova York, Sharpe, 1982, 194 pp.
6. C. BETTELHEIM, *La lutte des classes en URSS, 3ème période, 1930*-1941, les dominés, 1982, 320 p.; id., *La lutte des classes en URSS, 3ème période, 1930-1941, les dominants*, 1983, 350 p.; Hélène CARRÈRE D'ENCAUSSE, *Le pouvoir confisqué. Gouvernants et gouvernés en URSS*, Paris, Flammarion, 1980,

302 p.; *The Soviet Polity in the Modern Era*, Erik P. HOFFMANN e Robbin F. LAIRD (eds.). Nova York, Aldine Publishing, 1984, pp. XI-XVI.

7. Para uma análise mais aprofundada desses problemas, consultar nossa obra. *Des soviets au communisme bureaucratique*, Paris, Gallimard, "Archives", 1980, 264 pp.
8. *Ibid.*
9. G.T. RITTERSPORN, "Société et appareil d'État soviétiques (1936-1938); contradictions et interprétations", *Annales ESC*, nº 4, 1979, pp. 843-867.
10. Thoedore H. FRIEDGUT, *Political participation in the URSS*, Princeton, Princeton University Press, 1979, 354 pp.; pp. 41-81.
11. Pierre e Marie LAVIGNE, *Regards sur la Constitution soviétique de 1977*, Paris, Economica, 1979, 162 pp; p. 40.
12. Cf. T.H. FRIEDGUT, *op. cit.*, *passim*.
13. *Ibid.*, pp. 155-235.
14. *Ibid.*, p. 42. *La Maison Jaune*, sede do Instituto de Filosofia, ilustre pela narrativa romanesca de A. ZINOVIEV, Lausanne, L'Age d'homme, 1982.
15. Jan S. ADAMS, *Citizen Inspectors in the Soviet Union. The People's Control Committee*, Nova York, Praeger, 1979, 234 pp. (Prefácio de Jerry Hough).
16. Citado por Jerry Hough, *ibid.*, p. V; Basile KERBLAY, "Les problèmes de la socialisation dans le monde rural soviétique", em *Du mir aux agrovilles*, Paris, Imseco, editora do IES, 1985, 424 pp., p. 367; Caroline HUMPHREY, Karl Marx Collective, *Economy Society and Religion in a Siberian Collectivve Farm*, Londres-Paris, Cambridge University Press-Maison des Sciences de l'Homme, 1983, 522. pp. 114-116.
17. Sobre as formas tradicionais da doutrinação, da formação, ver Michel HELLER, *La machine et les rouages, la formation de l'homme soviétique*, Paris, Calmann-Lévy, 1985, 322 pp. Sobre a função ambígua das festas que reforçam o controle e, simultaneamente, abrem pequenas áreas autônomas, ver a resenha da obra de C. LANE, nesse número. Sobre uma das funções do ensino da história, ver nota 20, bem como nosso *Histoire sous surveillance*, Paris, Calmann-Lévy, 1985.
18. T. H. FRIEDGUT, *op. cit., passim*; Jerry HOUGH e Merle FAINSOD, *How the Soviet Union is Governed*, Harvard University Press, 1979, 680 pp. e "Changes in Soviet Elite Composition", em *Russia at the Crossroads*, S. BIALER e T. GUSTAFSON (eds.), Londres, G. Allen, 1982, 224 pp.; pp. 39-65.
19. Timothy S. COLTON, *Commisars, Commanders, and Civilian Authority. The Structure of Military Politics*, Harvard University Press, 1979, 365 pp.; do mesmo autor, "The Impact of the Military on Soviet Society", em E. P. HOFFMANN e R.F. LAIRD (eds.), *op. cit.*, nota 6, pp. 393-417. A tese da URSS, sociedade militar, é defendida por C. CASTORIADIS, *Devant la guerre*, Paris, Fayard, 1981.

20. A tendência das autoridades para o cerimonial militar aparece na televisão; além disso, e principalmente, a educação patriótica e soviética é programada segundo um ajuste da análise dos problemas históricos para a formação do sentido cívico e moral. Cf. Pavel Solomonovic LEJBENGRUB, *Ideino-Nravstvennoe Vospitanie v Obucenii Istoril SSSR (VII-X Klassy), posobie dlja ucitelja* (A educação moral no ensino da história da URSS, 7ª-10ª classes, manual para os professores), Moscou, 1983, 188 pp. A obra, com tiragem de 150 mil exemplares, é apenas um exemplo dos numerosos livros e revistas do "arsenal pedagógico".
21. *Ibid.* Sabe-se que a invasão do Afeganistão ocorreu sem que Brejnev tomasse conhecimento e que foi empreendida, certamente com a conivência de alguns membros do Bureau Político, pelas forças estacionadas nas repúblicas. Em 48 horas, a situação foi "regularizada" e Brejnev assumiu a responsabilidade. O que se sabe, no entanto, nunca foi realmente provado.
22. John H. MILLER, "The Communist Party: Trends and Problems", em *Soviet Policy for the 1980s*, Archie BROWN e Michael KASER (eds.), Londres, MacMillan/St. Antony's College, 1982, 280 pp.; pp. 1-35. Em 1981, o partido conta 17.430.413 membros para uma população de mais de 20 anos de 178.874.000 pessoas, ou seja um em cada dez adultos. Os membros do KNK ultrapassam 9,5 milhões em 1976, para 682 mil cargos (11 pessoas em média), cf. J.S. ADAMS, *op. cit.*, nota 15, p. 152. Cf. igualmente J. HOUGH, *op. cit.*, nota 18, "Changes...".
23. *Eko*, 1983, informação gentilmente fornecida por V. Garros e M. H. Mandrillon.
24. T. H. FRIEDGUD, *op. cit.*, pp. 203-204.
25. Erik P. HOFFMANN, "Soviet Perspectives on Leadership and Administration", em E. P. HOFFMANN e R. F. LAIRD (eds.), *op. cit.*, nota 6, pp. 109-131.
26. Iuri V. Andropov, *Kommunisticceskaja Ubezdennost'-velikaja sila stroitelej novogo mira* (A convicção comunista: grande força construtora de um mundo novo), Moscou, 1977, p. 30 e ss.
27. M. S. GORBAČEV, *Leninzm — živoe tvorcěskoe ucenie vernoe rukovodstvo k dejstviju* (O leninismo: uma teoria criativa e viva, guia infalível para a ação), Moscou, 1983, 30 pp., pp. 17-22.
28. Iuri V. ANDROPOV, *op. cit.*, nota 26, p. 30 e ss.

Bibliografia

ADAMS, Jan S. *Citizen Inspectors in the Soviet Union. The People's Control Committee.* Nova York: Praeger, 1979 (Prefácio de Jerry Hough).

ANDROPOV, Yuri V. *Kommunisticceskaja Ubezdennost'-velikaja sila stroitelej novogo mira* (A convicção comunista: grande força construtora de um mundo novo). Moscou, 1977.

ARENDT, Hannah. *The Origins of Totalitarianism.* Nova York: Harcourt, 1951.

BETTELHEIM, C. *La lutte des classes en URSS, 3ème période, 1930-1941, les dominés,* 1982.

——. *La lutte des classes en URSS, 3ème période, 1930-1941, les dominants*, 1983.

BIALER, S. e GUSTAFSON, T. (eds.). *Russia at the Crossroads.* Londres: G. Allen, 1982.

CARRÈRE D'ENCAUSSE, Hélène. *Le pouvoir confisqué. Gouvernants et gouvernés en URSS.* Paris: Flammarion, 1980.

CASTORIADIS, C. *Devant la guerre.* Paris: Fayard, 1981.

COLTON, Timothy S. *Commisars, Commanders, and Civilian Authority. The Structure of Military Politics.* Cambridge: Harvard University Press, 1979.

——. "The Impact of the Military on Soviet Society". *In:* HOFFMANN, E. P. e LAIRD, R. F. (eds.). *The Soviet Polity in the Modern Era.* Nova York: Aldine Publishing, 1984.

FALKUS, M. E. "Russia's National Income, 1913. A reevaluation", *Economica,* nº 137, 1968.

FERRO, Marc. *L'occident et la révolution soviétique.* Paris, Éditions Complexe, 1980.

——. "Instincts-institutions, note d'introduction à une étude du *Consensus*", *Mélanges Ch. Morazé: Culture, science et développement.* Toulouse: Privat, 1979.

——. *Des soviets au communisme bureaucratique.* Paris. Gallimard, "Archives", 1980.

——. *Histoire sous surveillance.* Paris: Calmann-Lévy, 1985.

FRIEDGUT, Thoedore H. *Political Participation in the URSS.* Princeton: Princeton University Press, 1979.

GERSHENKRON, A. "The Rate of Industrial Growth in Russia since 1885", *Journal of Economic History*, 1947.

GORBACEV, M.S., *Leninzm — zivoe tvorceskoe ucenie vernoe rukovodstvo k dejstviju* (O leninismo: uma teoria criativa e viva, guia infalível para a ação), Moscou, 1983.

HASSNER, Pierre. "Le totalitarisme vu de l'Ouest". *In:* HERMET, Guy (dir.). *Totalitarisme.* Paris: Éditions Economica, 1984.

HELLER, Michel. *La machine et les rouages, la formation de l'homme soviétique.* Paris, Calmann-Lévy, 1985.

HOFFMANN, Erik P. e LAIRD, Robbin F. (eds.). *The Soviet Polity in the Modern Era.* Nova York: Aldine Publishing, 1984.

HOUGH, Jerry e FAINSOD, Merle. *How the Soviet Union is Governed.* Cambridge: Harvard University Press, 1979.

HUMPHREY, Caroline. *Karl Marx Collective, Economy Society, and Religion in a Siberian Collective Farm.* Londres-Paris: Cambridge University Press-Maison des Sciences de l'Homme, 1983.

KERBLAY, Basile. "Les problèmes de la socialisation dans le monde rural soviétique". *In: Du mir aux agrovilles.* Paris, Imseco, editora do IES, 1985.

LAVIGNE, Pierre; e LAVIGNE, Marie. *Regards sur la Constitution soviétique de 1977.* Paris: Economica, 1979.

LEJBENGRUB, Pavel Solomonovic. *Ideino-Nravstvennoe Vospitanie v Obucenii Istoril SSSR (VII-X Klassy), posobie dlja ucıtelja* (A educação moral no ensino da história da URSS, 7º-10º anos, manual para os professores). Moscou, 1983.

MILLER, John H. "The Communist Party: Trends and Problems". *In:* BROWN, Archie e KASER, Michael (eds.). *Soviet Policy for the 1980s.* Londres: Macmillan/St. Antony's College, 1982.

RITTERSPORN, G. T. "Société et appareil d'État soviétiques (1936-1938); contradictions et interpretations", *Annales ESC*, nº 4, 1979, pp. 843-867.

RUPNIK, Jacques, "Le totalitarisme vu de l'Est". *In:* HERMET, Guy (dir.). *Totalitarisme.* Paris: Éditions Economica, 1984.

ZASLAVSKY, Victor. *The Neo-Stalinist State.* Nova York: Sharpe, 1982.

ZINOVIEV, Alexandre. *La Maison Jaune.* Lausanne: L'Age d'Homme, 1982.

CAPÍTULO 4

Stalin, stalinismo e sociedade soviética. Literatura & História

Daniel Aarão Reis*

*Professor titular de História Contemporânea da Universidade Federal Fluminense (UFF). Pesquisador do NEC/UFF e do CNPQ. Autor de *As revoluções russas e o socialismo soviético*. São Paulo: Ed. Unesp, 2003, e *Uma revolução perdida*. São Paulo: Editora Perseu Abramo, 2007.

Grande Stalin! Querido Stalin! Grande e querido... como fazer dessas duas palavras um todo? Quando a esposa ou a irmã dizem "querido", não acrescentam "grande". Mas as massas o fazem. E têm o direito moral de fazê-lo, porque Stalin cresceu e se forjou politicamente no seio das massas operárias e camponesas. E suas ideias, desejos e fins são, precisamente, as ideias, os desejos e os fins do povo, da classe operária, do Partido Comunista. Como não há de ser querido! E assim é, de verdade: querido e grande!

M. KALININ

A MORTE DE UM IMORTAL

É difícil imaginarmos uma figura tão gigantesca como a de Stalin. [...] Não sabemos de... nenhuma iniciativa, ou diretiva de certa importância [...], cujo autor não seja o camarada Stalin [...] Todo o trabalho fundamental [...] se faz seguindo as indicações, a iniciativa e a direção do camarada Stalin. Os problemas mais transcendentais da política internacional se resolvem segundo suas indicações; e não só esses grandes problemas, mas também questões que poderiam parecer de terceira e ainda de décima categoria, o interessam, se dizem respeito aos operários e aos camponeses... Tudo nestas palavras é verdade, do princípio ao fim.

S. M. KIROV

Na noite de 5 de março de 1953, em voz cava, os meios de comunicação da URSS anunciavam *urbi et orbi*: "No dia de hoje, às 21h50, o coração de Josef Vissarionovitch Dzhugashvili, o Stalin, deixou de bater."

Dois dias antes, em 3 de março, um primeiro comunicado já anunciara que o dirigente máximo dos povos soviéticos enfrentava graves problemas de saúde. Uma preparação para o pior, que os dirigentes já sabiam ser mais do que provável.

Nas cidades e ruas, em toda parte, instaurou-se uma atmosfera de ansiedade e perplexidade: o paizinho e guia genial dos povos soviéticos e da revolução mundial, o maquinista da locomotiva da História, o grande revolucionário do século XX, estratego, líder político, cientista, filósofo, estadista, o que-não-merecia-morrer, e não podia morrer, estava morrendo. O semideus humanizava-se.

Quando veio, afinal, a notícia do falecimento, houve uma comoção. A imensa tristeza. A dor e o pranto pela perda. E o medo do futuro. Órfãos de Stalin, o que seria da vida, o que seria de nós? Perguntavam-se as pessoas, e a indagação ecoava para além das fronteiras da URSS, alcançando os comunistas espalhados por todo o mundo, homens e mulheres temperados por infindáveis lutas e inauditos sacrifícios consentidos, duros no enfrentamento do inimigo, provados, agora choravam, comovidos, eles também filhos, agora órfãos, e herdeiros, de Stalin.[1]

As multidões na rua, acumulando-se, acotovelando-se, querendo saber detalhes.[2] E ver o morto. Ordenadas, afinal, estenderam-se filas descomunais para o último adeus ao defunto, postado na Sala das Colunas da União dos Sindicatos em Moscou. Nada mais natural, o grande líder dos proletários de todo o mundo velado na Casa dos Trabalhadores e de suas organizações sindicais. O último preito. Havia ali admiração, reverência, afeto e amor.[3] Em parte, promovidos e cultivados por um desmesurado culto à personalidade, que atingira, desde os anos 1930, e se intensificando, patamares inimagináveis. Mas a vida daquele líder — e revolucionário — tinha substância própria, não lhe faltando momentos épicos, românticos, plenos de ousadia e de audácia.

Nascido em Gori, na Geórgia, em 1879, Josef Dzhugashivili, o *Koba*, e, a partir de 1912, *Stalin*, desde muito cedo tornou-se um bolchevique *puro e duro*, atuante na Geórgia (Tiflis) e nos centros urbanos e petrolíferos do Mar Cáspio (Batum e Baku).[4] Diversas vezes preso, sempre se evadindo.[5] Teve poucas oportunidades, e breves, de estar no exterior.[6] Sua vocação era a luta clandestina no interior, e entre greves, prisões, evasões, manifestações, reuniões clandestinas e ações de expropriação de fundos passou grande parte de sua vida. Um revolucionário profissional, um *maravilhoso georgiano*, dele diria Lênin, entusiasmado, em 1912.

No ano quente e vermelho de 1917, já promovido ao Comitê Central do Partido bolchevique, definitivamente separado dos mencheviques a partir da conferência de Praga, realizada em janeiro de 1912, Stalin teve atuação marcante, mesmo que não tão visível, se comparada aos grandes líderes bolcheviques de então: Lênin, Trotsky, Kamenev e Zinoviev, embora sobre o assunto haja não poucas controvérsias. As polêmicas, eliminadas em seu período de glória, desde fins dos anos 1920, pelo menos na URSS, permaneceram vivas na historiografia sobre as revoluções e o socialismo soviético, ressurgindo com força, mesmo na URSS, desde os tempos da chamada *desestalinização*.

Nos anos 1920, depois da morte de V. Lênin, em 1924, J. Stalin afirmou-se na liderança do Partido Comunista da URSS e do movimento comunista internacional, vencendo, de modo surpreendente, os principais líderes alternativos, e comprovando, mais uma vez, que não existem *lideranças naturais*, elas se constroem nas lutas, nas intrigas e segundo as circunstâncias.[7]

Mais tarde, ao longo dos anos 1930, no *grande salto para a frente* empreendido pela URSS, Stalin consolidou poder, prestígio e liderança, dirigindo o país na glória da prosperidade e no terror dos expurgos. A Segunda Guerra Mundial, chamada pelos soviéticos a grande guerra patriótica, levou seu prestígio ao apogeu, na União Soviética, no movimento comunista internacional e no mundo. Associado à vitória, responsabilizado por ela, proclamado marechal e *generalíssimo*, o culto de sua personalidade alcançou então o momento mais alto.

Como todo tirano, parecia eterno. Mas não era.

A morte viera apanhá-lo e o colheu.

Nos bastidores do poder, no entanto, passado um primeiro choque, desencadearam-se lutas surdas, duras e implacáveis.

Os principais líderes começaram a se mover, e com rapidez, desde o dia 1º de março, de manhã, quando souberam que o velho tirano sofrera um derrame devastador. Parece bem estabelecido hoje, segundo pesquisas recentes, que os camaradas dirigentes negligenciaram deliberadamente assisti-lo. O que os preocupava era sobretudo o futuro e o lugar de cada um em particular nesse futuro.[8]

Deu-se então um golpe. E houve um acordo.

O golpe foi dado na estrutura máxima de poder, o *presidium* do Comitê Central, criado, sob inspiração de J. Stalin, pelo XIX Congresso do Partido, em outubro de 1952. Esse órgão, ampliado, com 25 titulares e 11 suplentes, substituíra o antigo *Bureau* Político, formado por 11 dirigentes, que permaneceram na nova instância de poder, mas com atribuições compartilhadas, diluídas. A ampliação prefigurava, segundo muitos, o lançamento de novos e grandes expurgos, como os de 1937-1938, que haviam devastado a máquina administrativa do Estado, as Forças Armadas e o Partido Comunista e que teriam como alvos principais exatamente os altos dirigentes do antigo *Bureau* Político. Duas campanhas de massa, em curso nos meses que antecederam a morte de Stalin, divulgadas por todos os meios de comunicação, evidenciavam a hipótese de novas reviravoltas: contra o sionismo e os EUA e a contra a suposta secessão da Geórgia. Em pauta: a caça aos *inimigos do povo*.

Se tinha mesmo esses objetivos em mente, terá faltado tempo a J. Stalin para alcançá-los.

Os dirigentes do *Bureau* Político, veteranos, experientes, articularamse, funcionando como conjunto, ignorando o novo *presidium*, e convocaram o Comitê Central do Partido e o Soviet Supremo para comunicar-lhes o que se passava, o acordo a que haviam chegado e as decisões tomadas.

Porque haviam chegado a um acordo. Temporário. De distribuição entre eles do poder político.

Ainda é possível vê-los nas fotografias daquele 5 de março de 1953, diante das mais altas elites do poder soviético, anunciando a organização do futuro e do seu futuro: entre outros, os principais, G. Malenkov (governo), L. Beria (segurança), N. Khruchtchev (partido), N. Bulganin (forças armadas), V. Molotov (relações exteriores), L. Kaganovitch (indústrias).

Tensos, mas calmos, seguros, quase aliviados. As propostas foram aprovadas pela unanimidade de praxe.

A transição estava assegurada.[9]

Em contraste, sentindo-se pequenino, o povo, nas ruas, era todo luto e pranteava, espremendo-se em imensas filas, no frio, para a última despedida.

O TEMPO DE STALIN: O OLHAR DE RIBAKOV

> *Quem mais respeita a história não são os historiadores, mas os novelistas.*
>
> G. CABRERA INFANTE

> *É impossível alguém se manifestar contra Stalin. Nisso consiste toda a tragédia. Seus métodos são inaceitáveis, mas a linha política é correta.*
>
> S. KIROV, SEGUNDO A. RIBAKOV

> *O tempo é Stalin... quem se opõe a ele se opõe ao país, ao partido.*
>
> M. ALEXANDROVITCH RIAZANOV, SEGUNDO A. RIBAKOV

Nos anos da Perestroika, na então URSS, foi publicado um romance, de A. Ribakov, que alcançou logo imenso sucesso, sendo imediatamente traduzido em vários países, inclusive no Brasil.[10] O autor contava a história do socialismo soviético e do stalinismo, no período decisivo da *revolução pelo alto*, fins dos anos 1920 e inícios dos anos 1930, quando a URSS já se encontrava sob o comando firme de J. Stalin.[11]

A ação se desdobra por meio de três ângulos distintos, mas entrelaçados. Em primeiro e principal lugar, uma turma de meninos e de meninas, que, no período, se tornam adolescentes e, depois, jovens adultos, originários de Moscou, de um de seus bairros mais centrais e conhecidos, e ali, de uma rua cheia de história e de charme, a Rua Arbat — são os filhos da Rua Arbat, que dão o título ao livro. Numa segunda instância, aparecem autoridades e funcionários do Partido e do Estado (*apparatchiks e upravlentsy*),[12] entre os quais, com grande ênfase, a figura de J. Stalin, de quem o autor faz acurado estudo psicológico. Num terceiro plano, entrecruzam-se no exílio siberiano personagens de diferentes procedências, perseguidos e banidos pelo poder.[13]

Comecemos com a turma da Arbat, destacando o seu núcleo, os moradores de um conjunto residencial existente na rua: Alexander Pankrátov, o *Sacha*, ânimo de rebelde, crítico, áspero, contundente, exigente, energúmeno[14] *par excellence*; Maxim Kostino, o *Max*, boa alma, bom caráter, modesto, aplicado, trabalhador; Nina Ivanovna, a *Ninka*, militante, séria, ponderada, mais do que dedicada, devotada, plena de certezas; Helena Budiaguin, a *Lena*, filha de um velho bolchevique, já andou pelo mundo, conheceu capitais estrangeiras, mais sofisticada do que os amigos, também muito séria e aplicada, militante; e Iuri Charok, o *Iúra*, faz o tipo arrivista, mau caráter, fará tudo para *chegar lá*, as pessoas para ele são estribos, quer subir, e subirá.

Todos nasceram e cresceram na Arbat, alunos da mesma escola, participaram da célula do Konsomol,[15] da qual Sacha foi secretário, o mais ativo, reconhecido pelos demais como o mais brilhante e o de maior espírito de liderança.

Filhos da mesma rua, são filhos da mesma revolução. Compartilham valores éticos e perspectivas épicas, empolgantes: "Eram inquebrantáveis naquilo que constituía o sentido de suas vidas: o marxismo era a ideologia de sua classe, a revolução mundial, o objetivo final de sua luta, o Estado soviético, o bastião inexpugnável do proletariado internacional."[16]

Tinham orgulho do país em que viviam: "A ponta de lança do proletariado mundial, baluarte da futura revolução mundial",[17] e estavam dispostos a consentir sacrifícios necessários para essa alta missão: "Sim, eles vivem à base de cartões de racionamento, privando-se de tudo, mas, por outro lado, estão construindo um novo mundo."[18]

Queriam trabalhar e não temiam as tarefas duras e cansativas. Sacha, em particular, destacava-se nesse afã: "Quis trabalhar na fábrica, via-se atraído pela própria palavra 'proletário', por pertencer à grande classe revolucionária. O começo da vida, poético e inesquecível."[19]

Plenos de entusiasmo e de energia, celebrando os interesses sociais e coletivos, considerados prioritários, não mediam esforços ou pensavam em comodidades, nem se entregavam a mesquinhos cálculos ou barganhas: "São jovens, não concebem nem a morte, nem a velhice, foram nascidos não para a morte nem para a velhice, mas para a vida, para a mocidade, para a felicidade."[20]

Fazem parte de uma geração, jovens que trabalham, entusiasmados, na dura construção de novas fábricas, em condições dificílimas, faltos de meios técnicos, quase apenas com o ânimo, o fervor contagiante e admirável daquelas pessoas. Refletindo sobre o trabalho delas, diria para si mesmo um dirigente:

> E aqueles rapazes e moças... foi assim que trabalharam, que conquistaram a honra de batizar este segundo alto-forno de consomoliano! Faziam a comida ali mesmo, nas fogueiras. Os cavalos atolavam no barro, as carroças despencavam das pontes, o principal instrumento era a pá, o meio principal de transporte, a carroça de cavalo, e haja escavações, escavações, montanhas de terra, a poeira chegando ao céu, o barulho, os estrondos. Esses jovens, entusiastas, não se poupam, não falam de dificuldades. E vejam de que caos surgiu a maior fábrica moderna.[21]

Não participam por coerção, mas porque se sentem concernidos, construindo uma alternativa histórica: "Compreendem que estão criando o baluarte da indústria socialista, que estão superando o atraso secular do país, fortalecendo seu poderio defensivo, sua independência econômica, que estão construindo uma sociedade nova, socialista."[22]

No turbilhão construtivo, no contexto das comemorações de mais um aniversário da Grande Revolução, não mais do que de repente, sob a forma de epigramas, aparecem críticas bem-humoradas aos militantes comunistas da célula do Instituto Tecnológico onde estudam os filhos da Rua Arbat. Ali estão, no mural dos estudantes, e a responsabilidade de Sacha é bem estabelecida. Ele a assume. Uma nota dissonante, quase inaudível, mas será bem ouvida, considerada ensurdecedora, impertinente, intolerável.

Reúnem-se os comunistas: censuram o comportamento de Sacha. Convocam uma assembleia de professores e estudantes. Mais uma. A sala cheia, excitada: o exercício público da crítica e da autocrítica. O processo e o julgamento de Sacha. Uma atmosfera de exaltação e de punição. A severidade dos rostos, das falas e dos juízos, a *sociedade mobilizada*.[23]

Construir é também vigiar, porque os inimigos do povo conspiram. Construir é controlar as faltas, identificar os *desvios* e também, quando e se for o caso, punir. Não é apenas Stalin quem o diz, nem apenas o que os comunistas propõem, é o que as assembleias mobilizadas exigem, severas. Castigos exemplares para os que saem da *linha* e são contra a *linha*.[24] Nesse preciso sentido, os comunistas orientam, mas são, num movimento inverso, expressão de importantes segmentos da sociedade. Construtores, sem dúvida. Mas construções de uma vontade maior do que eles, e que eles não fazem mais do que exprimir.

O julgamento de Sacha, expulso do Instituto, é momento emblemático de como, *por baixo*, se manifestam a ira popular, a raiva no coração, os ressentimentos acumulados, a decisão de punir:[25] "Pôr as coisas em pratos limpos! Punir sem dó nem piedade! Canalhas! Aniquilar! Dar o golpe de misericórdia! Erradicar! Exterminar! Banir da face da Terra!"[26]

A vigilância permanente. Uma atmosfera de cerco, de denúncias. Perpassando o cotidiano, quando "pessoas fazem o mal às outras facilmente, na certa supondo que assim o estão desviando de si mesmas".[27] Não há instituições autônomas, independentes, às quais se possa recorrer, das quais se possa esperar juízo sereno e imparcial: "Agora, o atormentava mais do que nunca a consciência de que as pessoas eram indefesas."[28] O jeito é apelar para relações pessoais, acima de quaisquer suspeitas.

Sacha vai atrás delas: o pai de Lena, Budiaguin; seu tio, Mark Aleksandrovitch Riazanov, alto tecnocrata, conhece pessoalmente Stalin; Soltz, veterano bolchevique.

O tio inquieta-se, mas não quer acreditar. Conversa com Budiaguin: "Não vou deixá-lo cair nas garras deles. Não podemos mutilar os meninos, estão apenas começando a viver. Isso não está acontecendo só com seu sobrinho — disse Budiaguin."[29]

Solicitado, enfim, por Sacha, intervém, então, um veterano bolchevique, Soltz. Numa apreciação sumária, decreta, também severo: "A revolução de outubro não aboliu os epigramas! (...) A mocidade tem os seus direitos. E o primeiro direito dela é rir."[30]

Sacha é readmitido no Instituto: pelo arbítrio, caiu; pelo arbítrio, foi salvo. A situação parece superada. Porém, pouco depois, enreda-se novamente, de modo involuntário, numa outra trama, mais vasta, onde se encontra a figura de Krivorutchko, ex-filiado a uma corrente oposicionista banida ainda no início dos anos 1920, a chamada *oposição operária*. Sobre Krivorutchko *pairava um passado*.[31]

Agora, virá a polícia política, de madrugada, na hora do leiteiro. Os interrogatórios. O acusado é culpado até prova em contrário. Quanto mais, e mais rápido, confessar, poderá, ou não, ser melhor para a sua sorte.

Mas Sacha é um rebelde *duro*, um *urso*, não confessa. As intervenções pelo alto, mais uma vez acionadas, já não funcionam.[32] O destino de Sacha está selado: o exílio siberiano.

Nas idas e vindas do itinerário de Sacha, entrelaçam-se os enredos de poderosas figuras. Elas ocupam o alto da pirâmide social, mas vivem, cada qual a seu modo, o mesmo processo social.

Budiaguin, pai de Lena, é um veterano bolchevique, conhece bem J. Stalin, foi seu companheiro de prisão e exílio. Em certo momento, há um diálogo tenso entre os dois. Budiaguin está perdendo a confiança do grande chefe, seus dias também estão contados.

Mark Riazanov é o tio de Sacha. Dirige um grande empreendimento do I Plano Quinquenal. Num primeiro momento, tenta intervir, horrorizado diante do abismo que se vê armar diante do sobrinho. Mas desiste. O socialismo é maior do que destinos individuais. Além disso, Mark o sabe: o seu poder é extensão do de Stalin, sem o qual ele nada seria: "Não houvesse sobre ele a vontade férrea de Stalin, ele não conseguiria revelar a sua..."[33]

Um encontro pessoal com Stalin suscita nele temor, admiração, empolgação. E "a sensação alegre de compreensão de um grande homem, que eclipsara a época com seu gênio".[34]

Stalin é ídolo venerado, mas sua grandeza reside não apenas na altura em que se encontra, mas no fato de que é um *comum*, capaz de criar uma "sensação de proximidade e compreensão entre ele e as pessoas que o saudavam entusiasticamente".[35] Os velhos líderes bolcheviques, rivais abatidos, não perceberam esse *detalhe*, ou o perceberam muito tarde.

O triunfo de Stalin, assim, e em larga medida, foi o triunfo do *homem comum*. Num solilóquio imaginado por Ribakov, Stalin cisma:

> Mas foram justamente eles, os funcionários do Partido, comuns e modestos, que levantaram as massas na hora decisiva para a luta, para a Revolução e depois para a defesa da Revolução. Ele é que é o representante *desses* quadros partidários, e por isso o papel *deles* na história de outubro é o papel *dele*... quem venceu a guerra civil foram dezenas de milhares de comunistas, quadros funcionários do Partido. *Ele* é o representante desses quadros, e por isso o papel deles na guerra civil é o papel *dele*, e o papel *dele* é precisamente o papel do Partido.[36]

As tradições ancestrais igualitaristas dos russos, que as revoluções potencializaram no quadro do processo de *plebeização* do poder,[37] só possível, por sua vez, no contexto da formidável mobilidade social suscitada nos anos 1930 soviéticos, emolduraram e acionaram os complexos fatores que levaram J. Stalin ao poder e ao culto de sua personalidade, associando de modo indelével o chefe, o processo revolucionário e as massas, que se encontravam empenhadas na construção de um mundo novo.

Não faltariam talento tático e capacidade de manobra, de trabalho e de intriga ao grande líder, já exaustivamente descritos por seus biógrafos e por quem tratou de sua ascensão ao poder,[38] embora não seja possível concordar com a superestimação das suas qualidades, presente nos ditirambos formulados pelos stalinistas e também em muitos dos solilóquios atribuídos a Stalin por A. Ribakov.[39] Mas seria um erro de avaliação perder a perspectiva de que esses talentos e essas capacidades só vicejaram porque encontraram terreno fecundo na sociedade e no povo soviéticos dos anos 1930.

O fato é que, naquela conjuntura, em face dos esplendores do grande salto para a frente e dos horrores do terror e dos expurgos, da atmosfera de delação e medo, estreitaram-se as alternativas.

Levar *vidas alternativas* tornou-se cada vez mais um exercício inútil e patético, além de perigoso. Vária, a irmã caçula de Nina, e Kostia, seu namorado, e mais alguns exilados, perseveram gesticulando e se comportando *contra a corrente*. Tudo em vão. O tempo era de Stalin.

Emaranhado no labirinto das investigações da polícia política, nos processos baseados em confissões, e, depois, nos confins do exílio, Sacha só poderá contar mesmo com a dedicação da mãe e a simpatia de Vária.

Os demais amigos, "temendo complicações para si mesmos", sentindo-se impotentes, desviavam o olhar, amargurados e envergonhados. Como um deles (Max) diria mais tarde:

> Não queria acreditar e ao mesmo tempo não podia deixar de acreditar, senão seria impossível servir à causa a que entregara a vida. O mais certo era não pensar nisso. Aquelas pessoas se deterioraram, passaram para um mundo diferente e desconhecido... do qual ninguém retorna.[40]

Não compreendiam. Ademais, refletiam, nem que quisessem poderiam ajudar. Recolhiam-se. E renegavam o amigo, silenciosamente.

"A Arbat continuava a vida de sempre."[41]

Era disso que se tratava: as pessoas continuavam a viver.

Muitos, empolgados pela titânica luta — a construção de um *mundo novo*. Outros, aderindo de modo calculista, *para fazer carreira*, como o emblemático Iúra Charok, um filho da Rua Arbat que trocou a vocação de jurista para ingressar na polícia política. Outros, talvez a imensa maioria, na batalha prosaica da vida, apenas garantindo seus lugares, lutando pela sobrevivência, cumprindo os deveres, curtindo os prazeres possíveis, sentindo as inevitáveis tristezas, trabalhando duramente. Como o dentista Lipman, consciencioso, artesão da boca e dos dentes. Que a boca seja do grande ditador ou do humilde funcionário, do torturador ou do torturado, que importa, trata-se de aliviar dores e de alcançar a perfeição técnica. Um profissional.[42]

Nessas condições, o que restava a Sacha?

Resistir, manter os princípios e vegetar no exílio e lutar... para ser reincorporado pelo sistema. Mesmo porque "não vai haver outra Rússia", como amargamente reconhece um exilado.[43] E o caminho de Sacha, como ele diz a si próprio, é com o Partido, com o povo, com o Estado.[44]

A oportunidade de reintegração surge afinal com o início da Segunda Guerra Mundial, a Grande Guerra Patriótica, como a chamaram os soviéticos e a chamam até hoje os russos.

Como milhares em sua condição, Sacha voluntaria-se e é aceito nas fileiras.

O relato de Ribakov encerra-se com um encontro emocionado, e emocionante, entre Max e Sacha. O reencontro dos dois filhos da Arbat. Max, filho de modesta ascensorista, agora é general do poderoso Exército soviético. Sacha apresenta-se em seu quartel-general como oficial, e, quando o reconhece, quer evitá-lo, com medo de prejudicá-lo, porque se sabe um *marcado*. Embora tenha sido admitido no Exército, tem o selo inextirpável dos *inimigos do povo*.

Surpreendido, perturbado, perplexo, Max cisma: "Sacha, honrado, franco, cheio de princípios, não quer prejudicar ninguém, assume tudo. Que vida não terá levado e apesar de tudo continua o mesmo..."[45]

Não o deixa partir. Convida-o a sentar-se. E brindarão juntos, em homenagem à velha amizade...

O texto de Ribakov é interessante por mais de uma razão.

Alguns poderão vê-lo apenas como uma acurada representação do processo histórico. O sucesso de público, imediato, na então URSS e no mundo, atesta pelo menos que houve uma sintonia fina entre as demandas das sociedades e o relato dos *tempos de Stalin* produzido pelo autor.

De uma leitura atenta, podem emergir, porém, outras dimensões.

A ideia, já referida, pesada, mas transmitida quase que casualmente, de que na Arbat a *vida continuava como sempre*. Para além das atrocidades e dos entusiasmos, dos expurgos e dos impasses, da polícia política e dos gritos de suas vítimas, a sociedade continuava existindo, reproduzindo-se e reproduzindo, de forma ampliada, o sistema. Mais de que o império das vontades dos chefes, prevalece uma dinâmica social, a da *sociedade mobilizada*, insaciável na caça aos inimigos do povo. Nesse sentido, vivem-se os tempos de Stalin, não havendo alternativa visível.

Nessa atmosfera há uma complexa gradação de atitudes. Entre o crítico revoltado (Sacha, entre outros) e o adesista mau-caráter (Chárok), que se transforma num quadro da polícia política, há uma infinidade de cores e elas próprias se transformam, segundo as circunstâncias: a simpatia solidária (Vária), ou a silenciosa, que assiste, impotente, à queda de Sacha (Mark e Budiaguin), a crítica muda, que não se transmite (Lena), a desconfiança, a adesão condicionada (Ninka), a reserva, *o desviar de olhos* (Max), o entusiasmo cego, a neutralidade indiferente, profissional (Lipman). Para além das oposições e das adesões, um leque amplo de opções, que se afirmam, se transmudam e se redefinem sem cessar.[46] Essa gradação vai ser também, a seu modo, uma das bases do triunfo do sistema.

Interessante aí é o contraste entre os *revoltados* russos dos séculos XIX e XX. No século XIX os *intelligenti* lutavam até a morte contra o sistema. Marginalizados, perseguidos, eram presos, exilados, deportados, torturados, assassinados. Muitos, evidentemente, sob a pressão das circunstâncias, abjuravam, mas, nesse caso, renunciavam a si mesmos e a seus ideais. Outros, não poucos, mantinham-se firmes em suas convicções e faziam disso um programa de vida. Salvo no caso extremo da abdicação e da renúncia, não havia conciliação possível entre os que se revoltavam e o regime existente.

No século XX soviético, os revoltados, uma legião deles, e sem abjurar de suas convicções, no limite, almejavam, e muitas vezes o conseguiam, reintegrar-se ao sistema. É o que acontecerá com Sacha, no fim do romance de Ribakov. Uma evidência de que o sistema tinha força, dinâmica interna, apoio social e proposta para o futuro.

Numa outra comparação, com o romance de I. Turguenev, *Pais e filhos*, o contraste volta a se manifestar. Em Turguenev, os *filhos*, materialistas convencidos, científicos, representam o futuro e desprezam os pais, que vão se tornando supérfluos. Não há diálogo possível e os *filhos*, cuja impiedade e pretensão são fina e ironicamente criticados pelo autor, apesar disso, surgem como vencedores, sintonizados com as exigências dos novos tempos.

Em *Os filhos da Rua Arbat*, a disputa é ganha pelos *pais*. São eles o futuro, são eles que triunfam. Aos filhos, cabe a obediência. A revolta desemboca no castigo sem remissão, ou, como no bíblico filho pródigo, no desejo de... reintegração.

A ficção propõe uma reconstrução da história. Por meio de ângulos fecundos, como queria Cabrera Infante, terá conseguido, talvez, ser mais fiel, e profunda, do que muitas pesquisas históricas.

STALIN E SEU TEMPO: HORRORES E GLÓRIA

O camarada Stalin dedicou, sem reservas, sua vida inteira ao serviço do povo, até a última batida do seu coração, toda a luz de seu gênio, toda a força de seu poderoso cérebro. Onde quer que trabalhasse, qualquer que fosse o longínquo recanto da terra soviética em que vivesse, o cidadão soviético sempre sentiu a solicitude staliniana, o amor staliniano, a mão orientadora de Stalin.

B. POLEVOI

O que nos interessa saber é como o culto da pessoa de Stalin não parou de crescer e como se tornou, num momento preciso, a fonte de toda uma série de perversões, graves e sempre mais sérias, dos princípios do Partido, da democracia do Partido, da legalidade revolucionária.

N. KHRUCHTCHEV

Se o passado nada contém de positivo, então não há futuro, só resta "esquecer tudo" e afundar no sono.

V. MEZHUEV

No tempo de Stalin, particularmente nos anos *fortes* desse tempo, os 1930, houve um grande salto modernizante.

A sociedade urbanizou-se.

Em fins dos anos 1920, apenas cerca de 18% da população viviam em cidades, 82% nos campos (alguns falam em 84%). Em termos absolutos: um pouco mais de 26 milhões de habitantes nas cidades, quase 121 milhões nos campos. O esmagamento das cidades pelos campos, a ruralização das cidades.

Em fins dos anos 1930, em apenas 12 anos, as cidades haviam ganhado mais de 30 milhões de habitantes, um crescimento de 9,4% ao ano. Entre 1929 e 1932, por ano, um acréscimo de 1,6 milhão de pessoas. Nos seis anos seguintes, cerca de 2,3 milhões por ano.

Às 640 cidades do velho Império tsarista somaram-se mais 450 *novas* cidades. Em 1926, havia 28 cidades que tinham entre 100 mil e 500 mil habitantes. Doze anos depois, 71 cidades estavam nessa categoria. Com mais de 500 mil habitantes, havia então oito cidades, contra apenas três em fins dos anos 1920.

É verdade que apenas nos anos 1960 a maioria da população passou a residir nas cidades, mas o crescimento urbano dos anos 1930 foi de tamanho vulto, e tão intenso, que modificou radicalmente o panorama do conjunto da sociedade, conferindo às cidades, e definitivamente, um papel preponderante.[47]

A sociedade industrializou-se.

Não é necessário sobrecarregar o presente texto com estatísticas nesse sentido, divulgadas pelas histórias econômicas e gerais do socialismo soviético.[48] Para efeitos deste artigo, basta mencionar o fato de que a mão de obra empregada pelas indústrias, em fins dos anos 1930, alcançou um pouco mais da metade da população economicamente ativa, enquanto não chegava a 18% em fins dos anos 1920.

A sociedade instruiu-se.

Em pouco mais de uma década, quintuplicou a população com ensino superior completo e com ensino secundário completo. Entre os primeiros o salto foi de 233 mil para 909 mil diplomados. Entre os segundos, de 288 mil para 1.492 mil.

Explodiram as redes de sociabilidade do mundo agrário, em particular a tradicional família patriarcal, ganhando autonomia as mulheres e os jovens, concretizada no crescente acesso ao mercado de trabalho e na igualdade legal.[49] A multiplicação de creches e de escolas de ensino fundamental, a redução drástica da mortalidade infantil, o combate eficaz às epidemias e o alongamento da esperança de vida conduziram à afirmação progressiva de um modelo da família nuclear moderna, com menos filhos, viabilizando a participação crescente das mulheres e dos jovens na vida pública.[50]

Altos índices de mobilidade social foram alcançados, gerando padrões de sociabilidade mais complexos, modificando-se, radicalmente, em consequência, a composição social das estruturas políticas (partido e Estado), em todos os níveis, com o processo da *plebeização do poder*.[51]

Consolidou-se nesses movimentos e nessas mudanças, o processo de *modernização da sociedade soviética*.

São as luzes, fortes, do stalinismo.

Importantes fundamentos para a construção de um *consenso social*[52] em torno do poder político e da figura de J. Stalin.

Vejamos agora as sombras. Em particular, o exercício desabrido do terror.

Desde os anos 1990, quando se tornaram acessíveis os arquivos da Direção Geral dos Campos, o Gulag,[53] foi possível chegar a estatísticas precisas sobre a sanha repressora do Estado soviético nos anos 1930.

Os números são assustadores, embora não tão altos quanto queria a tropa de choque da historiografia estadunidense antissoviética dos tempos da guerra fria.[54]

Considerando todas as categorias incluídas, não políticos e políticos (acusados de crimes contrarrevolucionários), presos nos campos propriamente ditos, os ITL (*Ispravitel'no po-trudovoi lager'*), e nos demais campos, os ITK (*Isprav.trud.koloniia*), o total eleva-se de 510.307, em 1934, a 2.468.524, em 1953 (registros feitos em 1º de janeiro de cada ano). A curva vai num crescendo, ultrapassa o primeiro milhão em 1936 e a casa dos dois milhões a partir de 1948. Os acusados por atividades contrarrevolucionárias representam entre 20 e 25%, em média, desse total, chegando a um patamar ligeiramente superior a 1/3 em quatro anos (1939, 1940, 1948 e 1949).[55]

Entre 1921 e 1954, as contas oficiais registraram entre 642.980 e 681.692 condenados à *medida de suprema defesa social* (pena de morte). Os presos também morriam de frio, de fome, de exaustão. A mortalidade era alta e variou de 2,5%, a mais baixa, em 1936, a 18,4%, em 1942, no período de mais aguda escassez durante a Segunda Guerra Mundial. Segundo uma estimativa moderada, houve 2 milhões de mortos nos campos e nas colônias de trabalho.

A polícia política nos anos 1930, o NKVD, constituiria uma autêntica *linha de montagem* de julgamentos sumários. Em certos períodos, a cada dez minutos, era decretada uma sentença que podia variar entre 5 e 25 anos ou mais.[56] É importante assinalar que o movimento de prisões não ocorria às cegas, mas obedecia a diretivas que vinham do alto, onde eram fixadas *quotas* de presos, imperativas, por regiões e instituições. Elas podiam ser ultrapassadas, e frequentemente o eram, inclusive por pressão dos chefes e comitês inferiores, mas não se admitia que não fossem realizadas. Ou seja, e como bem observou M. Lewin, o terror não resultou da existência de dissidentes, de *heréticos*, esses é que foram inventados, literalmente, para justificar o terror.[57]

Foi uma devastação.

No Partido Comunista, em todas as instituições da administração civil e nas Forças Armadas. Mesmo a alta cúpula não escapou. Dos 1.966 delegados ao XVII Congresso do Partido Comunista, realizado em 1934, depois do I Plano Quinquenal, o chamado Congresso dos Vencedores, 1.108 foram presos até 1938. Desses, 848 foram executados. Dos 139 membros do Comitê Central eleito nesse Congresso, 98 desapareceram, executados. Em começos de 1939, dos 32.899 postos da alta *nomenklatura soviética*, administrada diretamente pelo Comitê Central, 15.485 haviam sido nomeados entre 1937-1938, em substituição aos expurgados: *a promoção Stalin.*

Nada, nem ninguém, à exceção de Stalin, estava a salvo das investigações e das prisões efetuadas pela polícia política.

O Gulag, funcionando a todo o vapor, com seus 528 campos, tornou-se rapidamente um empreendimento de alta importância econômica. Em 1952, seus investimentos correspondiam a 9% do produto nacional bruto. Os campos constituíam a principal *empresa* de produção de cobalto e de estanho, de cerca de um terço da produção de níquel e de importantes proporções de ouro e madeiras nobres, extraídas de regiões de difícil acesso e clima hostil.[58]

Os presos, os executados e os mortos de fome e de exaustão não resumem as perdas sofridas pela sociedade. Seria preciso incluir aí outras hecatombes: entre outras, as deportações maciças de *kulaks*, no início dos anos 1930 (processo da coletivização forçada), as deportações de povos acusados de simpatia ao, e colaboracionismo com o, nazismo (povos do Cáucaso, na parte final da Segunda Guerra Mundial).

Em seus estudos demográficos, baseando-se em dados oficiais, R. W. Davies elaborou índices sombrios.[59] Os anos 1930 teriam produzido, comparados com anos normais, um *excesso de mortes* da ordem de 10 milhões de pessoas, a maior parte delas em virtude das fomes de 1933.

Ao contrário das expectativas de paz e harmonia, os números do terror não apresentaram qualquer tendência declinante depois da Segunda Guerra Mundial. Ao contrário. E como se viu na primeira parte deste artigo, J. Stalin, pouco antes de morrer, estava, ao que tudo indica, preparado, preparando-se para mais uma onda devastadora de terror político.

Um quadro demencial.

Quais as chaves para compreendê-lo?

As mutações ocorridas na União Soviética nos anos 1930, e até a morte de J. Stalin, corresponderam a um salto gigantesco — uma sociedade agrária tornou-se urbana, um tempo de alterações bruscas, embaralhamento de referências, *areias movediças*, o barco parece que vai virar e todos se afogarão, tempo de carências e de angústias sem fim, é preciso alguém no leme, se aparecer, oferece conforto e segurança, um tempo propício ao surgimento de figuras carismáticas, líderes despóticos, tiranos.

Nessas circunstâncias, J. Stalin terá imaginado que um meio *seguro* para a consolidação de seu poder pessoal seria exatamente tornar inseguras as condições de poder de todos os demais dirigentes. E provocar, incessantemente, por meio dos expurgos, mudanças que lhe permitiriam constituir camadas absolutamente dependentes e, em consequência, fiéis a seu mando.

Encontrou terreno fértil para esse objetivo naqueles milhões de pessoas que ascendiam, devotados, entusiasmados no contexto do processo objetivo de plebeização de poder.

Como vimos, não houve apenas sombras, havia luzes também, fortes, elas seduziram muitos, iluminando e mostrando os caminhos da construção de um *mundo* novo, a utopia feita realidade viva, palpável. Estas luzes ofuscaram não poucos, dificultando a visão do que deveria, e não pôde, ser visto.

E as tradições remotas, acumuladas, dos tsares-paizinhos, protetores, severos, mas justos. E do Estado poderoso, capaz de lidar com as ameaças históricas, bem reais, como a invasão nazista evidenciou.

J. Stalin apostou alto, e com sucesso, na mobilização dessas referências. Criador,[60] contribuiu para criá-las, mas também foi delas, e da sociedade, criatura.[61]

Pode ser triste, mas não é menos verdadeiro. Nem sempre os seres humanos preferem a liberdade à segurança. Não trocam essa por aquela, nem se resolvem a arriscar as vidas na luta contra as tiranias. Preferem, segundo as circunstâncias, construí-las, e apoiá-las, e se fiar nos tiranos.

Há os Iúri Charoks, que aderem, ressentidos, ambiciosos, galgam posições, carreiristas. Mas há os que acreditam nas crenças bem-estabelecidas e nas promessas de futuro. Como disse acertadamente M. Lewin, "muitos — senão a maioria — das pessoas mais honestas, brilhantes e criativas viveram o stalinismo e o aceitaram, permanente ou temporariamente".[62] Mesmo entre os deportados, como Sacha, ansioso por se reintegrar, e ser reconhecido, e morrer pela pátria soviética.

Muitos não viram, não conseguiram ver, ou desviaram o olhar, não souberam. E se quiseram inocentes, quando se apresentaram as evidências, e foi necessário olhar — olho no olho — o sinistro desastre, a conta a pagar.

Max e Ninka, esses bravos filhos da Rua Arbat, pertenceram a esse imenso grupo, os que desviaram os olhos, deixando o mais valoroso amigo cair, bracejando, no abismo dos subterrâneos da Lubianka.[63]

Sem falar de Lipman, este profissional exemplar. Podia cair o mundo, ele estaria lá, cuidando de seus clientes, diligente, criativo, no seu universo de gengivas e dentaduras. Um técnico, um profissional.

Todos eles, cada um a seu modo, e de um modo particular, amaram o tirano, choraram sua morte.[64] E, se as conhecessem, à morte de Stalin, teriam feito suas as palavras sentidas de M. Cholokhov:

> Adeus, pai! Adeus, pai estremecido e amado até o nosso último alento! Quanto te devemos... Somos milhões e todos nos despedimos de ti... buscando gravar na memória teus traços... e te damos um beijo de filho que de ti se despede em tua última jornada... Sempre e em todos os lugares estarás conosco, querido pai! Adeus!

Notas

1. As memórias e relatos autobiográficos de veteranos comunistas, quando se reportam ao episódio, são sempre pródigos nesse sentido, destacando o choque e o sofrimento causados pelo anúncio da morte de J. Stalin.
2. Estimativas imprecisas dão conta de dezenas de mortes, talvez mais, provocadas pelas aglomerações gigantescas de pessoas que se reuniram, em desordem, nas ruas de Moscou em seguida ao comunicado do falecimento de Stalin.
3. Nos círculos oposicionistas, evidentemente, houve alegria e alívio. Em campos de concentração, a notícia provocou faíscas de alegria selvagem e explosões de revolta, esmagadas a ferro e fogo. Mas foram expressões minoritárias. As grandes massas, sem dúvida, um consenso atestado por contemporâneos e estudiosos, choraram por Stalin.
4. Atual República do Azerbaidjão.
5. Primeira detenção em abril de 1902, deportado para a Sibéria, evadido em 1904; março, 1908: nova detenção, deportado pela segunda vez, evadido em 1909; março de 1910, terceira detenção e nova fuga, em 1911; em abril de 1912, quarta detenção, com desterro, e nova fuga, em setembro do mesmo ano; finalmente, em fevereiro de 1913, mais uma detenção — dessa vez, só conseguiria voltar com a anistia decretada pela revolução de fevereiro de 1917. Ver VOLKOGONOV, D. *Stalin. Triunfo e tragédia*. Rio de Janeiro, Nova Fronteira, 2004, 2 vols., pp. 601-602.
6. Participou da Conferência de Tammerfors, na Finlândia, em fins de 1905; do IV congresso do Partido, dito de reunificação (bolcheviques e mencheviques), em 1906, realizado em Estocolmo; e do congresso do Partido em Londres, em 1907. Em 1912, depois de participar, em Cracóvia, de uma conferência dos bolcheviques, faz uma estada em Viena, onde escreveu um ensaio sobre a questão nacional. Ver *idem*.
7. Em certo momento, pouco antes de morrer, V. Lênin teria percebido o perigo de concentrar demasiado poder nas mãos de J. Stalin. Advertiu os principais líderes bolcheviques, mas eles preferiram, depois de sua morte e em nome da *união sagrada*, calar as críticas e os ressentimentos acumulados contra J. Stalin. Cf., entre muitos outros, e contando com fontes recentemente estudadas, LEWIN, M. *Russia/USSR/Russia*. Nova York: New Press, 1995, pp. 12-31.
8. Apesar da abundância das fontes e dos depoimentos hoje disponíveis, ou por causa dela, subsistem controvérsias sobre a morte de J. Stalin. Autores sustentam a hipótese de uma conspiração com assassinato; outros apontam apenas negligência — a junta médica constituída só examinou o moribundo na manhã de 2 de março, cerca de 24 horas depois do primeiro *stroke*! O diagnóstico médico estabeleceu que o derrame fora de tal vulto que teria sido impossível salvar Stalin, mesmo que providências tivessem sido tomadas com a máxima rapidez. Mas esse diagnóstico,

por sua vez, é questionado... Cf. MEDVEDEV, R. e Z. *Um Stalin desconhecido*. Rio de Janeiro, Record, 2006, pp. 19-60.

9. Foram todos à *datcha* de Stalin em seguida para saber notícias: eram quase 22h. Pouco antes, o velho tirano iniciara a viagem eterna para a *undiscovered country*.
10. A. Ribakov, ucraniano, nasceu em 1911 e faleceu em 1998. Seu livro, *Os filhos da Rua Arbat*, São Paulo Best-Seller, 1987, o "revelou" na URSS e no mundo.
11. Foi o tempo da coletivização forçada, da industrialização acelerada e do I Plano Quinquenal, centrado em grandes polos articuladores, que confeririam um perfil ao socialismo soviético e um padrão ao socialismo do século XX. Cf. AARÃO REIS, Daniel. *As revoluções russas e o socialismo soviético*. São Paulo, Edunesp, 2003 e AARÃO REIS, Daniel. *Uma revolução perdida. A história do socialismo soviético*. Edição revista e atualizada. São Paulo, Editora Fundação Perseu Abramo, 2007; CARR, E. H.; DAVIES, R.W. *Soviet Economic Development from Lenin to Khrushchev*. Cambridge, Cambridge University Press, 1998; Lewin, M. *The making of the soviet system*. Nova York: Pantheon Books, 1985; LEWIN, M., *op. cit.*, 1995; LEWIN, M. *The Soviet Century*. Londres; Nova York, Verso, 2005; WERTH, N. *L'Histoire de l'Union Soviétique*. Paris, PUF, 1992.
12. *Upravlentsy*: equivalentes a quadros dirigentes nas atividades econômicas, *managers*.
13. A caracterização do romance de A. Ribakov e da literatura em geral como fontes para o estudo da História apoia-se em referências metodológicas que me dispenso aqui de aprofundar para não sobrecarregar o texto. Cf., entre muitos outros, SELIGMANN-SILVA, M. *História, memória, literatura. O testemunho na era das catástrofes*. Campinas, Unicamp, 2003; RUIZ, I.D. *El reverso de la Historia: historia y literatura en Cabrera Infante*, *in*: DE LA SERNA, Jorge Ruedas (org.). *Antonio Candido*. Campinas, Unicamp, 2003, pp. 77-91; SEVCENKO, N. *Literatura como missão*. São Paulo, Brasiliense, 1989; CHALHOUB, S. *Machado de Assis historiador*. São Paulo, Companhia das Letras, 2003. Tais referências foram trabalhadas e estudadas em seminário oferecido, no primeiro semestre de 2007, no quadro do Programa de Pós-Graduação em História da Universidade Federal Fluminense: Literatura, História e Revoluções. Às/aos pós-graduandas(os) que me acompanharam na aventura, os mais caros agradecimentos.
14. Do grego *energóumenos*, "trabalhado, possuído" (por demônio). Cf. FERREIRA, Aurélio Buarque de Holanda. *Novo Dicionário Aurélio da Língua Portuguesa*. Rio de Janeiro, Nova Fronteira, 1986.
15. Organização Comunista da Juventude, regida e dirigida pelo Partido Comunista. Não necessariamente um jovem *konsomoliano* se torna um membro do Partido Comunista.

16. RIBAKOV, A. *op. cit.*, p. 43.
17. *Idem*, p. 44.
18. *Idem*, p. 44.
19. *Idem*, p. 67.
20. *Idem*, p. 82.
21. A descrição aqui poderia se referir à grande obra de Magnitogorsk, imenso complexo industrial-metalúrgico construído na Ásia Central, símbolo e emblema da modernidade socialista soviética, erguido a duras penas basicamente pelos jovens konsomolianos. Cf. *Idem*, p. 296.
22. *Idem*, p. 296.
23. O termo é título do livro de Sapir, J. *L'économie mobilisée*. Paris, La Découverte, 1990. Para os julgamentos nas bases do Partido Comunista e da sociedade, cf. WERTH, N. *Etre communiste en URSS sous Staline*. Paris, Gallimard, 1984.
24. No jargão comunista, a *linha* é a orientação política a seguir em cada momento. *Desviar-se* dela é erro e pode vir a ser um crime.
25. Cf. RIBAKOV, A. *op. cit.*, pp. 52-59.
26. *Idem*, p. 38.
27. *Idem*, p. 91.
28. *Idem*, p. 103. A reflexão aqui é de Sacha.
29. *Idem*, p. 28.
30. *Idem*, p. 99. Para o julgamento regido por Soltz, a seu modo emblemático do arbítrio a favor da "vítima", cf. pp. 97-99.
31. *Idem*, p. 78. Um novo julgamento assembleístico vai associar Sacha a Krivorutchko, cf. pp. 77-81.
32. A figura de Berizin, quadro dirigente da polícia política, veterano bolchevique, é emblemática. Acionado pelos que desejam livrar Sacha, percebe que a rede em que esse se encontra é mais ampla e impossível de deslindar, pois faz parte de um todo maior, uma conspiração forjada pelo alto, que ele, aliás, mal consegue vislumbrar com exatidão. Cf. *Idem*, pp. 129-130.
33. *Idem*, p. 32.
34. *Idem*, p. 34.
35. *Idem*, p. 127.
36. *Idem*, p. 259 (grifos do autor).
37. Cf. Werth, N., *op. cit.*, 1984; WERTH, N., *op. cit.*, 1992.
38. Cf., entre outros, BETTELHEIM, Ch. *Les luttes de classe en URSS*. Paris, Maspero; Seuil, 1974; 1983; Ferro, M. *Des soviets au communisme bureaucratique*. Paris: Gallimard; Julliard, 1980; MEDVEDEV, R. e Z., *op. cit.*; TUCKER, R. *Stalin as Revolutionary, 1879-1929, a Study in History and Personality*. Nova York, W. W. Norton, 1973; VOLKOGONOV, D., *op. cit.*, 2004.

39. Entre muitos outros, cf. RIBAKOV, A., *op. cit.*, pp. 198; 199; 313.
40. *Idem*, p. 627.
41. *Idem*, p. 219.
42. *Idem*, pp. 582-593, para a história de Lipman, o dentista do Comitê Central, e de J. Stalin.
43. *Idem*, p. 467.
44. *Idem*, p. 213.
45. *Idem*, p. 628.
46. A interpretação é largamente derivada das sugestões de P. Laborie em seus estudos sobre a sociedade francesa frente à ocupação nazista na França. Cf. Laborie, P. *L'opinion française sous Vichy. Les Français et la crise d'identité nationale. 1936-1944*. Paris, Seuil, 2001; LABORIE, P. *Les Français des années troubles. De la guerre d'Espagne à la Liberation*. Paris, Seuil, 2003.
47. Os dados, extraídos dos estudos demográficos russos mais recentes, encontram-se em LEWIN, M., *op. cit.*, 2005, pp. 62 e ss.
48. Cf., entre muitos outros, JASNY, N. *Soviet industrialization, 1918-1952*. Chicago, Chicago University Press, 1961; NOVE, A. *An Economic History of the USSR*. London: Penguin Books, 1990; LEWIN, M., *op. cit.*, 1985; LEWIN, M., *op. cit.*, 1995; LEWIN, M., *op. cit.*, 2005; WERTH, N., *op. cit.*, 1992; AARÃO REIS, Daniel, *op. cit.*, 2003; AARÃO REIS, Daniel, *op. cit.*, 2007.
49. Ao contrário do que dizia a propaganda estatal, as mulheres soviéticas nem por isso libertaram-se do tradicional *machismo* russo, tendo de suportar, frequentemente, a *dupla* jornada de trabalho (a atividade profissional, fora de casa, e o trabalho doméstico, em casa). Apesar disso, é inegável o novo patamar alcançado pelas mulheres soviéticas, se comparado ao período pré-revolucionário e mesmo aos anos 1920.
50. Cf. os estudos demográficos de MIRONOV, B. N. *Sotsial'naia Rossia*. St. Petersburg, 1999, *apud* LEWIN, M., *op. cit.*, 2005.
51. Cf. WERTH, N., *op. cit.*, 1992.
52. Cf. FERRO, M., *op. cit.*; LEWIN, M., *op. cit.*, 1985; Fitzpatrick, S. *Education and Social Mobility in the Soviet Union, 1921-1934*. Cambridge, Cambridge University Press, 1979; FITZPATRICK, S. *Everyday Stalinism*. Nova York, Oxford University Press, 1999; RITTERSPORN, G. T. *Simplifications staliniennes et complications soviétiques: tensions sociales et conflits politiques en URSS, 1933-1953*. Paris, Archives Contemporains, 1988; RITTERSPORN, G.T. "Nouvelles recherches, vieux problèmes". *Revue des études slaves*, t. 64, fasc. 1, 1992, pp. 9-25; WERTH, N., *op. cit.*, 1984; WERTH, N., *op. cit.*, 1992.
53. Glavnoe Upravlenie Lagerei/Gulag. Cf. os relatos de SOLJENITSIN, A. *Arquipélago Gulag*. São Paulo, Difel, 1975; SOLJENITSIN, A. *Um dia na vida de Ivan*

Denissovitch. São Paulo, Difel, 1975; CHALAMOV, V. *Récits de la Kolima*. Paris, Fayard; La Découverte, 1986.

54. Para um quadro completo desses dados, cf. LEWIN, M., *op. cit.*, 1995; WERTH, N. "Goulag, les vrais chiffres", *L'Histoire*. Paris, nº 165, pp. 38-51, sep. 1993. Os mais relevantes foram registrados em AARÃO REIS, Daniel, *op. cit.*, 2007.
55. Dados extraídos do quadro formulado por LEWIN, M., *op. cit.*, 1995, p. 343.
56. Cf. LEWIN, M., *op. cit.*, 2005, p. 107.
57. *Idem*, p. 36.
58. *Idem*, pp. 117-118.
59. CARR, E. H.; DAVIES, R. W., *op. cit.*
60. A figura de J. Stalin não impressionava apenas os cidadãos soviéticos, mas também os visitantes estrangeiros. Cf. MARCOU, L. *Les Staline, vus par les hôtes du Kremlin*. Paris, Gallimard; Julliard, 1979. Sobre aspectos psicológicos de J. Stalin, cf. MEDVEDEV, R. e Z., *op. cit.*; VOLKOGONOV, D., *op. cit.*; MÁREK, F. "Sobre a estrutura mental de Stalin", *in*: HOBSBAWM, E. (org.). *História do marxismo*. Vol. VII. Rio de Janeiro, Paz e Terra, 1986, pp. 273-283.
61. Um dos principais erros de N. Khrachtchev, ao clamar pela necessidade de compreender o culto à personalidade, foi o de não avaliá-lo como um *constructo* social, mas como uma imposição pessoal, imputável exclusivamente ao próprio Stalin. Cf. LAZITCH, B. *Le rapport Khrouchtchev et son histoire*. Paris, Seuil, 1976.
62. LEWIN, M., *op. cit.*, 2005, p. 148.
63. Praça em Moscou onde ficava o edifício, pesado e sinistro, da polícia política soviética.
64. O amor, de resto, ou pelo menos, a admiração parece perdurar, atravessando as décadas e as gerações. Confirma-o recente pesquisa efetuada pelo Centro Analítico Levada, com 1.802 russos, entre 16 e 29 anos: 54% concordaram que Stalin "fez mais bem do que mal". Cf. *O Globo*, Rio de Janeiro, de 8 de agosto de 2007, p. 12.

Bibliografia

AARÃO REIS, Daniel. *As revoluções russas e o socialismo soviético*. São Paulo: Edunesp, 2003.

——. *Uma revolução perdida. A história do socialismo soviético*. Edição revista e atualizada. São Paulo: Editora Fundação Perseu Abramo, 2007.

Bettelheim, Ch. *Les luttes de classe en URSS*. Paris: Maspero; Seuil, 1974; 1983.

CARR, E. H.; DAVIES, R. W. *Soviet Economic Development from Lenin to Khrushchev*. Cambridge: Cambridge University Press, 1998.

CHALAMOV, V. *Récits de la Kolima*. Paris: Fayard; La Découverte, 1986.

CHALHOUB, S. *Machado de Assis historiador*. São Paulo: Companhia das Letras, 2003.

FERREIRA, Aurélio Buarque de Holanda. *Novo Dicionário Aurélio da Língua Portuguesa*. Rio de Janeiro: Nova Fronteira, 1986.

FERRO, M. *Des soviets au communisme bureaucratique*. Paris: Gallimard; Julliard, 1980.

FITZPATRICK, S. *Education and social mobility in the Soviet Union, 1921-1934*. Cambridge: Cambridge University Press, 1979.

——. *Everyday Stalinism*. Nova York: Oxford University Press, 1999.

JASNY, N. *Soviet industrialization*, 1918-1952. Chicago: Chicago University Press, 1961.

KALININ, M. *El sexagesimo aniversario de Stalin*. Moscú: Ediciones Lenguas Extranjeras, 1939.

LABORIE, P. *L´opinion française sous Vichy. Les Français et la crise d'identité nationale. 1936-1944*. Paris: Seuil, 2001.

——. *Les Français des années troubles. De la guerre d'Espagne à la Liberation*. Paris: Seuil, 2003.

LAZITCH, B. *Le rapport Khrouchtchev et son histoire*. Paris: Seuil, 1976.

LEWIN, M. *The making of the soviet system*. Nova York: Pantheon Books, 1985.

——. *Russia/USSR/Russia*. Nova York: New Press, 1995.

——. *The Soviet Century*. Londres; Nova York: Verso, 2005.

Marcou, L. *Les Staline, vus par les hôtes du Kremlin*. Paris: Gallimard; Julliard, 1979.

MÁREK, F. "Sobre a estrutura mental de Stalin", *in*: HOBSBAWM, E. (org.). História do marxismo. Vol. VII. Rio de Janeiro: Paz e Terra, 1986, pp. 273-283.

MEDVEDEV, R. e Z. *Um Stalin desconhecido*. Rio de Janeiro: Record, 2006.

NOVE, A. *An economic history of the USSR*. Londres: Penguin Books, 1990.

RIBAKOV, A. *Os filhos da Rua Arbat*. São Paulo: Best-Seller, 1987.

RITTERSPORN, G.T. *Simplifications staliniennes et complications soviétiques: tensions sociales et conflits politiques en URSS, 1933-1953*. Paris: Archives Contemporains, 1988.

——. "Nouvelles recherches, vieux problèmes". *Revue des études slaves*, t. 64, fasc. 1, 1992, pp. 9-25.

RUIZ, I.D. *El reverso de la Historia: historia y literatura en Cabrera Infante*. *In*: DE LA SERNA, Jorge Ruedas (org.). *Antonio Candido*. Campinas: Ed. da Unicamp, 2003, pp. 77-91.

SAPIR, J. *L'économie mobilisée*. Paris: La Découverte, 1990.

SELIGMANN-SILVA, M. *História, memória, literatura. O testemunho na era das catástrofes*. Campinas: Unicamp, 2003.

SEVCENKO, N. *Literatura como missão*. São Paulo: Brasiliense, 1989.

SOLJENITSIN, A. *Arquipélago Gulag*. São Paulo: Difel, 1975.

——. *Um dia na vida de Ivan Denissovitch*. São Paulo: Difel, 1975.

TUCKER, R. *Stalin as Revolutionary, 1879-1929, a Study in History and Personality*. Nova York: W.W. Norton, 1973.

VOLKOGONOV, D. *Lenin: Life and Legacy*. Londres, HarperCollins, 1994.

——. *Stalin. Triunfo e tragédia*. Rio de Janeiro: Nova Fronteira, 2004, 2 vols.

WERTH, N. *Etre communiste en URSS sous Staline*. Paris: Gallimard, 1984.

——. *L'Histoire de l'Union Soviétique*. Paris: PUF, 1992.

——. "*Goulag, les vrais chiffres*". *L'Histoire*. Paris, nº 165, pp. 38-51, sep. 1993.

CAPÍTULO 5

URSS: coerção e consenso no estilo soviético

Angelo Segrillo*

*Professor de História da Ásia da Universidade de São Paulo. Pesquisador do NEC/UFF. Autor de *O declínio da URSS: um estudo das causas*. Rio de Janeiro: Record, 2000 e *Rússia e Brasil em transformação: uma breve história dos partidos russos e brasileiros na democratização política*. Rio de Janeiro: 7Letras, 2005.

Gramsci[1] postulou que as hegemonias de classe na história não são apenas uma questão de imposição pela força, mas envolvem também uma criação de consenso em redor de certos valores, o que torna possível e mais estável sua dominação. Influenciados por posições como essa e pelo estado dos estudos da ditadura brasileira de 1964 (que enfatizam especialmente as estratégias de coerção/resistência), os organizadores dessa coletânea solicitaram aos autores que buscassem, em seus textos, explicar os mecanismos que possibilitaram a formação de consenso, aceitação ou legitimidade dos regimes autoritários nas sociedades em que estavam inseridos. Longe de querer "legitimar" tais regimes, a intenção era mostrar os mecanismos utilizados pelos líderes autoritários que iam além da mera intimidação ou do terror. Ou seja, mostrar como era cultivada a "cenoura" que vinha junto com o "cacete".

O caso da URSS é muito interessante nesse sentido, pois nele houve ampla utilização tanto do "cacete" quanto da "cenoura". O emprego da coerção no regime soviético tem sido estudado em profusão pelos autores ocidentais.[2] Nesse sentido, é importante realçar o caráter "totalizante" do regime soviético e diferenciá-lo dos regimes apenas autoritários.[3] Um Estado totalizante tem controle em grau maior sobre suas sociedades do que os ditos autoritários. Por exemplo, seria inimaginável que o nazismo permitisse uma oposição legal (por mais amordaçada que fosse) como a ditadura militar de 1964 fez com o Movimento Democrático Brasileiro (MDB). Assim, os instrumentais teóricos necessários para analisar a estrutura da ditadura militar brasileira de 1964 e a da URSS devem ser diferenciados. O alcance do "cacete" (os instrumentos de repressão) é potencializado em um regime totalizante tanto por seu monopólio dos armamentos quanto pelo monopólio dos meios de comunicação de massa. E esse último possibilita não apenas a amplificação do potencial de repressão como também a ampliação do potencial da "cenoura" (ao realçar, sem concorrência à altura, os atrativos do modo de vida do país, apresentando-o como o mais adequado dentro das circunstâncias do mundo atual).

Essa observação entre parênteses denota como em regimes totalizantes (mais do que nos autoritários) vários dos mecanismos de coerção podem ser concomitantemente utilizados para o estabelecimento do consenso (formando assim canais de uso duplo "cacete/cenoura"). Para entendermos como na prática funcionava o sistema soviético nesse esquema multifacetado de punição/recompensa, faremos uma descrição de seus diversos componentes no período Brezhnev, anterior às reformas "desfiguradoras" de Gorbachev, e mais típico da existência da URSS como um todo.

Antes de entrar nessa descrição do sistema em seu funcionamento, é interessante fazer um breve apanhado histórico de como esse sistema foi se constituindo até chegar a esse período do "alto brezhnevismo".

AS RAÍZES DO SISTEMA SOVIÉTICO

Como colocado por diversos autores,[4] um dos mais importantes Leitmotiven dos regimes totalizantes é sua ideologia.[5] A ideologia tem um papel crucial na legitimação do sistema. O fato de o regime soviético apelar para a ideologia socialista como sua fonte de origem é de extrema importância. O socialismo é uma ideologia universalista e de forte apelo para as massas populares, pois pretende representá-las em sua luta contra as classes superiores. Ao contrário de outras ideologias, como o liberalismo ou o nacionalismo, que têm um recorte mais estreito em termos de universalismo (o nacionalismo podendo até ser concebido como seu oposto e o liberalismo tendo sido identificado ao longo do tempo ou com a aristocracia ou com a burguesia), o socialismo apela para a grande maioria da população (que são as classes exploradas) em direção a uma sociedade sem classes. O socialismo tem um apelo *a priori* para o grosso dos habitantes de um país. O fato de o movimento bolchevique e, em seguida, de o governo soviético terem se colocado como guardiães do socialismo na teoria e (discutivelmente) também na prática foi uma das grandes fontes originais de legitimação do sistema soviético. Essa fonte de legitimação (o socialismo) não atuou apenas nos estágios iniciais formativos da URSS, tendo sobrevivido (apesar de desfigurada) através dos períodos contraditórios da guerra civil, dos horrores do stalinismo, da "estagnação" brezhnevista até chegar bastante enfraquecida, mas não totalmente inexistente, nas transformações terminais gorbachevianas. O impacto dessas contradições entre a prática *Realpolitik* soviética e a ideologia libertária original socialista era minorado pela existência das contradições no campo capitalista (colonialismo, neocolonialismo etc.) e pela atuação progressista da URSS ao fornecer ajuda a movimentos de libertação no Terceiro Mundo.

Assim, o impacto de a criação da URSS ter sido baseada nos ideais do socialismo não pode ser subestimado quando se discutem as fontes de legitimação de seu sistema.

EVOLUÇÃO HISTÓRICA

O socialismo soviético passou por várias vicissitudes. Em primeiro lugar, ocorreu em um país considerado improvável para a revolução. A revolução acabou estourando onde o capitalismo era mais fraco (no sentido de mais cheio de contradições), e não em uma nação capitalista avançada, como muitos marxistas esperavam. Isso o impedia de contar com uma ampla base produtiva a partir da qual poderia criar um reino de abundância. O autoritarismo totalizante foi um dos meios encontrados para superar o duplo dilema de como fazer a revolução e implementar a construção socialista em um país de capitalismo não plenamente desenvolvido. A estratégia leninista foi fundamental para superar esse duplo nó górdio. Ao problema de como fazer a revolução em um país não adiantado, com uma classe operária minoritária sob repressão política de um Estado policial, o leninismo respondeu metodologicamente com a aliança operário-camponesa e a criação de um partido de revolucionários profissionais funcionando na base do centralismo democrático. O centralismo democrático foi fundamental para a eclosão da revolução e para a vitória na guerra civil de 1918-1921, mas deixou marcas para o futuro soviético, principalmente quando teve a ele acoplada, em 1921, a proibição de frações partidárias. Lentamente, a parte do centralismo ia sobrepujando a da democracia na fórmula do centralismo democrático e um crescente autoritarismo ia se imiscuindo ao sistema. A ideia de Lenin (confirmada por Stalin) de adotar *edinonachalie* (responsabilidade de uma pessoa só) em vez da decisão colegiada na direção das empresas estatais e de adotar os princípios do taylorismo para as indústrias soviéticas reforçava a tendência de uso de métodos autoritários para resolver os gargalos da tarefa de criar a base industrial do país.[6] Em resultado disso, aos períodos da guerra civil (1918-1921) e da NEP (Nova Política Econômica, de 1921-28, em que houve um recuo temporário para utilização de mecanismos capitalistas na escala da pequena produção) seguiu-se o dos planos quinquenais (de outubro de 1928 em diante), quando foi iniciada uma aceleração forçada dos processos de industrialização e de coletivização da agricultura, sob a égide total do Estado. A presença crescente e onipresente do Estado no gigantesco esforço de romper os gargalos e realizar definitivamente o *take-off* industrial da URSS foi lida pelas autoridades soviéticas[7] como a socialização definitiva do país (com o fim da propriedade privada e da exploração capitalista). O outro lado da moeda foi apontado por H. Arendt que considera 1929 o ano de inauguração do totalitarismo na URSS.[8]

A partir de 1929 até a *perestroika*, a URSS conviverá com essa dualidade formativa.[9] Um lado econômico aparentemente de acordo com as ideias do socialismo (principalmente se identificarmos propriedade estatal com socializada) e um lado político marcado por forte grau de autoritarismo. É importante, então, analisar como funcionava esse lado político (com suas implicações sociais) em maiores detalhes.

Em sua teoria de hegemonia, Gramsci apresentava uma concepção peculiar de Estado, englobando elementos tanto da sociedade política (o reino da coerção) quanto da sociedade civil (o reino da hegemonia).[10] Essa visão adquire especial importância no estudo de um regime totalizante como o da URSS, em que as estruturas estatais e sociais estão fortemente entrelaçadas.

Faremos uma descrição de como funcionava o sistema estatal da URSS. Procuraremos mostrar que ele atuava como um canal duplo, tanto de coerção quanto de formação de consenso. Iniciaremos a descrição pelo papel oficial dos órgãos de governo segundo a constituição soviética e depois procuraremos apontar a diferença entre o funcionamento formal e real deles.

O SISTEMA POLÍTICO DA URSS ÀS VÉSPERAS DA PERESTROIKA[11]

O artigo 2 da Constituição soviética de 1977 afirmava:

> Todo o poder na URSS pertence ao povo.
>
> O povo exerce o poder estatal por meio dos sovietes [conselhos] de deputados do povo, que constituem o fundamento político da URSS.
>
> Todos os outros órgãos estatais são controlados e submetidos aos sovietes de deputados do povo.[12]

Entretanto, o artigo 6 da mesma Constituição, que discorre sobre o papel de liderança do Partido Comunista, dizia o seguinte:

> O Partido Comunista da União Soviética é a força líder que lidera e guia a sociedade soviética, constituindo-se no núcleo de seu sistema político e das organizações estatais e sociais. O PCUS existe para o povo e serve ao povo.
>
> Armado com os ensinamentos marxistas-leninistas, o Partido Comunista determina a perspectiva geral de desenvolvimento da sociedade, a linha da política interna e externa da URSS, lidera a grande atividade criativa do povo soviético e inculca um caráter planejado e de base científica à sua luta pela vitória do comunismo.
>
> Todas as organizações partidárias funcionam dentro dos limites constitucionais da URSS.

Assim, estabelecia-se uma certa dualidade, em que o poder emanava do povo, mas subentendia-se, *a priori*, que o PCUS teria uma posição de liderança no exercício desse poder. Vários observadores criticavam que, na prática, o papel do PCUS era predominante, enquanto que os sovietes tinham uma função mais de discussão e aprovação formal (papel legitimador) das políticas traçadas pelas reais estruturas de poder decisório.[13]

Os sovietes (conselhos) existiam em nível nacional e regional. O principal conselho era o da União.

SOVIETE SUPREMO

"O principal órgão de poder estatal na URSS é o Soviete Supremo da URSS" (art. 108). Eleito por voto universal e secreto de cidadãos soviéticos maiores de idade (art. 95), ao contrário da maioria dos parlamentos ocidentais o Soviete Supremo[14] (aproximadamente 1.500 deputados não profissionais, que continuavam exercendo suas profissões originais concomitantemente) não mantinha sessões permanentes. Ele reunia-se duas vezes por ano (art. 112) para debater, votar e sancionar leis de caráter mais importante (projetos de planos quinquenais, por exemplo). O Soviete Supremo elegia um *Presidium*, de aproximadamente 40 membros, que funcionava permanentemente, no período em que o Soviete Supremo não estava reunido (arts. 119 e 120). Esse *Presidium* era responsável perante o, e subordinado ao, Soviete Supremo, mas tinha poder de promulgar certos tipos de decretos (chamados *ukazy* ou "editos") durante os intervalos das sessões desse (art. 121). Ukazy do Presidium deviam ser necessariamente confirmados posteriormente nas sessões regulares do Soviete Supremo.[15]

Essa tendência de as grandes instâncias soviéticas (formalmente decisórias) terem Presidia (ou algo parecido), compostos por uma minoria eleita que pode agir em nome da maioria enquanto essa não está reunida, é uma das explicações de como o poder na URSS podia ser exercido por certas elites partidárias, a despeito das disposições constitucionais de caráter mais democrático. Assim, dentro do próprio PCUS, o Comitê Central (307 membros votantes em 1986), eleito nos congressos partidários (e reunindo-se, em geral, duas ou três vezes por ano), tinha também o seu "núcleo" de atuação permanente, o *Politburo* (cerca de 14 membros votantes), que representava o verdadeiro *locus* do poder máximo na União Soviética, segundo a opinião de vários autores abalizados.[16]

CONSELHO DE MINISTROS

O Soviete Supremo elegia (art. 129) o Conselho de Ministros da URSS, ou seja, o "gabinete" de ministros que, pela Constituição, formava o poder executivo governamental: "O Conselho de Ministros da URSS — o governo da URSS — é o órgão executivo e administrativo supremo do poder estatal da URSS" (art. 128).

O Conselho de Ministros era responsável perante o, e subordinado ao, Soviete Supremo (art. 130). O presidente do Conselho de Ministros era frequentemente qualificado pela imprensa ocidental como o primeiro-ministro da URSS.

Assim, pela Constituição, as funções legislativas e executivas na URSS estavam ligadas, respectivamente, ao Soviete Supremo (e sovietes locais) e ao Conselho de Ministros. Entretanto, o artigo 6 supracitado não só garantia o monopartidarismo como dava ao PCUS o papel de liderança política e social no país. A partir desses poderes garantidos pela Constituição, o Partido Comunista criou uma estrutura por meio da qual, na *prática*, controlava e guiava a atividade das outras instâncias legislativas e executivas.[17]

O PCUS: ESTRUTURA INTERNA E RELAÇÃO COM O GOVERNO E A ECONOMIA

Pelos estatutos do PCUS,[18] "a mais alta instância do partido é o Congresso do Partido", que "deve ser convocado pelo Comitê Central pelo menos de quatro em quatro anos" (par. 31 do estatuto partidário). "O Congresso do Partido elege o Comitê Central" (par. 33). "O número de membros do CC é determinado pelo Congresso do Partido" (par. 34). O XXVI Congresso em 1981 elegeu 319 membros votantes, por exemplo.[19] "Nos intervalos entre os congressos, o Comitê Central dirigirá todo o trabalho do partido" (par. 35). Entretanto, o Comitê Central não permanecia em sessão permanente. Em geral, o CC reunia-se duas ou três vezes por ano por apenas alguns dias.[20] Por isso, o artigo 38 previa que

> o Comitê Central do PCUS elegerá: para a direção dos trabalhos do partido no período entre as reuniões plenárias do Comitê Central um *Politburo* e para a direção do trabalho cotidiano, especialmente na seleção de quadros e organização da verificação da execução das decisões partidárias, um *Secretariado* (par. 38).

Assim, nas épocas em que o CC não estava reunido, o *Politburo*[21] era o órgão que realmente controlava as mais importantes decisões partidárias. Como no caso do Soviete Supremo e seu *Presidium*, essa estrutura de instâncias maiores formalmente poderosas, mas que se reuniam por pouco tempo, e de instâncias menores, que nos intervalos das reuniões daquelas realmente dominavam a cena do poder, permitia a concentração desses poderes em pequenas minorias. Muitos observadores ocidentais e soviéticos concordavam que o verdadeiro centro do poder na URSS estava localizado no *Politburo*.[22] O Secretariado, que em 1984 consistia em nove secretarias mais o posto do secretário-geral[23] do partido (que tradicionalmente também era membro do *Politburo*), cuidava da administração cotidiana do partido e ficava encarregado de zelar pela implementação, na prática, das decisões estratégicas tomadas pelo *Politburo*.[24]

O *Politburo* eleito por ocasião do XXVI Congresso de 1981 tinha 14 membros titulares e oito membros-candidatos e reunia-se, pelo menos, uma vez por semana.[25] A extensão do poder do *Politburo* não ficava de imediato clara pela leitura dos textos constitucionais e dos estatutos do Partido (apesar de que o artigo 6 da Constituição de 1977 explicitava o papel de liderança e guia do Partido Comunista e como o *Politburo* era o órgão encarregado da direção do partido nos intervalos entre as breves reuniões semestrais do CC). Entretanto, um exame na prática das atuações dos diversos órgãos dirigentes da URSS apontaria esse papel crucial do *Politburo*. Segundo o jurista soviético (emigrado) O. Ioffe, nenhuma lei soviética de importância poderia, na prática, ser aprovada contra os desígnios do *Politburo*: toda legislação de especial importância passava pela consideração prévia deste.[26]

Devido ao esquema de "círculos concêntricos" de poder delegado, ficava fácil, por exemplo, em início dos anos 1980, aos 14 membros do *Politburo* conluirem-se com os cerca de 40 membros do *Presidium* do Soviete Supremo e prepararem a cena para que as instâncias maiores do Comitê Central e do Soviete Supremo apenas ratificassem decisões importantes previamente já tomadas. O *Politburo* também implementava suas decisões por meio de decretos (*postanovleniya*) do Comitê Central. Quando as medidas afetavam não só a vida interna do partido como a economia do país como um todo, frequentemente eram emitidos decretos-conjuntos do CC do PCUS e do Conselho de Ministros da URSS (pelo art. 133 da Constituição, o Conselho de Ministros estava autorizado a emitir decretos de caráter nacional).[27]

A fim de assumir seu papel de controle ("liderança e guia") da sociedade soviética, garantido pelo artigo 6 da Constituição, o Partido Comunista mantinha um "controle paralelo" das instâncias estatais, ou seja, assim como o governo se dividia por ministérios (linhas de produção) e localidades, o PCUS reproduzia essa estrutura. Assim, em cada distrito, cidade e região, o partido tinha, respectivamente, seu comitê distrital (*Raikom*), comitê de cidade (*Gorkom*) e comitê regional (*Obkom* ou *Kraikom*), por exemplo (pars. 41 e 42 do estatuto do PCUS). O Comitê Central também tinha um "staff" permanente (*apparat*), dividido em departamentos (*otdely*). No campo da economia, esse *apparat* do CC (que funcionava sob a supervisão do Secretariado do partido) estava encarregado de monitorar o trabalho dos ministérios e comitês econômicos estatais.[28] Além disso, "núcleos de base" do partido *(pervichnye partorganizatsii*, literalmente, "organizações partidárias primárias") eram criados nos locais de trabalho dos membros do partido (fábricas, fazendas estatais ou coletivas, unidades do exército, estabelecimentos educacionais etc.) onde houvesse pelo menos três membros do partido (par. 53). O fato de o PCUS ter muitos membros (cerca de 17 milhões no início da década de 1980) possibilitava esse trabalho de "duplicação" e "controle paralelo".[29]

Assim, não só o governo, mas a economia, sofria constante fiscalização *in loco* do partido. Os secretários dos *obkomy*, *gorkomy* e *raikomy* (respectivamente, comitês regionais, municipais e distritais do partido) eram responsáveis pelo controle e pela fiscalização de que a *performance* das empresas nas áreas sob sua jurisdição transcorria satisfatoriamente.[30] Em cada empresa, os núcleos de base ("*pervichnyi partorganizatsii*") ajudavam no controle (*kontrol'*) das atividades da administração, como previsto no parágrafo 60 do Estatuto do PCUS.[31] É importante notar que vários decretos (*postanovleniya*) do Comitê Central e outras resoluções do partido frisavam que as instâncias partidárias deveriam evitar se imiscuir desnecessariamente nas atividades cotidiano-rotineiras das empresas (que deveriam ser deixadas a cargo da administração, segundo o princípio de *edinonachalie*, ou "responsabilidade de uma pessoa só").[32] Segundo artigo publicado em uma das revistas oficiais do Comitê Central, "o partido lidera [*rukovodit*] a vida econômica do país, mas não administra [*upravlyaet*] a economia diretamente".[33]

Além do controle paralelo "externo", o partido estava presente "internamente" nas outras instâncias do governo e da economia, pelo fato de que grande parte dos membros do governo era também membro do partido. Assim, por exemplo, no *Politburo* de Gorbachev estavam presentes o "primeiro-ministro" (ou seja, o presidente do Conselho de Ministros, N. I. Ryzhkov), o presidente do *Presidium* do Soviete Supremo (A.A. Gromyko), além de outros ministros.[34] Por meio dessa estrutura "mesclada" partido-Estado (*interlocked directorates*), muitos problemas já tinham sido discutidos e resolvidos no *Politburo* antes de ser colocados em discussão no governo ou no Congresso. Essa estrutura mesclada partido-Estado se repetia em outros níveis abaixo do federal (republicanos, regionais etc.).

Finalmente, *last but not least*, pelo sistema de *nomenklatura*,[35] a nomeação de pessoal para todos os principais postos de responsabilidade na condução da economia nacional (desde ministros a altos funcionários locais do governo, passando por gerentes de fábricas etc.) tinha de receber a aprovação e "confirmação" oficial do comitê (ou outro órgão) correspondente do partido.[36] Cada comitê do partido (em nível distrital, regional e nacional) tinha uma lista de postos sob sua jurisdição para "confirmação". Apesar de teoricamente o partido apenas "confirmar" a nomeação efetuada pelas autoridades competentes do governo (ou por eleição), na prática a aprovação do partido era condição *sine qua non* para a nomeação e remoção de pessoal em postos de responsabilidade.[37] Prova disso é a existência de casos em que diretores de fábricas foram removidos por pressão de primeiros secretários dos comitês locais do partido.[38] O sistema de *nomenklatura* proporcionava um firme controle do PCUS sobre o governo e a economia.

SOCIEDADE CIVIL "STRICTO SENSU"

Pela descrição acima de alguns dos principais órgãos dirigentes da estrutura política soviética ficou claro o alto grau de controle totalizante pelos círculos concêntricos de poder dentro do PCUS. Esse controle era garantido por uma série de mecanismos engenhosos entre os quais têm destaque os sistemas de *nomenklatura*, de *interlocked directorates* e de *Presidia*. De certa maneira mecanismos análogos funcionavam em relação às organizações da sociedade civil, cuja autonomia das estruturas estatais gerais era menos pronunciada do que a de seus similares em países ocidentais avançados. Por exemplo, praticamente todos os trabalhadores empregados (exceto os militares) eram membros de uma das cerca de três dezenas de sindicatos subordinados ao Conselho Central dos Sindicatos de Toda a União (VTsSPS).[39] Pelo sistema de *nomenklatura* e diretórios entrelaçados, os sindicatos não apenas serviam como instrumentos de canalização não confrontante de demandas dos trabalhadores às instâncias superiores, mas também como "correias de transmissão" das políticas do partido à classe trabalhadora. Essa promiscuidade de relações pode ser ilustrada pelo fato de que os dirigentes sindicais de alto nível, apesar de eleitos, com frequência provinham não das bases operárias, mas de outras partes da burocracia soviética.[40] Padrão semelhante na eleição dos quadros dirigentes se aplica à organização partidária da juventude comunista, o *Komsomol* (Liga Comunista Leninista da Juventude de Toda a União), cujos líderes máximos invariavelmente tinham mais de 28 anos de idade (o limite após o qual os membros ordinários do Komsomol eram obrigados a abandonar a organização).[41]

As palavras acima sobre o entrelaçamento maior das estruturas sociais e estatais na URSS não devem nos conduzir às conclusões paroxistas de diversas análises ocidentais que, definindo sociedade civil como o oposto da esfera estatal (e concebendo o Estado soviético como monolítico e onipresente), negam a existência de uma sociedade civil na antiga URSS. Essa análise não se sustenta por diversos fatores.

Primeiramente porque, invocando a definição original de sociedade civil (*bürgerliche Gesellschaft*) dada por Hegel[42] como um estágio na relação dialética entre os opostos da macrocomunidade do Estado e a microcomunidade da família, devemos enfatizar a existência, no mínimo, do "último refúgio" do lar como esfera não estatal na URSS. Qualquer um que tenha vivido o período brezhneviano ou gorbacheviano na URSS sabe que um dos locais de maior atividade do livre-pensamento filosófico-literário naquele país era a conhecida *kukhnya*. Diversos observadores retrataram a existência de uma "dupla personalidade" no cidadão soviético que o levava a despir as atitudes estereotipadas que adotava em público nas instâncias profissionais e estatais e passar a discutir bem mais livremente seus reais pensamentos "proibidos" no âmbito familiar. Quantas noites foram passadas, não só por dissidentes como por uma enorme quantidade de cidadãos minimamente intelectualizados, ao redor do fogo acolhedor e aquecedor dos fogões da *kuchnya* ("cozinha") discutindo ideias mais livremente ou mesmo lendo literatura *samizdat*? A família também na URSS pode ser vista como um último (ou primeiro) *bunker* não estatal a partir do qual podemos antever a possibilidade de demolição da visão monolítica que nega a existência de uma sociedade civil ou do pensamento livre.

O passo seguinte é notar que muitas instituições apontadas como constituintes da sociedade civil tinham existência na URSS. Geralmente, quanto mais apolítico o caráter funcional da organização, menor a intervenção estatal explícita ou implícita. Se sindicatos, a academia e a mídia eram controlados de perto pelo Leviatã estatal, muitas organizações voluntárias não estatais, igrejas e clubes esportivos e cívicos tinham espaços consideráveis de autonomia. Os membros dos diferentes clubes de filatelia e associações de amantes do xadrez espalhados por aquele sexto vermelho da superfície terrestre não sofriam sensivelmente mais influência do Estado repressor do que seus congêneres ocidentais. Tanto é assim que, mal iniciada a *perestroika*, houve um boom de criação ou ampliação de formas de associação civil privada que conviveram durante sete anos com o sistema soviético gorbacheviano. Em outra oportunidade (2003)[43] descrevi como muitos dos partidos políticos pós-soviéticos tiveram suas origens exatamente em entidades da sociedade civil da URSS no período da *perestroika* (as chamadas organizações informais, os clubes de discussão, as frentes populares etc.). Evadindo quaisquer visões paroxistas autonômicas ou heteronômicas frente ao Estado, a sociedade civil tinha uma forma de existência muito específica na URSS pré-gorbacheviana, cujo potencial se realizou de forma extremamente vivaz durante a *perestroika*.

EM NÍVEL TEÓRICO

Como vimos anteriormente, a URSS tinha um sistema político *sui generis* em que havia um entrelaçamento entre as estruturais estatais e sociais maior do que em regimes capitalistas. O sistema político tinha um caráter totalizante e era configurado de modo que a liderança do PCUS (estruturada ela mesma em círculos concêntricos em cujo cerne estava o *Politburo*) mantinha um controle firme sobre as outras estruturas (mesmo as governamentais) por meio de mecanismos como o papel-líder do partido comunista, o centralismo democrático, os sistemas de *nomenklatura*, diretórios entrelaçados, *Presidia* etc.[44]

Por outro lado, o caráter *sui generis* de tal regime não deve nos cegar para a existência dentro dele do reino extracoerção de Gramsci (a sociedade civil) em que a hegemonia era obtida por meio de mecanismos formadores de consenso.[45] Nessa linha gramsciana, os mecanismos acima arrolados serviam também para facilitar (até pela falta de muitas opções fora de seu sistema totalizante) a disseminação das "cenouras" (os valores integrativos sistêmicos).

E que "cenouras" seriam essas que dariam legitimidade ao sistema?

Max Weber aponta que todo tipo de autoridade (*Herrschaft*) é legitimada de três maneiras: 1) racional (baseada em princípios e estatutos racionais); 2) tradicional (em respeito à tradição); 3) carismática (devido ao carisma do líder).[46] Samuel Huntington diz que no mundo moderno se torna cada vez mais rara a legitimação política pela tradição e que a ideologia, o nacionalismo e a *performance* econômica têm sido três bases importantes de legitimidade usadas pelos regimes autoritários e totalitários.[47] No caso da URSS, para efeitos de simplificação, podemos (discutivelmente) deixar de lado o nacionalismo e nos concentrarmos na legitimação por *performance* econômica e pela ideologia.[48]

A *performance* econômica foi, por muito tempo, empregada como fator de legitimação na URSS.[49] Até os anos 1970 o fato de a URSS estar crescendo em ritmos mais rápidos do que a maioria dos países capitalistas avançados, de ter praticamente resolvido as "pragas" da inflação e do desemprego e de ter uma sociedade bastante igualitária em termos comparativos de distribuição de renda parecia justificar o lema de "alcançar e ultrapassar o Ocidente" que acompanhava o desenvolvimento da URSS desde os anos

1930. Como analisei em Segrillo, um dos motivos que levaram ao deslanchamento da *perestroika* por Gorbachev em 1985 foi exatamente a desaceleração econômica (que se tornara óbvia a partir de meados dos anos 1970).[50] Nos anos 1980 a legitimação pelo desempenho econômico se tornava cada vez mais fugidia.

A principal base de legitimação do sistema soviético era ideológica. Como afirmado anteriormente, a ideologia do socialismo tem um caráter universalista que a torna assaz atraente para as classes trabalhadoras dos diversos países. O fato de a revolução socialista na Rússia ter nascido de um movimento autóctone (e não "vinda de fora", como no Leste europeu) facilitou a institucionalização ideológica e o caráter totalizante do regime ajudou em seu propagandeamento. Naturalmente, a distância entre os ideais socialistas originais e a realidade prática do "socialismo realmente existente" foi um ponto sério de discussão e se prestava a um papel deslegitimador do sistema. Como a questão é controversa (a URSS afinal era socialista? Seria um capitalismo de Estado ou alguma outra mera forma de exploração burocrática da população?), para fins da discussão da legitimação do sistema seria necessário contar com pesquisas de opinião confiáveis para sabermos se a maioria da população da URSS aderia voluntariamente ao sistema ou não. Regimes totalizantes não apresentam pesquisas de opinião confiáveis nesse campo. Assim, temos de nos contentar com as pesquisas de opinião crescentemente mais confiáveis a partir da época da *perestroika* na URSS ou então com os resultados eleitorais após a pioneira eleição para o Congresso de Deputados do Povo (como passou a se chamar o Parlamento soviético) de março de 1989 (quando pela primeira vez foram permitidos candidatos não comunistas) ou após março de 1990, quando foi instaurado oficialmente o multipartidarismo no país.

No quadro das eleições, temos as seguintes percentagens de votos nos comunistas. Na eleição para o Congresso de Deputados do Povo de março de 1989, 85% dos eleitos eram do PCUS. Nas próximas eleições parlamentares federais na Rússia (já após a dissolução da URSS), o Partido Comunista da Federação Russa obteve os seguintes resultados: terceiro lugar na eleição de 1993 com 10,8% dos votos; primeiro lugar em 1995 com 34,9% dos votos; primeiro lugar em 1999 com 25,4% dos votos; segundo lugar em 2003 com 11,6% dos votos.[51] O fato de em várias eleições individuais e no agregado geral de todas as eleições parlamentares federais na Rússia de 1989 até hoje os comunistas serem o partido mais votado de todos mostra que a legitimidade do sistema soviético não era baseada apenas em coerção, mas também em doses significativas de consentimento e apoio por parte da população. Essa constatação tem sido corroborada por pesquisas de opinião pública feitas por organismos independentes nos últimos anos.[52]

CONCLUSÃO

O sistema soviético, ao longo dos anos, obteve sua legitimidade baseada principalmente na ideologia socialista e na *performance* econômica. A hegemonia era obtida tanto por intricados e engenhosos mecanismos totalizantes de coerção (versões fortemente burocratizadas de centralismo democrático, *nomenklatura*, diretórios entrelaçados, *Presidia* etc.) quanto de consentimento. Os problemas de desempenho econômico foram cruciais para a decisão da elite soviética a favor do deslanchamento da *perestroika* em 1985. A partir daí, a essa *vexata questio* do desempenho na esfera da economia acoplou-se uma série de problemas acumulados (mas mantidos sob controle até então) na área da ideologia e *práxis* socialistas juntamente com o recrudescimento do fator nacionalista. As elites e a própria sociedade cindiram-se em diversos grupos ideológicos concorrendo entre si. Na batalha política que se seguiu, ocorreu uma sinergia entre o fator nacionalista e diferentes correntes das ideologias do liberalismo e democracia (incluindo a social-democracia) que levou ao derrubamento da ideologia comunista marxista-leninista na URSS. É importante notar que, mesmo no momento de sua dissolução (precipitada pela decisão dos líderes das repúblicas da Rússia, Ucrânia e Bielo-Rússia de unilateralmente retirarem-nas da URSS e aprovada por um *rump parliament*),[53] a URSS ainda mantinha um considerável grau de legitimidade perante parte significativa de sua população, como demonstraram as pesquisas de opinião e os resultados eleitorais posteriores no país. Ao contrário do caso de alguns países do Leste europeu, a dissolução da URSS não foi resultado de um processo político que refletisse democraticamente a canalização de preferências eleitorais.

Notas

1. GRAMSCI, Antonio. *Obras escolhidas*. São Paulo, Martins Fontes, 1978, pp. 192-3.
2. Por exemplo: FRIEDRICH, Carl; BRZEZINSKI, Zbigniew. *Totalitarismo e Autocracia*. Rio de Janeiro, Edições GRD, 1965; ZELDON, Mordechai. *Violence and its Limits in the Socialist Revolutionary Use of Terror*. Jerusalém, Marjorie Mayrock Center for Soviet and East European Research, Hebrew University,1988; ARENDT, Hannah. *Origens do Totalitarismo*. São Paulo, Companhia das Letras, 1989; CONQUEST, Robert. *The Great Terror: a Reassessment*. Nova York, Oxford University Press, 1990.
3. Em um estudo anterior, critiquei a teoria do totalitarismo (tanto em sua versão ortodoxa quanto na idealtipológica) e propus resgatar um certo potencial heurístico do conceito em versão modificada, sob bases neokantianas, e com um novo nome de "totalizante". A razão principal da crítica era que a presunção de um controle total (ou quase total) da sociedade atomizada pelo estado policial se mostrou historicamente irrealista. Entretanto, regimes como o nazista e o stalinista de fato almejavam um controle total (ou o mais "total" possível) sobre suas sociedades e, realmente, entre os regimes existentes, foram os que mais se aproximaram disso. Por isso, chamei-os de "totalizantes" (para enfatizar que isso era, não um resultado, mas um processo, um objetivo, um "postulado da razão prática" desses regimes à moda kantiana). Para detalhes sobre a argumentação e porque metodologicamente a visão do totalitarismo como "tipo ideal" weberiano também não é consistente, ver SEGRILLO, Angelo. "O fascismo como 'totalizante': uma (herética) tentativa de inflexão marxista em um conceito eminentemente liberal." *Intellector*, Rio de Janeiro, v. 2, nº 4, pp. 8-24, 2006, <http://www.revistaintellector.cenegri.org>.
4. Por exemplo: FRIEDRICH, Carl; BRZEZINSKI, Zbigniew, *op. cit.*, pp. 19; 70-100; ARENDT, Hannah, *op. cit.*, p. 520.
5. C. Friedrich e Z. Brzezinski diziam que as seis características essenciais dos regimes totalitários eram: 1) uma ideologia oficial que abrange todos os aspectos vitais da existência humana; 2) um partido único de massa; 3) um sistema de controle policial terrorista; 4) um monopólio quase total dos meios de comunicação de massa; 5) um monopólio quase total dos meios efetivos de combate armado; 6) controle centralizado e direção de toda a economia por meio de coordenação burocrática de suas entidades corporativas. (FRIEDRICH, Carl; BRZEZINSKI, Zbigniew, *op. cit.*, p. 19.) Como explicado em nota anterior, não uso a teoria do totalitarismo em sua versão original (ortodoxa ou idealtípica), e sim em uma versão modificada e com novo nome, para corrigir o irrealismo da postulação

(em caráter literal ou idealtípico) do controle total da sociedade pelo Estado e pela confusão de classificar como pertencentes a um mesmo gênero sistemas tão distintos em termos de origem de classe e ideologia como o soviético e o nazista. (Cf. SEGRILLO, Angelo, *op. cit.*, 2006). Feitas essas correções, considero a classificação sêxtupla de C. Friedrich e Z. Brzezinski útil em termos descritivos.

6. A proposta de Lenin de adotar *edinonachalie* (responsabilidade de uma pessoa só) em vez da direção colegiada (com a *troika* de representantes do partido, governo e sindicato) na administração das empresas estatais está em LENIN, Vladimir Il'ich. *Polnoe Sobranie Sochinenii* ["Obras completas"]. 5ª ed. Moscou, Politizdat, 1967-1970, 55v. "Ocherednye Zadachi Sovetskoi Vlasti" ["As tarefas imediatas do poder soviético"], v. 36, p. 200. Essa proposta foi transformada em resolução oficial pelo IX Congresso do Partido Comunista em 1920. (Ver KPSS. "Devyatyi S"ezd RKP(b), 29 Marta — 5 Aprelya 1920 g" ["IX Congresso do Partido Comunista Russo (bolchevista) de 29 de Março a 5 de Abril de 1920"]. *In*: INSTITUT MARKSIZMA-LENINIZMA pri TsK KPSS ["Instituto de Marxismo-Leninismo do CC do PCUS"]. *Kommunisticheskaya Partiya Sovetskogo Soyuza v Rezolyutsyakh i Resheniyakh S"ezdov, Konferentsii i Plenumov TsK* ["Resoluções e Decisões Oficiais dos Congressos e Conferências do PCUS e das Reuniões Plenárias do Comitê Central"]. 9ª ed. rev. e ampl. Moscou, Politizdat, 1983-1989. 15 v, v. 2, pp. 247-8). Sob Stalin, a medida foi reconfirmada para vigorar durante a execução dos planos quinquenais por meio de um decreto do Comitê Central do partido de 5 de setembro de 1929. (Ver KPSS, *op. cit.*, v. 4, pp. 556-62.)
7. Por exemplo: STALIN, I.V. *Sochineniya* ["Obras"]. Moscou, Pisatel, 1997. "O Proekte Konstitutsii Soyuza SSR" ["Sobre o projeto de Constituição da URSS"], v. 14, pp. 120-6.
8. ARENDT, Hannah, *op. cit.*, p. 339.
9. J. Linz e A. Stepan propuseram o termo *pós-totalitarismo* para descrever o sistema soviético após o período stalinista (esse sim considerado por eles totalitário). Como minha definição modificada "totalizante" de certa maneira mitiga certos paroxismos da teoria totalitária ortodoxa, para os fins do presente trabalho não há necessidade de diferenciar tipologicamente o sistema soviético no período stalinista e no pós-stalinista na descrição dos mecanismos de funcionamento de sua sociedade política e civil. Por motivos de simplificação e uniformização, a descrição a seguir retrata a época imediatamente anterior às reformas radicais da *perestroika*, tomando-a como exemplo para o sistema soviético dos planos quinquenais como um todo. (Cf. LINZ, Juan; STEPAN, Alfred. *Problems of Democratic Transition and Consolidation*. Baltimore, The Johns Hopkins University Press, 1996, pp. 42-51; 374-5.)

10. Essa visão gramsciana do Estado como *locus* de "equilíbrio entre sociedade política e sociedade civil" difere da noção tradicional da separação entre esfera estatal e sociedade civil, opostos por definição. Como colocou Gramsci, "[...] na noção geral de Estado entram elementos que se devem referir à noção de sociedade civil (no sentido, podia dizer-se que Estado = sociedade política + sociedade civil, isto é, hegemonia couraçada de coerção)". (GRAMSCI, Antonio, *op. cit.*, p. 234).
11. A obra ocidental mais completa sobre o sistema político-administrativo da URSS continua sendo o clássico, HOUGH, Jerry; FAINSOD, Merle. *How the Soviet Union is Governed.* Cambridge, Harvard University Press, 1979. A descrição a seguir é baseada essencialmente nesse livro e em fontes primárias soviéticas, como VS SSSR. "Konstitutsiya SSSR: priniyata Verkhovnym Sovetom SSSR 7 oktyabrya 1977 g" ["Constituição da URSS: adotada pelo Soviet Supremo da URSS em 7 de outubro de 1977"]. *In*: IZDATEL'STVO 'YURIDICHESKAYA LITERATURA'. *Konstitutsiya SSSR i Razvitie Sovetskogo Zakonodatel'stva.* Moscou, Yuridicheskaya Literatura, 1981; KPSS, *op. cit.*; BSE. *Bol'shaya Sovetskaya Entsiklopediya* ["Grande Enciclopédia Soviética"]. 2ª ed. Moscou, Bol'shaya Sovetskaya Entsiklopediya, 1950-1958, 51 v.; EZH BSE. *Ezhegodnik Bol'shoi Sovetskoi Entsiklopedii* ["Anuário da Grande Enciclopédia Soviética"]. Moscou, Izdatel'stvo 'Sovetskaya Entsiklopediya', diversos anos.
12. O texto original completo da Constituição soviética de 1977 pode ser encontrado em VS SSSR, *op. cit.*; FELDBRUGGE, F. (ed.). *The Constitutions of the USSR and the Union Republics: Analysis, Texts, Reports.* Alphen aan den Rijn, Sijthoff & Noordhoff, 1979.
13. GINSBURGS, G.; POMORSKI, S. "A Profile of the Soviet Constitution of 1977". *In*: FELDBRUGGE, F. (ed.), *op. cit.*, pp. 9-10.
14. O Soviete Supremo era dividido em duas câmaras, iguais em poderes formais e número de deputados: o Soviete da União e o Soviete das Nacionalidades. O Soviete da União era formado na base de um cidadão/um voto (com representantes eleitos individualmente a partir de cada distrito eleitoral de 300 mil pessoas). O Soviete das Nacionalidades era formado por representação étnica: 32 deputados para cada uma das 15 repúblicas da união, 11 de cada república autônoma, cinco de cada região autônoma (*avtonomnaya oblast*) e um de cada área autônoma (*avtonomnyi okrug*) (BSE, *op. cit..*, v. 4, p. 564).
15. *Idem.*
16. HOUGH, Jerry; FAINSOD, Merle, *op. cit.*, p. 466.
17. FELDBRUGGE, F.; BERG, G.; SIMONS, W. (eds.). *Encyclopedia of Soviet Law.* 2ª ed. rev. Dordrecht, Martinus Nijhoff, 1985, p. 152.
18. Uma tradução para a língua inglesa dos "Estatutos do Partido Comunista da União Soviética" pode ser vista em BERMAN, Harold J.; QUIGLEY JR., John B. *Basic Laws on the Structure of the Soviet State.* Cambridge, Harvard University Press, 1969.

19. EZH BSE, *op. cit.*, p. 13 (1982).
20. *Idem*, p. 14; FELDBRUGGE, F.; BERG, G.; SIMONS, W. (eds.), *op. cit.*, p. 151.
21. Entre 1952 e 1966, o *Politiburo* era chamado de *Presidium* do Comitê Central do partido (BSE; *op. cit.*, v. 20, p. 215).
22. HOUGH, Jerry; FAINSOD, Merle, *op. cit.*, p. 466.
23. O *secretário-geral* era chamado de *primeiro-secretário*, no período entre 1953 e 1966 (BSE, *op. cit.*, v. 23, p. 183).
24. *Idem*; FELDBRUGGE, F.; BERG, G.; SIMONS, W. (eds.), *op. cit.*, p. 151.
25. *Idem*.
26. IOFFE, Olimpiad S., MAGGS, Peter B. *Soviet Law in Theory and Practice*. Londres, Oceana, 1983, p. 105.
27. ANTONYUK, D. *et al. KPSS Spravochnik* ["Guia do PCUS"]. 5ª ed. Moscou, Politizdat, 1983, pp. 405-35.
28. HOUGH, Jerry; FAINSOD, Merle, *op. cit.*, pp. 410-17.
29. ANTONYUK, D. *et al.*, *op. cit.*, p. 437.
30. PERVYI Sekretar' ["Primeiro Secretário"]. *Pravda*, Moscou, 22 jul. 1986, p. 1, c. 1.
31. A palavra *kontrol'* em russo não tem o sentido de dirigir ou administrar diretamente, e sim de monitorar, fiscalizar.
32. KPSS, *op. cit.*, v. 2, pp. 247-8; v.4.
33. Segundo o artigo, "isso significa que se algum departamento ou órgão econômico [do governo] está fazendo um trabalho ruim e não consegue o cumprimento das tarefas a ele destinadas [as instâncias partidárias], não devem tomar seu lugar ou desfigurá-lo, e sim fortalecê-lo, ajudá-lo a fazer com que ele consiga cumprir suas obrigações". (SLEPOV, Lazar. "O Bol'shevistkom Metode Rukovodsta Khozyaistevennymi Organami" ["Sobre o método bolchevista de liderança dos órgãos da economia"]. *Bol'shevik*, Moscou, nº 2, p. 49, jan. 1951.) Assim, o quadro ideal buscado pelo partido era de que as instâncias partidárias deveriam "exercer a liderança e o controle da economia", não "passando por cima" dos órgãos econômicos competentes do governo, mas sim "por meio deles" (*idem*, pp. 48-9). Entretanto, na realidade, esse comportamento sensato e equilibrado nem sempre era alcançado. As próprias publicações oficiais do partido continham queixas e descrições de várias situações em que instâncias partidárias pecavam por falta ou por excesso: por vezes, ou se imiscuíam demais em minúcias rotineiras do funcionamento das empresas ou órgãos econômicos governamentais ou (segundo o ponto de vista oficial) negligenciavam seu trabalho de controle político efetivo da maneira como as tarefas econômicas estavam sendo realizadas (*idem*, pp. 50-51).
34. NOVOSTI PRESS AGENCY. *USSR Yearbook*. Moscou, Novosti Press Agency Publishing House, 1988, pp. 72 e 74.
35. *Nomenklatura* é uma palavra russa de origem latina: em latim, significa *lista de nomes* (PROKHOROV, A. M. *et al. Sovetskii Entsiklopedicheskii Slovar'* ["Dicionário Enciclopédico Soviético"]. Moscou, Sovetskaya Entsiklopediya,

1980, p. 909). Em russo, no sentido político, a palavra se refere à "lista de postos [cargos] que qualquer instituição tenha o direito formal de nomear ou confirmar. Por exemplo, um ministério tem sua *nomenklatura*, assim como o Soviete municipal, várias organizações do alto escalão dos sindicatos e assim por diante". (HOUGH, Jerry; FAINSOD, Merle, *op. cit.*, p. 644) Praticamente essa mesma definição é encontrada no livro sobre os estatutos do PCUS publicado pela editora oficial soviética de literatura política, *Gospolitizdat*: "É costumeiro denominar-se *nomenklatura* a lista de postos de carreira que os órgãos do partido têm a obrigação de manter sob sua supervisão constante. [Por exemplo] Na *nomenklatura* do comitê regional do partido estão incluídos os dirigentes regionais; nos comitês distritais do partido, os dirigentes de instituições distritais. Na prática, isso significa que os comunistas que são dirigentes de organizações e instituições, antes de nomear alguém a uma posição de responsabilidade, devem apresentar essa pessoa para confirmação pelo órgão correspondente do partido. Esse procedimento é válido não apenas para a nomeação, mas também para o afastamento do cargo. Sem permissão do órgão partidário, os comunistas que são dirigentes de organizações e instituições não podem afastar alguém de qualquer cargo constante na *nomenklatura* daquele órgão." (BUGAEV, E. I.; LEIBSON, B. M. *Besedy ob Ustave KPSS* ["Conversas sobre o Estatuto do PCUS"]. Moscou, Gospolitizdat, 1962, pp. 154-5.)

36. BUGAEV, E.I.; LEIBSON, B., *op. cit.*, pp. 154-5; HOUGH, Jerry; FAINSOD, Merle, *op. cit.*, pp. 430-2; FELDBRUGGE, F.; BERG, G.; SIMONS, W. (eds.), *op. cit.*, p. 152.
37. BUGAEV, E.I.; LEIBSON, B., *op. cit.*, pp. 155; HOUGH, Jerry; FAINSOD, Merle, *op. cit.*, p. 431.
38. KUPTSOV, V. "Effekt Khozyaistvennoi Initsiativy" ["Efeito da Iniciativa Econômica"]. *Ekonomicheskaya Gazeta*, Moscou, nº 33, agosto 1984, p. 6, c. 1, 2 e 3.
39. HOUGH, Jerry; FAINSOD, Merle, *op. cit.*, p. 399.
40. *Idem*, p. 400.
41. *Idem*, p. 406.
42. HEGEL, G. W. F. *Werke in zwanzig Bänden*. Frankfurt, Suhrkampverlag, 1978. 20v., "Grundlinien der Philosophie des Rechts", v. 7, pp. 338-9.
43. SEGRILLO, Angelo. *Herdeiros de Lenin: a história dos partidos comunistas na Rússia pós-soviética*. Rio de Janeiro, 7Letras; Faperj, 2003.
44. A eficiência do regime soviético em manter uma ordem política viável era reconhecida por S. Huntington, que disse, em meados dos anos 1970: "Os Estados Unidos, a Grã-Bretanha e a União Soviética têm formas de governo diferentes, mas nos três sistemas o governo governa. Cada país é uma comunidade política apresentando um consenso surpreendente entre os indivíduos quanto à legitimidade

do sistema político. Em cada país os cidadãos e os seus dirigentes têm uma visão comum do interesse público da sociedade e das tradições e dos princípios em que se baseia a comunidade política. Os três países têm instituições políticas fortes, adaptáveis e coesas: burocracias eficientes, partidos políticos bem organizados, um grau elevado de participação popular nos assuntos públicos, sistemas viáveis de controle civil sobre os militares, extensa atividade do governo na economia e procedimentos razoavelmente eficazes para regular a sucessão e controlar o conflito político. Esses governos dispõe da lealdade de seus cidadãos e, por isso, têm capacidade de decretar impostos, recrutar pessoal e inovar e executar medidas. Quando o Politburo, o Gabinete ou o presidente toma uma decisão, existe alta probabilidade de que a mesma será implementada por intermédio da máquina governamental. Em todas essas características, os sistemas políticos dos Estados Unidos, da Grã-Bretanha e da União Soviética diferem significativamente dos governos que existem em muitos ou quase todos os países em modernização da Ásia, da África e da América Latina. Nesses países [há] carência de uma comunidade política e de um governo com eficiência, autoridade e legitimidade." (HUNTINGTON, Samuel. *A ordem política nas sociedades em mudança*. São Paulo, Edusp, 1975, pp. 13-4.) Para Huntington, dos dois eixos principais da democracia apontados por R. Dahl, competição e participação, o sistema soviético pecava por falta do primeiro, mas não do segundo. (DAHL, Robert. *Poliarquia*. São Paulo, Edusp, 1997) Em outras palavras, a possibilidade de um cidadão *x* qualquer aleatoriamente escolhido ter o poder de influenciar as decisões do país por meio de seu sistema político não seriam significativamente menores na URSS do que nos países ocidentais avançados. Igualmente, as chances de um cidadão *x* aleatoriamente escolhido alcançar a posição máxima de poder na URSS entrando no partido político disponível também não seriam significativamente menores do que um cidadão americano ou britânico *x* qualquer tem de chegar ao poder máximo em seu país entrando nos partidos políticos disponíveis.

45. Além disso, a sociedade política soviética não era monolítica, e sim formada por diversos grupos de interesse, opinião e ligações quase clânicas que, dentro da burocracia e do partido, disputavam liderança (ou, no mínimo, o favor do líder, no caso de Stalin) e "puxavam" em diferentes direções. O próprio partido único, por definição, envolve heterogeneidade: nele têm de se abrigar correntes de opinião diferenciadas, algumas das quais em regime multipartidário democrático estariam alojadas em partidos políticos diversos e competindo entre si.
46. WEBER, MAX. *Wirtschaft und Gesellschaft*. Tübingen, Mohr, 1980, p. 124.
47. HUNTINGTON, Samuel. *The Third Wave*. Norman, University of Oklahoma Press, 1991, p. 46.

48. Por motivos de espaço, estamos deixando de lado o nacionalismo, pois ele não teve papel central na criação e manutenção do sistema soviético *em geral* até 1985. O nacionalismo teve papel importante na deslegitimação do sistema após o deslanchamento da *Perestroika*, como ficou óbvio especialmente no caso das repúblicas bálticas. Para uma descrição detalhada do papel do nacionalismo durante a *perestroika*, ver, SEGRILLO, Angelo. *O declínio da URSS: um estudo das causas*. Rio de Janeiro, Record, 2000a, pp. 155-183.
49. Ver, como exemplos, o relatório de Stalin a respeito do projeto de Constituição da URSS de 1936 e o relatório de Khrushchev no XXII Congresso de PCUS (quando disse que a URSS ultrapassaria os EUA em 20 anos) (STALIN, *op. cit.*; KHRUSHCHEV, Nikita. "Otchet TsK KPSS" ["Relatório do CC do PCUS"]. *In*: KPSS. *Stenograficheskii Otchet — XXII S"ezd KPSS* ["Notas Estenográficas — XXII Congresso do PCUS"]. Moscou: Izdatel'stvo Pliticheskoi Literaury, 1962, v. 1, pp. 15-132).
50. SEGRILLO, Angelo, *op. cit.*, 2000a.
51. SEGRILLO, Angelo. *Rússia e Brasil em transformação: uma breve história dos partidos russos e brasileiros na democratização política*. Rio de Janeiro, 7Letras; CNPq, 2005, p. 215.
52. Segundo pesquisa de outubro de 2002 do Vitsiom, a maioria da população russa considera que tanto sua situação pessoal (54%) quanto a do país (52%) pioraram desde a época da perestroika. (GODY Nadezhd, Razocharovaniya i Terpeniya: pyatnadtsaty lt v oprosakh Vitsiom ["Anos de esperanças, decepções e paciência: 15 anos de pesquisas de opinião do Vitsiom"]. *Polit.ru*, Moscou, 27 dez. 2002, <www.polit.ru/docs/479429.html>) Em uma outra pesquisa do Vitsiom na Rússia (de 1999), colocados frente à afirmação "Teria sido melhor se o país tivesse ficado como era antes de 1985" (*i.e.*, antes da perestroika), a maioria dos entrevistados (58%) concordou com ela enquanto que 27% discordaram e 15% foram incapazes de responder. (LEVADA, Yurii. *Ot Mnenii k Ponimaniyu. Sotsiologicheskie Ocherki, 1993-2000*. ["Da opinião ao entendimento. Ensaios sociológicos, 1993-2000"]. Moscou, Moskovskaya Shkola Politicheskikh Issledovanii, 2000, p. 367.)
53. A dissolução oficial da URSS em dezembro de 1991, por decisão unilateral de alguns líderes de repúblicas, com posterior aprovação por uma das câmaras do Parlamento russo (o Soviete das Nacionalidades) em sessão que contava com apenas 30 de seus 173 membros, levantou questões sobre sua legitimidade, principalmente devido ao fato de que houve alguns meses antes um referendo oficial entre os habitantes da URSS sobre sua manutenção ou dissolução em que 76,4% dos votos foram a favor da manutenção da União. Como o referendo foi boicotado por seis das 15 repúblicas constitutivas da URSS, a legitimidade desse referendo de 17 de março de 1991 também foi colocada em questão, o que mostra quão complexo é o problema discutido neste artigo.

Bibliografia

ANTONYUK, D. *et al. KPSS Spravochnik* ["Guia do PCUS"]. 5ª ed. Moscou: Politizdat, 1983.

ARENDT, Hannah. *Origens do totalitarismo*. São Paulo: Companhia das Letras, 1989.

BERMAN, Harold J.; QUIGLEY JR., John B. *Basic Laws on the Structure of the Soviet State*. Cambridge: Harvard University Press, 1969.

BSE (BOL'SHAYA SOVETSKAYA ENTSIKLOPEDIYA). Ver: IZDATEL'STVO 'SOVETSKAYA ENTSIKLOPEDIYA'.

BUGAEV, E.I., LEIBSON, B.M. *Besedy ob Ustave KPSS* ["Conversas sobre o Estatuto do PCUS"]. Moscou: Gospolitizdat, 1962.

CONQUEST, Robert. *The Great Terror: a Reassessment*. Nova York: Oxford University Press, 1990.

DAHL, Robert. *Poliarquia*. São Paulo: Edusp, 1997.

EZH BSE. Ver: EZHEGODNIK BOL'SHOI SOVETSKOI ENTSIKLOPEDII.

EZHEGODNIK BOL'SHOI SOVETSKOI ENTSIKLOPEDII ["Anuário da Grande Enciclopédia Soviética"]. Moscou: Izdatel'stvo 'Sovetskaya Entsiklopediya', diversos anos.

FELDBRUGGE, F. (ed.). *The Constitutions of the USSR and the Union Republics: Analysis, Texts, Reports*. Alphen aan den Rijn: Sijthoff & Noordhoff, 1979.

——; BERG, G.; SIMONS, W. (eds.). *Encyclopedia of Soviet Law*. 2ª ed. rev. Dordrecht: Martinus Nijhoff, 1985.

FRIEDRICH, Carl; BRZEZINSKI, Zbigniew. *Totalitarismo e autocracia*. Rio de Janeiro: Edições GRD, 1965.

GINSBURGS, G., POMORSKI, S. "A Profile of the Soviet Constitution of 1977. *In*: FELDBRUGGE, F. (ed.). pp. 3-67.

GODY Nadezhd, Razocharovaniya i Terpeniya: pyatnadtsaty lt v oprosakh VTSIOM ["Anos de esperanças, decepções e paciência: 15 anos de pesquisas de opinião do VTSIOM"]. *Polit.ru*, Moscou, 27 dez. 2002. <www.polit.ru/docs/479429.html>.

GRAMSCI, Antonio. *Obras escolhidas*. São Paulo: Martins Fontes, 1978.

HEGEL, G. W. F. *Werke in zwanzig Bänden*. Frankfurt: Suhrkampverlag, 1978, 20v. "Grundlinien der Philosophie des Rechts", v. 7.

HOUGH, Jerry; FAINSOD, Merle. *How the Soviet Union is Governed*. Cambridge: Harvard University Press, 1979.

HUNTINGTON, Samuel. *A ordem política nas sociedades em mudança*. São Paulo: Edusp, 1975.

——. *The Third Wave*. Norman: University of Oklahoma Press, 1991.

INSTITUT MARKSIZMA-LENINIZMA pri TsK KPSS ["Instituto de Marxismo-Leninismo do CC do PCUS"]. *Kommunisticheskaya Partiya Sovetskogo Soyuza v Rezolyutsyakh i Resheniyakh S"ezdov, Konferentsii i Plenumov TsK* ["Resoluções e decisões oficiais dos congressos e conferências do PCUS e das reuniões plenárias do Comitê Central"]. 9ª ed. rev. e ampl. Moscou: Politizdat, 1983-1989, 15 v.

IOFFE, Olimpiad S.; MAGGS, Peter B. *Soviet Law in Theory and Practice*. Londres: Oceana, 1983.

IZDATEL'STVO 'SOVETSKAYA ENTSIKLOPEDIYA'. *Bol'shaya Sovetskaya Entsiklopediya* ["Grande Enciclopédia Soviética"]. 2ª ed. Moscou: Bol'shaya Sovetskaya Entsiklopediya, 1950-1958, 51 v.

KHRUSHCHEV, Nikita. "Otchet TsK KPSS" ["Relatório do CC do PCUS"]. *In*: KPSS. *Stenograficheskii Otchet — XXII S'"ezd KPSS* ["Notas estenográficas — XXII Congresso do PCUS"]. Moscou: Izdatel'stvo Pliticheskoi Literaury, 1962, v. 1, pp. 15-132.

KOMMUNISTICHESKAYA PARTIYA SOVETSKOGO SOYUZA ["Partido Comunista da União Soviética"]. "Devyatyi S"ezd RKP(b), 29 Marta — 5 Aprelya 1920 g" ["IX Congresso do Partido Comunista Russo (bolchevista) de 29 de março a 5 de abril de 1920"]. *In*: INSTITUT MARKSIZMA-LENINIZMA pri TsK KPSS ["Instituto de Marxismo-Leninismo do CC do PCUS"]. *Kommunisticheskaya Partiya Sovetskogo Soyuza v Rezolyutsyakh i Resheniyakh S"ezdov, Konferentsii i Plenumov TsK* ["Resoluções e decisões oficiais dos congressos e conferências do PCUS e das reuniões plenárias do Comitê Central"]. 9ª ed. rev. e ampl. Moscou: Politizdat, 1983-1989, 15 v., v. 2, pp. 239-289.

KOMMUNISTICHESKAYA PARTIYA SOVETSKOGO SOYUZA ["Partido Comunista da União Soviética"]. "Postanovlenie TsK VKP(b) o Merakh po Uporyadocheniyu Upravleniya Proizvodstvom i Ustanovleniyu edinonachaliya, 5 Sentyabrya 1929 g" ["Decreto do Comitê Central do Partido Comunista de toda a União (bolchevista) sobre medidas para normalização da administração da produção e estabelecimento da responsabilidade única, de 5 de setembro de 1929"]. *In*: INSTITUT MARKSIZMA-LENINIZMA pri TsK KPSS ["Instituto de Marxismo-Leninismo do CC do PCUS"]. *Kommunisticheskaya Partiya Sovetskogo Soyuza v Rezolyutsyakh i Resheniyakh S"ezdov, Konferentsii i Plenumov TsK* ["Resoluções e decisões oficiais dos congressos e conferências do PCUS e das reuniões plenárias do Comitê Central"]. 9ª ed. rev. e ampl. Moscou: Politizdat, 1983-1989. 15 v, v. 4, pp. 556-562.

KONTITUTSIYA SSSR ["Constituição da URSS"]. Moscou: Yuridicheskaya Literatura, 1981.

KPSS. Ver: KOMMUNISTICHESKAYA PARTIYA SOVETSKOGO SOYUZA.

KUPTSOV, V. "Effekt Khozyaistvennoi Initsiativy" ["Efeito da iniciativa econômica"]. *Ekonomicheskaya Gazeta*, Moscou, nº 33, agosto 1984, p. 6, c. 1, 2 e 3.

LENIN, Vladimir Il'ich. *Polnoe Sobranie Sochinenii* ["Obras completas"]. 5ª ed. Moscou: Politizdat, 1967-1970. 55v. "Ocherednye Zadachi Sovetskoi Vlasti" ["As tarefas imediatas do poder soviético"], v. 36, pp. 165-208.

LEVADA, Yurii. *Ot Mnenii k Ponimaniyu. Sotsiologicheskie Ocherki, 1993-2000*. ["Da opinião ao entendimento. Ensaios sociológicos, 1993-2000"]. Moscou: Moskovskaya Shkola Politicheskikh Issledovanii, 2000.

LINZ, Juan; STEPAN, Alfred. *Problems of Democratic Transition and Consolidation*. Baltimore: The Johns Hopkins University Press, 1996.

NOVOSTI PRESS AGENCY. *USSR Yearbook*. Moscou: Novosti Press Agency Publishing House, 1988.

PERVYI Sekretar' ["Primeiro Secretário"]. *Pravda*, Moscou, 22 jul. 1986, p. 1, c. 1.

PROKHOROV, A.M. *et al. Sovetskii Entsiklopedicheskii Slovar'* ["Dicionário Enciclopédico Soviético"]. Moscou: Sovetskaya Entsiklopediya, 1980.

SEGRILLO, Angelo. *O declínio da URSS: um estudo das causas*. Rio de Janeiro: Record, 2000a.

——. *O fim da URSS e a nova Rússia*. Petrópolis: Vozes, 2000b.

——. *Herdeiros de Lenin: a história dos partidos comunistas na Rússia pós-soviética*. Rio de Janeiro: 7Letras; Faperj, 2003.

——. *Rússia e Brasil em transformação: uma breve história dos partidos russos e brasileiros na democratização política*. Rio de Janeiro: 7Letras; CNPq, 2005.

——. "O fascismo como 'totalizante': uma (herética) tentativa de inflexão marxista em um conceito eminentemente liberal". *Intellector*, Rio de Janeiro, v. 2, nº 4, pp. 8-24, 2006, <http://www.revistaintellector.cenegri.org>.

SLEPOV, Lazar. "O Bol'shevistkom Metode Rukovodsta Khozyaistevennymi Organami" ["Sobre o método bolchevista de liderança dos órgãos da economia"]. *Bol'shevik*, Moscou, nº 2, pp. 47-55, jan. 1951.

SPRAVOCHNIK PARTIINOGO RABOTNIKA ["Manual do funcionário do partido"]. Moscou: Politizdat, diversos anos.

STALIN, I.V. *Sochineniya* ["Obras"]. Moscou: Pisatel', 1997. "O Proekte Konstitutsii Soyuza SSR" ["Sobre o Projeto de Constituição da URSS"], v. 14, pp. 119-147.

VERKHOVNYI SOVET SSSR. "Konstitutsiya SSSR: priniyata Verkhovnym Sovetom SSSR 7 oktyabrya 1977 g" ["Constituição da URSS: adotada pelo Soviet Supremo da URSS em 7 de outubro de 1977"]. *In*: IZDATEL'STVO 'YURIDICHESKAYA LITERATURA'. *Konstitutsiya SSSR i Razvitie Sovetskogo Zakonodatel'stva*. Moscou: Yuridicheskaya Literatura, 1981, pp. 24-88.

VS SSSR — ver: VERKHOVNYI SOVET SSSR.

WEBER, Max. *Wirtschaft und Gesellschaft*. Tübingen: Mohr, 1980.

ZELDON, Mordechai. *Violence and its Limits in the Socialist Revolutionary Use of Terror*. Jerusalém: Marjorie Mayrock Center for Soviet and East European Research, Hebrew University, 1988.

CAPÍTULO 6

O fascismo italiano: entre consentimento e consenso

Didier Musiedlak*

Tradução de Vera Gertel

*Professor de História Contemporânea da Universidade de Paris X e do Instituto Nacional de Línguas e Civilizações Orientais (Inalco) de Paris. Autor de *Lo Stato fascista e la sua classe politica, 1922-1943*. Bolonha, Il Mulino, 2003 e *Mussolini*. Paris: Presses de Sciences Po., 2005.

A própria percepção da existência de um "consenso"[1] durante o regime fascista suscita, apesar do avanço das pesquisas, várias dificuldades. O caráter polissêmico do conceito, do que significa consenso e consentimento, não é certamente estranho à complexidade que se pôde ressaltar nos países ocidentais confrontados com experiências políticas semelhantes. Os conceitos têm sua história e são produto de uma temporalidade que contribui para definir o conteúdo concreto.[2] É necessário, portanto, estabelecer previamente de que maneira os contemporâneos empregaram o termo antes de avaliar seu caráter operatório e observar os inconvenientes referentes ao seu emprego.

O *CONSENSO* VISTO PELOS CONTEMPORÂNEOS

O conceito de "consenso" emerge simultaneamente no pensamento antifascista e fascista desde o advento do regime até o fim dos anos 1930.[3] Do lado do antifascismo, poucos perceberam a identidade do fascismo segundo essa perspectiva. As massas apareciam como vítimas da repressão de uma "gangue" que tomou o poder pela força. Em tal contexto, a questão do *consenso* era vista necessariamente como um elemento de propaganda, simples artifício, destinado a mascarar a exploração real das massas. Para retomar a formulação de Angelo Tasca, um dos mais perspicazes observadores do regime, o povo não era mais considerado como ator da vida política, mas como matéria-prima inerte "modelada de acordo com a vontade de qualquer um".[4] De maneira geral, era ressaltado o uso da força e da repressão mais do que a existência de uma eventual adesão que feria as consciências. Raros são aqueles que, do lado do antifascismo, enfrentaram a questão.

Dentre as análises provenientes frequentemente do exílio, uma das mais pertinentes foi a do líder comunista Palmiro Togliatti. Além do boletim oficial da Internacional Comunista publicado no terceiro trimestre de 1928, o líder do PCI havia analisado a estrutura do regime durante os primeiros meses de 1935 na Escola Leninista de Moscou. Sem negar o caráter reacionário da ditadura fascista, destacava o entrelaçamento entre a ditadura de natureza burguesa e as massas no seio de uma configuração específica italiana. Dessa maneira, conseguiu extrair a originalidade do fascismo, dotado, segundo ele, de sólida base de organização que lhe tornava possível integrar "quase toda a população ativa do país" como um bloco, o que, entretanto, não excluía as contradições internas. O passo decisivo no sentido dessa percepção foi dado quando, em Nápoles, em 11 de abril de 1944, Togliatti reconheceu que o fascismo havia se beneficiado de uma adesão forte e durável.[5] A outra contribuição fundamental foi a de Antonio Gramsci, em seus *Cadernos do cárcere*, cuja redação começou em 1929 e dos quais o público começou a tomar conhecimento após a Segunda Guerra Mundial por meio de uma primeira edição das obras escolhidas (1948-1951). Rompendo com a concepção de ideologia semelhante a uma ilusão, Gramsci propunha uma reformulação integrando os aspectos inconscientes materializados em práticas capazes de fornecer, consequentemente, os fundamentos de uma unificação social mais ou menos interiorizada pelas massas. O conceito de hegemonia era igualmente redimensionado em favor de uma forma de organização popular.

A literatura fascista não se calou sobre esse ponto. Evidentemente, interrogou-se sobre os mecanismos da dominação política, engajando a reflexão a partir de uma combinação fundada na liberdade, na força e no consentimento. A questão começou a ser debatida nos meios fascistas na conjuntura do plebiscito de 1929.[6] O debate havia sido introduzido pelo próprio Benito Mussolini em 1923 em discurso na Câmara.[7] Baseando-se inicialmente no uso da força, sua análise havia rapidamente integrado a questão do consentimento sem, no entanto, excluir a repressão. No início dos anos 1930, a mobilização a fim de obter o triunfo do plebiscito organizado em 1929 havia atribuído mais autonomia ao conceito. O principal argumento estava no fato de a inovação trazida nesse campo pelo regime fascista prevalecer sobre qualquer outra consideração. Escapando da técnica da astúcia utilizada pelos poderes precedentes, o fascismo era percebido como dotado de estrutura original, uma forma nova, um consentimento ativo "baseado num ato de fé, fruto de um gesto de autêntica vontade e verdadeira conversão dos espíritos".[8]

O *Dizionario di Politica*, publicado em 1940 por iniciativa do PNF (*Partito Nazionale Fascista*) e de seu secretário Achille Starace, na entrada *consenso* manteve essa inflexão inicial.[9] O lugar ocupado pelo consentimento da nação ao Estado, percebido como vontade expressa, era claramente privilegiado: "O consentimento que a vontade política exige não é a submissão natural e instintiva de uma tribo de primitivos em relação ao seu chefe, mas uma adesão deliberada e consciente a uma ordem histórica que tem sua realidade na vida de todos e que, consequentemente, reconhece nessa vontade uma interpretação dela mesma e o impulso de seu progresso."[10] O consentimento só poderia ser ativo em uma sociedade nova na qual "a ação política é de fato marcada por um equilíbrio que se determina entre uma vontade inovadora e o complexo das forças sociais e históricas".[11]

Na queda do fascismo, a questão do *consenso* permaneceu, como um conjunto, eclipsada da percepção do regime, até os anos 1960, em razão da impregnação dos paradigmas herdados da filosofia idealista (Benedetto Croce) e de uma leitura dominada pelo peso do antifascismo.

A NATUREZA DO DEBATE HISTORIOGRÁFICO

O mito do fascismo concebido como um longo parêntese de mais de 20 anos, elaborado por Croce entre 1943 e 1944, havia tido, principalmente, como objetivo iniciar um processo de refundação política recorrendo a uma forma de absolvição coletiva da nação italiana, integrando as classes dirigentes e o povo.[12] A Itália era apresentada como vítima. A corrente marxista, apesar de alguns avanços anteriormente ressaltados (Togliatti, Gramsci), não tardou a retomar a teoria dos agentes do grande capital. A conjuntura dos anos 1947-1948, marcada pelo espectro do retorno a um "acordo fascista" (Paolo Zunino) entre hierarquia eclesiástica e burguesia, não facilitava uma abordagem concreta da questão. A Resistência foi erigida como o próprio símbolo da dignidade nacional das massas. Sustentada pelas diferentes famílias políticas que participaram na vitória contra ditadura, a história do fascismo associava-se a uma prática comemorativa, pontuada por considerações maniqueístas, cuja forma mais acabada foi a náusea professada por Croce.[13] Nos anos 1960, o objeto fascismo apresentava-se como uma realidade fantasmagórica, a ponto de um dos mestres do pensamento marxista da época, Delio Cantimori, percebê-lo como uma espécie de baleia digna das façanhas de Moby Dick, engolindo tudo, homens, movimentos, tendências, mas também interesses econômicos e financeiros.[14] Foi, aliás, por instigação de Delio Cantimori que Renzo De Felice havia decidido, por sua vez, empreender a longa viagem através do fascismo descrita por Ruggero Zangrandi. Por meio da biografia do ditador, iria demonstrar o fenômeno em toda a sua densidade.[15] Para fazê-lo, o caminho definido por Angelo Tasca impunha-se. Visando a romper a cadeia da história comemorativa, era necessário renunciar ao emprego de categorias intelectuais predeterminadas que teriam levado a rejeitar uma parte dos atributos reais do fascismo. Tal abordagem demandaria vasta pesquisa de campo para revelar as condições de sua gênese e de seu devir. Consequentemente, a questão do *consenso* foi brutalmente relançada em 1974 quando foi publicado o volume de De Felice dedicado ao problema da adesão das massas entre 1929 e 1934. Ex-marxista, rompido com o PCI desde 1956, De Felice afirmava que o regime fascista havia se beneficiado de apoio popular ao menos entre 1929 e 1934. Identificava essa ligação nos anos imediatamente seguintes ao plebiscito, e não durante a guerra da Etiópia (1935-1936). Baseando a argumentação na consulta de diversas fontes, o historiador revelava a força das organizações ligadas ao partido, o poder dos aparelhos de controle limitando os espaços, a fascinação exercida junto aos jovens pelas promessas de renovação econômica e social, especialmente através da difusão do corporativismo. Essa adesão era corroborada pela extrema fraqueza da oposição, incapaz de suscitar a menor agitação no território nacional. A Itália, segundo ele, no início dos anos 1930 se beneficiara de um verdadeiro consenso:

> Entre 1929 e o fim de 1934, o consenso não atingiu o auge do entusiasmo e da exaltação que atingiria em 1936. Certamente, foi mais amplo e, sobretudo, mais totalitário, ou, se preferirmos, menos permeado de reservas, de motivos de críticas, de preocupações com o futuro. A autoridade estatal não era substancialmente questionada pela grande maioria dos italianos, o modelo "moral" do fascismo era amplamente aceito e não suscitava oposições entre público e privado.[16]

Em outros termos, o historiador distinguia, no plano dessa adesão, uma forma de *fascistização passiva*, que consistia em fazer dos italianos "bons cidadãos", de uma *fascistização ativa*, que consistia em formar "verdadeiros fascistas", que, em todos os níveis da vida, contribuiriam para garantir a progressão do regime.[17] Mas, no fim das contas, essa distinção não resolvia todos os problemas.

Essa preocupação de esclarecimento, que se deu no calor da hora para compreender o grau de maturidade atingido pelo regime, se era muito cômoda, nada resolvia sobre seu ponto central. Após ter suscitado intensa polêmica, a opinião pública italiana acabou se acomodando a essa dimensão consensual que, ao mesmo tempo, lhe oferecia a possibilidade de banalizar a ditadura e atenuar seu caráter criminoso.[18] A questão da adesão diluía-se, assim, num processo indiferenciado.

A análise produzida por De Felice, apesar das imperfeições, tivera o mérito de abrir o caminho, ao fazer uma distinção entre consenso e consentimento. A ideia de que o fascismo, ao menos no começo dos anos 1930, tornara-se um *regime normal* com o qual os italianos iam, aliás, viver durante mais de 20 anos, impôs-se progressivamente na historiografia.[19] Essa abordagem suscitava, no entanto, outras interrogações, em especial sobre a natureza do acordo dado ao regime, a apreciação do comportamento desviante, a fronteira entre consenso e consentimento delimitando a famosa "zona cinzenta". Como apreender esse lugar entre dois lugares? Essa percepção concreta do comportamento dos italianos estava igualmente ligada à própria natureza da ditadura. Longe de se comportar como um monólito, o fascismo, como numerosos regimes similares, apresentava a característica de ser muito mutável. Os espaços modificavam-se em função das relações de força e do desempenho dos aparelhos. O poder não era, consequentemente, uma estrutura de comando inerte. Se se conseguia obter não só a obediência, mas uma aprovação ou a adesão, isso significava que a livre vontade dos indivíduos nele podia participar.[20] Como, nessas condições, fazer a distinção entre consenso e consentimento? Como abordar a questão da legitimidade? O poder parece detê-la no momento em que o indivíduo, para retomar a formulação de Emile Durkheim, age de maneira autônoma, isto é, se conduz de acordo com suas obrigações, segundo o princípio de uma educação considerada como integrada. Entretanto, será ele um ator ativo ou passivo? Seria necessário, então, medir o grau de motivação dos membros que formam a comunidade nacional para apreender o consentimento. O regime político pode se considerar satisfeito quando consegue desenvolver uma suficiente interiorização das normas ou quando o indivíduo traça por si mesmo os limites que separam o lícito do ilícito. O regime não é mais obrigado a exibir sua força. A dificuldade aumenta ainda mais porque as normas sociais não são escritas. Elas formam um aspecto visível do código do comportamento e da sensibilidade dos indivíduos, cuja importância é tão grande quanto as leis oficiais que dizem respeito às manifestações formais do monopólio de Estado da violência física.[21] O cotidiano delimita, assim, o horizonte que permite observar o respeito às normas sociais. Os indivíduos em um regime totalitário, ao fim de vários anos, acabam por considerar que as normas são naturais. Para muitos, o uso da força não se revela necessário nem mesmo em caso de desvio. A impregnação dos modelos e a integração do acordo bastam para uma correção dos comportamentos sem recorrer a sanções.

Mais do que opor consenso e consentimento, parece legítimo insistir na sua imbricação ao tentar identificar elementos mais distintivos que contribuíram para assegurar a adesão dos italianos durante o período fascista.

MITO DO CHEFE E NOVA ITÁLIA: A AMBIVALÊNCIA DO CARISMA

O carisma do chefe desempenhou papel fundamental na adesão dos italianos ao regime. Mas, ao mesmo tempo, ilustra bem a dificuldade de dissociar o consentimento do consenso. Mussolini era mais venerado como *Duce do fascismo* ou como *Capo del Governo*?*

A historiografia, ao menos até o horizonte dos anos 1980, acentuava a ditadura pessoal de Mussolini mais do que sua dimensão de chefe do fascismo. Muitas diferenças de ponto de vista persistem ainda sobre o significado e o alcance de seu carisma no seio do sistema. Segundo os trabalhos pioneiros de Alberto Aquarone, o carisma de Mussolini lhe trouxera apenas a possibilidade de construir um regime de ditadura pessoal.[22] Ao contrário, a historiografia recente, representada principalmente por Emílio Gentile, ressalta a imbricação da figura do Duce com o projeto revolucionário. O debate, de fato, está longe de ser anódino, pois condiciona o emprego do termo totalitarismo no contexto da experiência italiana.

Longe de ser linear, o carisma de Mussolini passou por, pelo menos, três fases bem distintas: o jovem dirigente socialista, o homem da intervenção na Primeira Guerra Mundial, depois o fascista.[23] A cultura concebida como organismo vivo, a experiência da política vivida como uma fé, o recurso ao mito como agente da transformação da história eram partilhados pelo Mussolini socialista muito antes da entrada na guerra. O movimento fascista nascente recuperou os ritos de massas, as cerimônias simbólicas de caráter patriótico e a ideia da fusão mística entre o chefe e a nação.

É preciso, igualmente, acrescentar a esses elementos, que contribuem para o consentimento concedido ao chefe, a dimensão ocupada pela religião fascista no agenciamento do culto.

Foi entre 1921 e 1922 que se estabeleceram os elementos constitutivos do "Partido Milícia" no plano religioso. O movimento esquadrista é fundamental para a compreensão dessa dimensão religiosa do fascismo. Tratava-se do braço armado dos fascios de combate fundados em 23 de março de 1919, no qual se reproduzia o esquema amigo/inimigo com recurso às ex-

**Duce*, líder; no original, *Capo del Governo*, chefe, *chefão* do governo. (*N. das O.*)

pedições punitivas. Foi durante esses anos de guerra civil que se forjou a "religião da Pátria" (Gentile). O fenômeno tomou o aspecto entre os primeiros fascistas de uma experiência comum de fé. Definidos como "cruzados da nação", os esquadristas permitiram difundir junto às massas os ritos fundamentais do culto fascista, a saudação romana, o juramento, a sacralização da nação e da guerra, a consagração dos emblemas (o *Littorio*), as honras prestadas aos mortos e mártires e, por fim, o recurso às cerimônias de massa.[24] O sangue dos mortos derramado pela pátria permite a refundação da nação sobre um pacto sagrado dirigido contra os inimigos internos. Foi no seio desses grupos que tomou corpo a cultura do inimigo, colocada, em seguida, em prática pelos ex-arditi.[25] O inimigo era descrito como um sem pátria, que entoava cantos antinacionais (socialistas), um indivíduo que devia, consequentemente, ser excluído da comunidade nacional.

Em sua chegada ao poder, Mussolini dispõe, assim, de um terreno eminentemente favorável com a formação de uma *Ecclésia* propícia à propagação da religião da pátria e à consagração de seu chefe.

A partir da tomada do poder, a dimensão carismática de Mussolini insere-se em um processo de construção que visava a ampliar a base de massa da qual o chefe do fascismo beneficiava-se. Mussolini desempenhou um papel determinante no agenciamento da própria imagem ao propor representações sucessivas relativas ao seu percurso como homem excepcional.[26]

Entretanto, o reforço da autoridade natural do chefe não é mais atribuível apenas a seus talentos. O objetivo era obter o mais amplo consenso para consolidar e estender o próprio poder, recorrendo à propaganda para fundir em uma única imagem o chefe e a Itália nova que se construía. O aparelho (*Ufficio Propaganda*) nasceu precisamente com esse fim, após a fase de consolidação em 1926. O *Ufficio di Stampa du Capo del Governo* havia sido colocado desde 1923 sob sua autoridade direta. O *Ufficio Propaganda* do PNF contribuía também para o financiamento da imprensa e recebeu a função de orientar a opinião dos jornais. Diariamente, Mussolini encontrava-se com o chefe do *Ufficio Stampa* para recolher informações e lhe dar instruções.[27] O exame atento das diretivas que emanam dos encontros, no que diz respeito à imprensa, demonstra que o esforço concentra-se na imagem do *Duce*, da qual se pretendia reforçar a popularidade junto às massas.

Trata-se, ao mesmo tempo, de demonstrar que ele se destacava, nitidamente, do comum dos mortais. Todas as informações relativas à sua pessoa são filtradas. Toda alusão ao seu estado de saúde é sistematicamente descartada. Seu papel de pai e marido é igualmente minimizado. Desde o fim dos anos 1920, uma diretiva do *Ufficio Stampa* informa que Mussolini não é mais apenas o *Capo del Governo*, mas que, doravante, o *Duce* e o destino da Itália estão intimamente associados. Como lembra Philippe Cannistraro, *Il Capo* exercia, assim, uma autoridade patriarcal benevolente, participando com seu povo do reerguimento da Itália. Quando Galeazzo Ciano chega à direção do *Ufficio Stampa*, em 1933, a área de atuação do órgão ampliou-se para o rádio e o cinema. A criação da Secretaria de Estado para Imprensa e Propaganda, em 1934, do ministério (*Stampa e Propaganda*), em 24 de junho de 1935, e depois do Ministério da Cultura Popular, em 27 de maio de 1937, contribui para unificar o conteúdo da cultura sob o controle do Estado. A propaganda fascista apresenta Mussolini como *o homem novo* por excelência, objeto de devoção para todos os italianos. Todos os seus discursos, como as viagens e os deslocamentos, são objeto de um intenso trabalho de propaganda. Essa inegável consolidação é fruto da popularidade de Mussolini, que capitaliza para si mesmo os sucessos políticos e econômicos do regime. Mussolini é, assim, agente do consenso, mas também a figura que permite aos italianos dar o seu consentimento ao regime.

Ao *Duce* era reconhecido o fato de ter sido o fundador do Movimento e assumir a missão histórica que lhe era atribuída. Os grandes organizadores do culto foram, sem dúvida, Augusto Turati e Achille Starace, secretários do PNF. Em 1926, os novos símbolos aparecem nas cerimônias públicas. O regime adota um novo calendário, cujo ponto de partida era a Marcha sobre Roma, que se tornou, assim, o ano I da era fascista e foi celebrado como tal a cada ano. O emblema do *Fascio Littorio* foi reconhecido como símbolo oficial do Estado. O dia da fé (*Fede*), 28 de outubro, era comemorado sob a forma de cerimônia diante de um altar antigo, perto do túmulo do soldado desconhecido, junto ao monumento a Vittorio Emanuele. A dimensão ocupada pelo *Duce* não conheceu mais limites. Novo herói, o *Duce* é apresentado como a maior figura de todos os tempos. O novo César é dotado de todas as qualidades dignas do seu gênio universal. Ele era dotado, por sua experiência sem par, de uma função educativa excepcional por meio do manejo do verbo e da sua missão, cuja finalidade era garantir a promoção de uma nova civilização. Mussolini foi visto como o "mito vivo da revolução fascista".

A AMBIGUIDADE DOS INTELECTUAIS: UMA ENGRENAGEM DO APARELHO

Os intelectuais, que não se engajaram no combate antifascista, foram igualmente confrontados com uma profunda divisão devido às suas atitudes em relação ao regime.

O próprio projeto fascista os seduzia. A dimensão carismática do *Duce*, associada a um projeto revolucionário, era capaz de impedir a desilusão do mundo.[28] A definição da doutrina fascista como fé religiosa e a vontade de regenerar o homem, garantindo a promoção de um homem novo, trouxeram aos intelectuais o ópio do qual necessitavam, para retomar a formulação de Raymond Aron. Muitos foram seduzidos e contribuíram, cada um em sua esfera, para a difusão dos "modelos fascistas de modernidade" (Ruth Bem Ghiat). Em meados dos anos 1930, as ideias corporativas foram alvo de uma forma de paixão, primeiramente, em 1926-1927, depois de 1929 a 1935.[29] Esse entusiasmo confundiu-se, aliás, com o modelo fascista de modernidade, ao menos até a metade dos anos 1930.[30]

A crença segundo a qual, com as corporações, os italianos teriam podido se industrializar, recorrendo a um sacrifício coletivo, começou na realidade a perder força no início dos anos 1930. O corporativismo continuou, entretanto, seduzindo os jovens por meio da propaganda feita pelo regime, que visava a erigir a corporação como símbolo da revolução com sua ênfase antiburguesa.[31]

Em nome dessa grande ideia da revolução fascista, muitos intelectuais aceitaram contribuir ativamente, assumindo, para retomar a formulação utilizada por Mario Isnenghi desde 1979, ser ao mesmo tempo produtores e difusores de sentidos, apresentando um duplo perfil, de militante e burocrata.[32] O regime demonstrou capacidade para produzir instituições adaptadas a essa finalidade. Hoje, conhecemos melhor a existência de estruturas criadas para seduzir os jovens, em particular a elite universitária, para engajá-los para a maquinária totalitária, especialmente na segunda metade dos anos 1930, no momento em que se intensificava o esforço durante a mobilização intelectual ligada à entrada na guerra (1940). Certamente, muitos deles foram tomados pela dúvida. Mas algumas iniciativas, como as conduzidas por Giuseppe Bottai em sua revista *Primato*, cujo primeiro número saiu em março de 1940, demonstraram que havia realmente sedução.[33] Desde o início do regime, Bottai afirmara sua originalidade, indicando que os intelectuais tinham como missão cooperar com a fundação da comunidade totalitária, mantendo, ao mesmo tempo, espaços de liberdade para formular uma crítica construtiva ao regime. A força de *Primato* residia em dois pontos: tinha ligações com a revista dos *Gruppi Universitari Fascisti* (Grupo Universitário Fascista — GUF), *Roma Fascista*, situada no centro do poder, e com outras revistas, como *Il Ventennio Domani*, *Tevere*, *Quadrivio*, *Le Conquiste dell'Impero*, *Nuovo Occidente*, *Gioventù Italica*, *La Ruota*, e algumas instituições, como as dos *Littoriali*.[34] A revista permitia que se abrisse um debate sobre o regime, ainda que dentro de certos limites. Assim, foram apanhados num jogo duplo militantes comunistas, como Mario Alicata, que se tornou o braço direito de Giuseppe Bottai.[35] Muitos deles viveram duas vezes, antes e após a resistência, com a impressão de terem realmente vivido duas vidas, uma antes, outra após o fascismo, esforçando-se, em seguida, para apagar os vestígios da primeira.

A crise existencial não poupou nem mesmo os maiores, como Norberto Bobbio, desaparecido recentemente (9 de janeiro de 2004). Gozando de incontestável notoriedade internacional, Bobbio era um pouco assimilado à consciência sem máculas da Itália republicana. É verdade que tivera uma trajetória no seio do antifascismo nos anos 1930, ligando-se ao grupo de Turim Justiça e Liberdade, antes de se engajar em 1942 no Partido de Ação. O que se ignorava era como o filósofo vivera a longa viagem através do fascismo, para retomar a expressão de Ruggero Zangrandi.[36] O fato de que Bobbio no início dos anos 1930 tenha solicitado ao *Duce* uma vaga de professor na universidade começara a levantar o véu de suas atividades durante o regime. Mas ele não se contentara em ficar nessa posição, afinal, minimalista. Bobbio teve a coragem de conceder uma entrevista em 19 de novembro de 1999 ao periódico *Il Foglio*, na qual confessava que fora fascista. Detentor da carteira do partido, membro dos Grupos Universitários Fascistas em 1927, Bobbio confessava seu erro, indicando que dera provas de duplicidade: "Estava mergulhado na duplicidade que consistia em fazer o papel de fascista com os fascistas e de antifascista entre os antifascistas." A título de exemplo, em 1934, Guiseppe Bottai e Alessandro Tavolini, hierarcas bem conhecidos no campo da cultura, garantiam a promoção dos *Littoriali della Cultura*, espécie de olimpíada para os jovens mais promissores dos GUF. Na lista dos vencedores, apareciam, para citar apenas alguns nomes, Pietro Ingrao, o primeiro presidente da Câmara a pertencer ao Partido Comunista Italiano (PCI), ou ainda Aldo Moro, futuro líder da democracia cristã.

O regime teve, além disso, a habilidade de criar instituições como a Academia da Itália, cuja atribuição era implantar uma cultura nacional no âmbito de uma relação clientelista com o poder fascista. Milhares de intelectuais acorreram para a ilustre instituição, visando a receber créditos para financiar suas pesquisas. Escritores célebres, como Ada Negri ou Emilio Cecchi, receberam o Prêmio Mussolini, no montante de 50 mil liras.[37] Além disso, o regime, como bem mostrou Gabriel Turi, soube obter a colaboração dos mais talentosos para participar do vasto empreendimento dirigido por Giovanni Gentile, na ocasião da elaboração da grande enciclopédia Treccani.[38]

O PARTIDO ÚNICO E SUAS MÚLTIPLAS FACETAS

Definido como milícia civil a partir de 1932, o PNF, com seus milhões de membros, tinha a atribuição de desenvolver o consentimento ao regime. Mas, ao mesmo tempo, devia inserir o povo italiano em uma adesão menos rígida, a fim de obter um consenso que lhe permitisse, aliás, desenvolver, progressivamente, o processo de politização. A verdadeira "febre em matéria de organização", que levava inevitavelmente a corroer e reduzir a esfera de influência do Estado tradicional, respondia a essa dupla preocupação.[39] A progressão em escala global dos efetivos das organizações dependentes do PNF era manifesta. Em termos brutos, entre 1939 e 1942, o número de membros passou de 20.212.574 para 27.373.091.

A missão primeira do partido único como vanguarda era obter consentimento.

O PNF tinha a atribuição de regenerar o povo italiano, de fazer emergir a figura do cidadão soldado e, consequentemente, obter a adesão de verdadeiros fascistas. O vasto empreendimento de pedagogia totalitária, que começou a se delinear a partir de 1926, com a criação da *Opera Nazionale Balilla*, tinha a missão de doutrinar a juventude. A máquina político-partidária obedecia à mesma lógica. Por meio de sua estrutura piramidal com múltiplos empregos, o partido oferecia possibilidades de emprego no momento em que em 1929 a Grande Depressão se abatia sobre o país. Emergiu, assim, uma nova figura de político profissional, com seus múltiplos estratos, indo do simples delegado ao inspetor do PNF, aos secretários dos *fascios* no interior de cada província, subindo depois no interior da estrutura dos secretários federais até o diretório nacional. O sistema instaurado pelo partido único permitiu a muitos italianos fazer carreira, obtendo assim uma forma de promoção social.[40] Às carreiras políticas propriamente ditas, é preciso acrescentar toda a oferta que provinha do setor paraestatal. O PNF preenchia dessa maneira, a partir de sua dimensão totalitária de vocação nacional, uma função de integração em escala local, em particular da pequena e média burguesia.[41] O setor paraestatal, em razão do seu extraordinário desenvolvimento durante o período, oferecia ao *Duce* e ao partido imensas possibilidades de intervenção. Estima-se que em 1943 um terço da indústria, o essencial do sistema bancário e das instituições de crédito fossem regidos por essas "administrações paralelas".[42] Seu crescimento nas periferias desempenhava papel fundamental na reconfiguração do território, principalmente depois da chegada de Achille Starace (1931) à direção do secretariado do partido, e em particular no plano da proteção social. O *Parastatale* não respondia nos anos 1930 a um critério de eficiência, mas à consolidação do consenso. De fato, apenas o PNF, com sua rede capilar de associações, era capaz de responder às necessidades de diferentes agentes do corpo social.[43] A política do regime continuou investindo no setor da administração pública (6% do orçamento em 1929, 7,3% em 1932). O objetivo de tal política era claro: as administrações do Estado tinham a atribuição de absorver o desemprego da pequena burguesia, em especial a meridional (Sabino Cassese). A administração paralela permitia por um lado oferecer uma nova divisão dos poderes tanto no centro como na periferia e, por outro lado, contribuía, sucessivamente, para consolidar as bases do corpo social.

A ambivalência das estruturas de organização de massas controladas pelo PNF é igualmente muito sintomática das dificuldades que se apresentam quando se trata de distinguir consentimento e consenso. Assim, os *Fascios Femininos Rurais*, fundados no início dos anos 1930, eram mobilizados, no contexto das grandes campanhas fascistas, como o lugar reservado às mulheres na sociedade, a ruralização, a demografia ou a autarquia. Mas, ao mesmo tempo, esses mesmos *fascios*, cujo número elevava-se a 2.491.792 membros em 1942, preenchiam igualmente uma função de assistência geral junto às mulheres do mundo rural.[44]

Algumas organizações, como a OND (*Opera Nazionale Dopolavoro*), ao contrário da precedente, pareciam mais incolores. Não eram muito restritivas em sua estrutura nem quanto à idade exigida ou o engajamento político.[45] Mas, por outro lado, uma organização como a OND desempenhava papel decisivo por sua capacidade de absorção nacional. Se no norte e no centro do país o partido conseguira se apropriar das redes associativas democráticas e socialistas que existiam antes da tomada de poder, em compensação foi obrigado a criar inteiramente as mesmas estruturas no Mezzogiorno.[46]

Ao inverso, a inscrição nos sindicatos fascistas tornou-se cada vez mais rigorosa. A *tessera* sindical era uma obrigação para poder trabalhar, especialmente no norte do país, do qual o regime desconfiava. Em Turim, as dificuldades decorrentes da depressão permitiram às associações fascistas, por meio de ajudas fornecidas, o reconhecimento da legitimidade da dominação fascista.[47] Uma série de medidas editadas nos anos 1930 prescreveu a adesão ao partido para se apresentar a certo número de concursos para a função pública. Para se apresentar no concurso de empregados (28 de setembro de 1934), era necessária a carteira de membro do PNF.

O CONSENSO, FORJADO PELA COESÃO DA NAÇÃO

A política, que tendia a conformar a nação às exigências do Estado totalitário, assumia o aspecto repressivo.

Se o silêncio dos dissidentes dificilmente pode ser interpretado como prova de consenso em razão da eficácia do regime policial, a ausência de distúrbios da ordem pública durante boa parte do regime facilitou sem dúvida alguma a coesão da nação no sentido desejado pelo regime. A polícia política, que assumiu o nome de OVRA a partir de 1930, oferecia no começo dos anos 1930 uma imagem todo-poderosa que tornava de fato ilusória qualquer ação de envergadura sobre o solo italiano, inclusive pelos comunistas.[48] A participação dos carabineiros nas campanhas de repressão foi amplamente solicitada. Entre 1931 e 1938, 579.341 pessoas foram presas, 33 milhões de sindicâncias foram feitas, 13.305 pessoas, condenadas à deportação a lugares distantes, 31.497 receberam advertências.[49] Mas essa repressão nem por isso excluía o consenso. O recurso explícito à violência e a simples ameaça sob forma de dissuasão favoreciam ou contribuíam para marginalizar os oponentes, oferecendo a imagem de uma sociedade nacional que estava pacificada a esse preço. Em outros termos, o terror no plano oficial não era administrado contra o povo italiano, mas contra aqueles considerados como obstáculos à política de recuperação nacional. O trabalho policial era certamente a ação de inspetores e agentes infiltrados, mas também de milhares de informantes que evoluíam no seio das estruturas do partido único, nos sindicato do regime, como nas organizações de massa, como a *Opera Nazionale Balilla* ou os Grupos Universitários Fascistas. Para aqueles que haviam internalizado as normas definidas pelo regime fascista, no contexto dessa coerção seletiva e com alvo certo, os riscos de ser vítima do regime eram pequenos. Como lembra Mimmo Franzinelli, o objetivo era construir, canalizar e gerir o consenso, desenvolvendo um instrumento que permitisse graduar a repressão.[50]

O consenso era também a resultante de tudo que contribuía para garantir o equilíbrio da sociedade. Nesse ponto, é inegável que os acordos de Latrão de 1929, que valorizavam o catolicismo, colocando fim à questão romana, favoreceram a estabilização do regime, apesar da existência das crises (1931, 1938) que diziam respeito exatamente ao futuro da juventude.

Os processos de padronização e uniformização ligados à passagem para a sociedade de massas foram determinantes no aprendizado e na interpretação dos códigos. A difusão dos uniformes no seio da sociedade civil foi um dos seus sinais mais evidentes.[51] Tratava-se, além do mais, de estimular a indústria têxtil, produzindo igualmente uma moda nacional, a fim de tornar mais homogêneo o corpo social dividido pelo sexo, pelo espírito regional ou pelas classes.

A criação do Estado social, com as diferentes medidas decretadas no plano da previdência e da assistência, estava igualmente imbricada à questão do consenso.[52]

A obra empreendida nesse campo pelo regime intensificou-se durante os anos 1930, concretizando-se em uma série de instituições que visavam a organizar o sistema da previdência em escala nacional, desenvolver a rede mutualista e a cooperação social, intensificar a ajuda aos inválidos por acidentes de trabalho e garantir a tutela sobre os seguros privados. Para responder à necessidade em matéria de assistência social, foi criado o *Istituto Nazionale Fascista della Previdenza Sociale*, transformado em março de 1933 em Caixa Nacional das Assistências Sociais. O organismo devia gerir todas as formas de previdência, a invalidez, a velhice, a tuberculose, o desemprego e a maternidade. Em 1935, o dispositivo estava completo, definindo a divisão entre o setor estatal (*Lo Parastato*) e o setor privado, assim como as obrigações contratadas pelas diferentes categorias de trabalhadores e empregadores. A lei de abril de 1939 visava a corrigir as imperfeições do sistema e generalizar sua aplicação àqueles que haviam sido excluídos, em especial no mundo rural. Em dezembro de 1939, a base dos que tinham direito a seguro por doença elevava-se a 12 milhões. Mas a obrigação de seguro por velhice e invalidez nem sempre era respeitada pelos meeiros e colonos. No momento da entrada na guerra, em 1940, o sistema de cobertura social estava longe de corresponder às expectativas do conjunto dos italianos. O regime, certamente, não havia fracassado completamente nesse terreno. Apoiava-se no *Parastato*, mas se chocava ao mesmo tempo com a hostilidade da velha classe dirigente, preocupada em manter seus privilégios. Apesar dessas reservas, o sistema de proteção social tornara-se um elemento de consenso.[53]

A estruturação do corpo social permitiu ao regime se não obter um consenso, ao menos um dispositivo que garantia um rigoroso controle. As profissões liberais foram enquadradas numa série de estatutos (engenheiros e arquitetos, 1923; químicos, 1928; auditores, 1929), que visavam a atribuir a cada grupo envolvido uma organização sindical, o reconhecimento do Estado e uma intervenção nos centros de formação. Essa tentativa de uniformização foi, no entanto, comprometida por rivalidades entre os grupos profissionais, organizados em corporações e categorias, devido a problemas de delimitação de território e ao temor do desemprego.[54]

GRANDEZA NACIONAL E AMPLIAÇÃO DO CONSENSO

O estabelecimento do consenso estava associado, nesse domínio, à figura do *Duce* e à sua capacidade de restabelecer a Itália como grande potência, mesmo se é difícil apreender daí a realidade concreta (Nicole Labanca). De fato, percebe-se melhor como a propaganda foi organizada do que a sua recepção pelo povo italiano.

A passagem para uma política fascista, de acordo com os desafios ideológicos em jogo, articulados em torno da mitologia imperial, produziu-se na virada dos anos 1930. Segundo Elena Aga Rossi, foi entre 1935 e 1939 que o crédito exterior da Itália reforçou-se, em especial no momento da guerra da Etiópia, autorizando assim a ampliação do consenso.[55] Essa dimensão foi negada durante muito tempo à Itália em razão da importância da tradição do pensamento de Gaetano Salvemini,* que limitava a política fascista a uma simples atitude de caráter oportunista. A política militar, segundo a interpretação de Giorgio Rochat, não se baseava em qualquer grande projeto, mas essencialmente em "decisões improvisadas e contraditórias",

*No original, *tradition salveminienne*; Gaetano Salvemini, historiador e professor de História de universidades na Itália, membro do Partido Socialista Italiano, parlamentar entre 1919 e 1921, foi preso em 1925 devido à militância contra a nova ordem fascista. No exílio (França, Inglaterra e EUA) atuou na resistência antifascista, assim como manteve sua atividade profissional como professor de História na Universidade de Harvard. Autor de obras de História Medieval, bem como de História Contemporânea, inclusive sobre a ditadura fascista em seu país. Morreu em 1957. (*N. das O.*)

nascidas da propaganda e da retórica.[56] A posição defendida por De Felice consistia igualmente em dizer que a política fascista, ao menos até a guerra da Espanha, podia estar ligada à preservação dos interesses nacionais sem qualquer originalidade ideológica.[57] Paralelamente a essa corrente minimalista, em função da reavaliação interna realizada durante esses últimos anos sobre o funcionamento do regime, outros pesquisadores ressaltaram a densidade e a coerência do projeto fascista visando a promover no Mediterrâneo um verdadeiro império.[58] A pressão exercida pela Itália na região teria sido forte o suficiente para gerar um processo de desestabilização, a ponto de constituir um dos principais fatores da entrada na Segunda Guerra Mundial.[59]

Esse momento coincidiu na Itália com a guerra da Etiópia (1935), por um lado porque o conflito modificou o jogo das alianças por causa das sanções impostas pelas democracias, mas também em razão do tipo de guerra praticado. A mobilização teve como corolário a implementação nas colônias de um amplo processo de destruição das populações. O recurso à deportação, combinado com internamentos em campos (15 foram construídos às pressas na zona desértica de Sirtica, em Cirenaica, em 1930), o uso de gás em escala industrial como meio de conquista na Líbia, mas, sobretudo, na Etiópia, as "façanhas" dos esquadristas com total liberdade de ação nas ruas de Addis Abbeba após o atentado contra Graziani (19-21 de fevereiro de 1937), a codificação de uma forma de *apartheid* em 30 de dezembro de 1937 demonstravam que, daí por diante, a guerra era nova com um conteúdo racial.[60] Mas toda essa política continuou ignorada pela opinião italiana, contente em celebrar a vitória e embriagada pelos faustos do império.

A conjuntura internacional, da Conferência de Munique (29-30 de setembro de 1938) até o ataque à Grécia (28 de outubro de 1940), serviu para desenvolver no imaginário popular o tema do *Duce* salvador da paz e, ao mesmo tempo, justiceiro e "pai protetor" dos interesses tutelares da nação e dos seus filhos. Os mitos de "filho do povo", "pai protetor" e justiceiro estão intimamente imbricados (Angelo Michele Imbriani).[61] A dimensão carismática do *Duce* está claramente explicitada: Mussolini cumpriu a missão salvando a paz em Munique e garantindo a segurança material e moral, o bem-estar econômico, a justiça. Paradoxalmente, a crise interna provocada pelos reveses militares de novembro de 1940 não diminuiu seu carisma. A opinião atribuiu a responsabilidade aos hierarcas que cercavam Mussolini. Mas a crise começou a afetar a autoridade do *Duce*, em 1941, após as derrotas na África e na Albânia, quando se questionou a sua responsabilidade na condução das operações militares. O movimento de ceticismo, no entanto, permaneceu ainda circunscrito e não atingiu todo o país ao menos até 1942.[62] Os reveses militares, os bombardeios das cidades italianas, associados ao fim da ilusão da vitória na Rússia, arruinaram o prestígio de Mussolini. Os informantes da polícia registram a recrudescência dos insultos que lhe são dirigidos. O *Duce* é, doravante, qualificado de vil, débil, incapaz, bufão ou impostor. No momento de sua queda, em 25 de julho de 1943, o furor popular se desencadeou contra as efígies e bustos foram derrubados, em um momento em que o consenso era seriamente abalado.

A Itália foi regida, em virtude da influência do Estado fascista sobre a sociedade civil, por uma configuração específica, em que consentimento e consenso estiveram intimamente associados. Os diferentes registros analisados permitiram enfatizar o caráter híbrido das instituições com suas múltiplas inflexões, devidas à grande plasticidade do Estado totalitário fascista.

Notas

1. No original, "consenso". (*N. do T.*)
2. JÄNICKE, M. *Totalitäre herrsschaft*. Berlim: Duncker & Humblot, 1871, p. 1 e ss.
3. LABANCA, Nicola. "Chi ha studiato il 'consenso' alla Guerra d'Etiopia?". *In*: ALBERINI, Paolo; RAINERO, Romain H. (org.). *Le force armate e la nazione italiana (1915-1943)*. Roma: Commissione Italiana di Storia Militare, 2004, pp. 201-226.
4. TASCA, A. (A. Rossi). *Naissance du fascisme. L'Italie de l'armistice à la Marche sur Rome*. Paris: Gallimard, 1938, reedição 1967, p. 355.
5. ZUNINO, P.G. *La Reppublica e il suo passato. Il fascismo dopo il fascismo, il communismo, la democrazia: le origini dell'Italia contemporanea*. Bolonha: Il Mulino, 2003, p. 426.
6. ZUNINO, P. G. *L'ideologia del fascismo. Miti, credenze e valori nella stabilizzazione del regime*. Bolonha: Il Mulino, 1985, p. 176.
7. MUSSOLINI, B. *Opera Omnia*, vol. XIX, 15 de julho de 1923.
8. ZUNINO, P. G., *op. cit.*, 1985, p. 176.

9. MANCINI, G.; PAGLIARO, A.; MARTINI, G. *Dizionario di Politica*. Roma: Istituto della Enciclopedia Italiana, 1940, entrada "consenso", pp. 575 e ss.
10. *Idem*, p. 576.
11. *Idem*, p. 576.
12. ZUNINO, P. G., *op. cit.*, 2003, pp. 283 e ss.
13. CROCE, Benedetto. "L'obiezione contro la storia dei propri tempi". *Quaderni della critica*, Roma, 6, março de 1950, p. 36.
14. CANTIMORI, Delio. *Conversando di storia*. Bari: Laterza, p. 134.
15. Sobre o percurso de Mussolini, DE FELICE, R. *Mussolini il fascista*, I, "La conquista del potere, 1921-1925", II, "L'organizzazione dello stato fascista, 1925-1929". Turim: Einaudi, 1968; DE FELICE, R. *Mussolini, il Duce*, I, "Gli anni del consenso, 1929-1936"; II, "Lo stato totalitario, 1936-1940". Turim: Einaudi, 1974 (I); 1981 (II); DE FELICE, R. *Mussolini, l'alleato*, I, "L'Italia in guerra, 1940-1943", Vol. I, "Dalla guerra 'breve' alla guerra lunga"; Vol II, "Crisi e agonia del regime". Turim: Einaudi, 1990; DE FELICE, R. *Mussolini, l'alleato*, II, "La guerra civile, 1943-1945". Turim: Einaudi, 1997 (editado após a morte do autor em 1996).
16. DE FELICE, R. *op. cit.*, 1974, pp. 54-55.
17. *Idem*, p. 199.
18. CORNER, P. "Fascismo e controllo sociale". *Italia Contemporanea*, Roma, setembro de 2002.
19. KOON, H. *Believe, Obey, Fight: Political Socialization of Youth in Fascist Italy, 1922-1943*. Chapel Hill: University of North Carolina Press, 1985, p. 231.
20. FREUND, J. *L'essence du politique*. Reedição. Paris: Dalloz, 2004, p. 378.
21. ELIAS, N. *Studien über die Deutschen. Machtkämpfe und Habitusentwicklung im 19, und 20. Jahrhundert*. Frankfurt: Suhrkamp, 1989, p. 76.
22. AQUARONE, A. *L'organizzazione dello Stato Totalitario*. Turim: Laterza, 1993.
23. GENTILE, E. "Mussolini's charisma". *Modern Italy*, Londres, 1998, 3, p. 222.
24. GENTILE, E. *Il culto del Littorio. La sacralizazzione della politica nell'Italia fascista*. Bari: Laterza, 1993.
25. FRANZINELLI, M. *Squadristi. Protagonisti e techniche della violenza fascista, 1919-1922*. Milão: Mondadori, 2003; ALBANESE, G. *Alle origini del fascismo. La volenza politica a Venezia, 1919-1922*. Pádua: Il Poligrafo, 2001.
26. MUSIEDLAK, Didier. *Mussolini*. Paris: Presses de Sciences Po., Coleção Facettes, 2005.
27. CANNISTRARO, P. *La fabbrica del consenso. Fascismo e Mass Media*. Bari: Laterza, 1975, p. 79.
28. GENTILE, E. *Qu'est-ce que le fascisme?* Paris: Gallimard, 2004, p. 228 e ss.

29. ZUNINO, P. G. *op. cit.*, 1985, p. 245.
30. GHIAT, Ruth Ben. *Fascist Modernities, 1922-1945*. Berkeley: California University Press, 2001, p. 100.
31. *Idem*, p. 101.
32. ISNENGHI, M. *Intellettuali militanti e intellettuali funzionari. Appunti sulla cultura fascista.* Turim: Piccola Bibioteca Einaudi, 1979, p. 24.
33. DE GRAND, Alexander. *Bottai e la cultura fascista.* Turim: Piccola Biblioteca Einaudi, 1979, p. 24.
34. SERRI, M. *I redenti. Gli inttelletuali che vissero due volte. 1938-1948*. Milão: Corbaccio, 2005, p. 13.
35. *Idem*, p. 17.
36. ZANGRANDI, R. *Il lungo viaggio. Contributo alla storia di una generazione.* Turim: Einaudi, 1948.
37. GHIAT, Ruth Ben. *La cultura fascista.* Bolonha: Il Mulino, 2004, p. 39.
38. TURI, G. *Il fascismo e il consenso degli intellettuali.* Il Mulino: Bolonha, 1980.
39. Sobre as motivações do NSDAP quanto ao plano de controle das associações, THAMER, H. H. *Verführung und Gewalt. Deustchland 1933-1945*. Berlim: Sieder, 1986, p. 361. O autor evoca um processo progressivo de desagregação no que diz respeito à organização do Estado por meio desse controle ("die schrittweise Zersetzung geregelter Staatsorganisationen durch den Kontroll").
40. PALLA, M. "Fascisti di professione: il caso toscano". *In*: A.A.V.V. *Cultura e società negli anni del fascismo*, Milão: Cordani, 1987, pp. 31-52.
41. SALVATI, M. *Il regime e gli impiegati, La nazionalizzazione piccolo-borghese nel ventennio nero.* Roma; Bari: Laterza, 1992; MELIS, G. "La cultura e il mondo degli impiegati". *In*: CASSESE, S. *L'amministrazione dello stato.* Turim: Utet, 1984, pp. 384-390.
42. DORMAGEN, J. Y. *Les administrations parallèles dans la configuration étatique italienne* (*1922-1956*), vol. I, Paris, tese de doutorado em ciência política, 2000, p. 63.
43. Sobre os objetivos atribuídos ao *dopolavoro*, cf. DE GRAZIA, V. *Consenso e cultura di massa nell'Italia fascista.* Bari: Laterza, 1981, pp. 175 e ss.
44. WILSON, Perry. *Peasant Woman and Politics in Fascist Italy: the Massaie Rurali Section of the Pnf.* Nova York: Routledge, 2002, pp. 2-3.
45. PALLA, M. "Lo stato-partito". *In*: PALLA, M. (org.). *Lo stato fascista.* Milão: La Nuova Italia, 2001, p. 24.
46. *Idem*, p. 24.
47. SAPELLI, G. *Fascismo, grande industria e sindacato. Il caso di Torino 1929/1935*. Milão: Feltrinelli, 1975, pp. 72-73.

48. DE GRAND, Alexander. *Fascist Italy and Nazi Germany: the Fascist Style of Rule*. Nova York: Routledge, 2004, p. 102.
49. FRANZINELLI, M. *I tentacoli dell'OVRA. Agenti, collaboratori e vittime della polizia fascista*. Turim: Bollati Boringhieri, 1999, pp. 235-236.
50. *Idem*, p. 65.
51. PAULICELLI, Eugenia. *Fashion under Fascism: Beyond the Black Shirt*. Oxford: Berg, 2004, p. 24.
52. GIORGI, C. *La previdenza del regime. Storia dell'INFPS durante il fascismo*. Bolonha: Il Mulino, 2004, p. 64 e s.
53. BERTINI, F. "Il Fascismo dalle assicurazioni per i lavoratori allo stato sociale". *In*: PALLA, M. (org.). *Lo stato fascista*. Milão: La Nuova Italia, 2001, pp. 177-309.
54. TURI, G. "Le libere professioni nello stato fascista". *Passato e presente,* Florença, XII, 1994, pp. 61-89.
55. ROSSI, Elena Aga. "La política estera e l'Impero". *In*: SABBATUCCI, G.; VIDOTTO, V. *Storia d'Italia*, Vol. IV, Guerre e fascismo. Roma; Bari: Laterza, 1997, p. 250.
56. ROCHAT, G. "Mussolini e le forze armate". *In*: AQUARONE, A; VERNASSA, M. *Il regime fascista*. Bolonha: Il Mulino, 1974, p. 113.
57. KNOX, M. G. "Il fascismo e la politica estera italiana". *In*: BOSWORTH, R. J. B.; ROMANO, S. *La politica estera italiana, 1860-1985*. Bolonha: Il Mulino, 1991, p. 290 e ss.
58. Cf. GROSSER, P. *Pourquoi la 2e Guerre mondiale?* Bruxelas: Complexe, 1999, pp. 129 e ss.
59. SALERNO, R. M. *Vital Crossroads. Mediterranean Origins of Second World War, on 1935-1940*, Ithaca and London: Cornell University Press, 2002; MALLET, R. *Mussolini and the Origins of Second World War, 1933-1940*. Palgrave: Mac Millan, 2003.
60. DEL BOCA, A. *La guerra del fascismo*. Bari: Laterza, 1995; SBACCHI, A. *Legacy of Biterness. Ethiopia and Fascist Italy, 1935-1941*. Lawrenceville: Red Sea Press, 1997.
61. IMBRIANI, A. M. *Gli italiani e il Duce. Il mito e l'imagine di Mussolini negli ultimi anni del fascismo (1938-1943)*, apresentação de A. Lepre. Nápoles: Liguori Editore, 1999.
62. CAVALLO, P. *Italiani in guerra. Sentimenti e imagini dal 1940 al 1943*. Bolonha: Il Mulino, 1997, p. 339.

Bibliografia

ALBANESE, G. *Alle origini del fascismo. La violenza politica a Venezia, 1919-1922*. Pádoa: Il Poligrafo, 2001.

AQUARONE, A. *L'organizzazione dello Stato Totalitario*. Turim: Einaudi, 1965.

BERTINI, F. "Il Fascismo dalle assicurazioni per i lavoratori allo stato sociale". *In*: PALLA, M. (org.). *Lo stato fascista*. Milão: La Nuova Italia, 2001, pp. 177-309.

CANTIMORI, Delio. *Conversando di storia*. Bari: Laterza, 1967.

CANNISTRARO, P. *La fabbrica del consenso. Fascismo e mass media*. Bari: Laterza, 1975.

CAVALLO, P. *Italiani in guerra. Sentimenti e immagini dal 1940 al 1943*. Bolonha: Il Mulino, 1997.

CORNER, P. "Fascismo e controllo sociale". *Italia Contemporanea*, Roma, setembro de 2002.

CROCE, Benedetto "L'obiezione contro la storia dei propi tempi". *Quaderni della critica*, Roma, 6, março de 1950.

DE FELICE, R. *Mussolini il rivoluzionario (1883-1920)*. Turim: Einaudi, 1965.

——. *Mussolini il fascista*, I, "La conquista del potere, 1921-1925"; II, "L'organizzazione dello stato fascista, 1925-1929". Turim: Einaudi, 1968.

——. *Mussolini il Duce*, I, "Gli anni del consenso, 1929-1936"; II, "Lo stato totalitario, 1936-1940". Turim: Einaudi, 1974 (I); 1981 (II).

——. *Mussolini l'alleato*, I, "L'Italia in guerra, 1940-1943", vol. I, "Dalla guerra 'breve' alla guerra lunga"; vol II, "Crisi e agonia del regime". Turim: Einaudi, 1990.

——. *Mussolini l'alleato*, II, "La guerra civile, 1943-1945". Turim: Einaudi, 1997.

DE GRAND, Alexander. *Bottai e la cultura fascista*. Bari: Laterza, 1978.

——. *Fascist Italy and Nazi Germany: the Fascist Style of Rule*. Nova York: Routledge, 2004.

DE GRAZIA, V. *Consenso e cultura di massa nell'Italia fascista*. Bari: Laterza, 1981.

DEL BOCA, A. *Le guerre del fascismo*. Bari: Laterza, 1995.

DORMAGEN, J.Y. *Les administrations parallèles dans la configuration étatique italienne (1922-1956)*, vol. I, Paris, tese de doutorado em ciência politica, 2000.

ELIAS, N. *Studien über die Deutschen. Machtkämpfe und Habitusentwicklung im 19. und 20. Jahrhundert*. Frankfurt: Suhrkamp, 1989.

FRANZINELLI, M. *I tentacoli dell'OVRA. Agenti, collaboratori e vittime della polizia politica fascista*. Turim: Bollati Boringhieri, 1999.

——. *Squadristi. Protagonisti e tecniche della violenza fascista, 1919-1922*. Milão: Mondadori, 2003.

FREUND, J. *L'essence du politique*. Reedição. Paris: Dalloz, 2004.

GENTILE, E. *Il culto del Littorio. La sacralizzazione della politica nell'Italia fascista.* Bari: Laterza, 1993.

——. "Mussolini's charisma". *Modern Italy*, Londres, 3, 1998.

——. *Renzo De Felice. Lo storico e il personaggio.* Bari: Laterza, 2003.

——. *Qu'est-ce que le fascisme?* Paris: Gallimard, 2004.

GHIAT, Ruth Ben. *Fascist Modernities, 1922-1945*. Berkeley: California University Press, 2001.

——. *La cultura fascista.* Bolonha: Il Mulino, 2004.

GIORGI, C. *La Previdenza del regime. Storia dell'Inps durante il fascismo.* Bolonha: Il Mulino, 2004.

GROSSER, P. *Pourquoi la 2e Guerre mondiale?* Bruxelas: Complexe, 1999.

IMBRIANI, A.M. *Gli italiani e il Duce. Il mito e l'immagine di Mussolini negli ultimi anni del fascismo (1938-1943)*, apresentação de A. Lepre. Nápoles: Liguori Editore, 1999.

ISNENGHI, M. *Intellettuali militanti e intellettuali funzionari. Appunti sulla cultura fascista.* Turim: Piccola Biblioteca Einaudi, 1979.

JÄNICKE, M. *Totalitäre herrsschaft.* Berlim: Duncker & Humblot, 1971.

KNOX, M.G. "Il fascismo e la politica estera italiana". *In*: BOSWORTH, R.J.B.; ROMANO, S. *La politica estera italiana, 1860-1985.* Bolonha: Il Mulino, 1991.

KOON, H. *Believe, Obey, Fight: Political Socialization of Youth in Fascist Italy, 1922-1943.* Chapel Hill: University of Norh Carolina Press, 1985.

LABANCA, Nicola. "Chi ha studiato il 'consenso' alla Guerra d'Etiopia?". *In*: ALBERINI, Paolo; RAINERO, Romain H. (orgs.). *Le forze armate e la nazione italiana (1915-1943).* Roma: Commissione Italiana di Storia Militare, 2004, pp. 201-226.

MALLETT, R. *Mussolini and the Origins of Second World War, 1933-1940.* Palgrave: Mac Millan, 2003.

MANCINI, G.; PAGLIARO, A.; MARTINI, G. *Dizionario di Politica.* Rome: Istituto della Enciclopedia Italiana, 1940.

MELIS, G. "La cultura e il mondo degli impiegati", *in*: CASSESE, S. *L'amministrazione dello stato.* Turim: Utet, 1984, pp. 384 -390.

MUSIEDLAK, Didier. *Mussolini.* Paris: Presses de Science Po, Collection Facettes, 2005.

MUSSOLINI, B. *Opera Omnia*, vol. XIX, 15 juillet 1923.

PALLA, M. "'Fascisti di professione': il caso toscano". *In*: AA. VV. *Cultura e società negli anni del fascismo.* Milão: Cordani, 1987, pp. 31-52.

——. "Lo Etato-partito". *In*: PALLA, M. (org.). *Lo stato fascista.* Milão: La Nuova Italia, 2001.

PAULICELLI, Eugenia. *Fashion under Fascism: Beyond the Black Shirt.* Oxford: Berg, 2004.

ROCHAT, G. "Mussolini e le forze armate". *In*: AQUARONE, A.; VERNASSA, M. *Il regime fascista.* Bolonha: Il Mulino, 1974.

ROSSI, Elena Aga. "La politica estera e l'Impero". *In*: SABBATUCCI, G.; VIDOTTO, V. *Storia d'Italia*, vol. IV, "Guerre e fascismo". Roma; Bari: Laterza, 1997.

SALVATI, M. *Il regime e gli impiegati. La nazionalizzazione piccolo-borghese nel ventennio nero*. Roma; Bari: Laterza, 1992.

SAPELLI, G. *Fascismo grande industria e sindacato. Il caso di Torino 1929/1935*. Milão: Feltrinelli, 1975.

SALERNO, R.M. *Vital Crossroads. Mediterranean Origins of the Second World War, on 1935-1940*. Ithaca and London: Cornell University Press, 2002.

SBACCHI, A. *Legacy of Bitterness. Ethiopia and Fascist Italy, 1935-1941*. Lawrenceville: Red Sea Press, 1997.

SERRI, M. *I redenti. Gli intellettuali che vissero due volte. 1938-1948*. Milão: Corbaccio, 2005.

TASCA, A. (A. Rossi). *Naissance du fascisme. L'Italie de l'armistice à la Marche sur Rome*. Paris: Gallimard, 1938, reedição 1967.

THAMER, H.H. *Verführung und Gewalt. Deutschland 1933-1945*. Berlim: Siedler, 1986.

TURI, G. *Il fascismo e il consenso degli intellettuali*. Il Mulino: Bolonha, 1980.

——. "Le libere professioni nello stato fascista". *Passato e Presente*, Florença, XII, 1994, pp. 61-89.

ZANGRANDI, R. *Il lungo viaggio. Contributo alla storia di una generazione*. Turim: Einaudi, 1948.

WILSON, Perry. *Peasant Women and Politics in Fascist Italy: the Massaie Rurali Section of the PNF*. Nova York: Routledge, 2002.

ZUNINO, P.G. *L'ideologia del fascismo. Miti, credenze e valori nella stabilizzazione del regime*. Bolonha: Il Mulino, 1985.

——. *La Reppublica e eil suo passato. Il fascismo dopo il fascismo, il communismo, la democrazia: le origini dell'Italia contemporanea*. Bolonha: Il Mulino, 2003.

CAPÍTULO 7

Consenso e organização do consenso na Itália fascista

Patrizia Dogliani*
Tradução de Eliana Aguiar

*Professora de História Moderna Europeia e História Contemporânea da Universidade de Bolonha, Itália. Autora de *L'Italia fascista, 1922-1940*. Milão: Sansoni-RCS, 1999 e organizadora com R.J.B Bosworth de *Italian fascism: History, Memory and Representation*. Londres, MacMillan, 1999

COMO ESTUDAR O CONSENSO NA ITÁLIA FASCISTA

O estudo do fascismo começou no próprio período, animado pelos opositores no país, mas sobretudo no exílio, levados pela necessidade de definir uma política adequada para derrotar aquele que se apresentava como um sistema de governo totalmente novo em relação ao passado. O regime fascista não era um fenômeno político apenas autoritário, nem temporariamente antiparlamentar, mas impunha a construção de um novo Estado antiliberal, policialesco, em que o único partido que permaneceu funcionando, o Partido Nacional Fascista (PNF), se fundia e se confundia, em homens, funções e cargos, com o próprio Estado nacional. Além disso, os antifascistas sentiam a necessidade de compreender os erros que, entre 1919 e 1925, haviam entregue a Itália ao movimento fascista fundado por Benito Mussolini, para então superar confrontos e recriminações, encontrar a estratégia comum que se concretizaria na luta de resistência e finalmente libertar a Itália do nazifascismo em 1943-1945. As três escolas que caracterizaram a luta antifascista (a liberal-crociana, a marxista-gramscianiana e a acionista-liberal-socialista), legitimadas pela Resistência e pela Libertação em abril de 1945, animariam o debate e dominariam a historiografia do segundo pós-guerra, pelo menos até os anos 1970, nos decênios que corresponderam ao processo de democratização e modernização da sociedade e das instituições da República italiana nascida do referendo de junho de 1946.

As historiografias inspiradas no marxismo e no acionismo (essa última composta pelos membros do Partido de Ação, oriundo do movimento Justiça e Liberdade, fundado por intelectuais que se remetiam à tradição laica do Ressurgimento, entre os quais Gaetano Salvemini e Carlo Rosselli), em particular, contestaram longamente a interpretação liberal do filósofo Benedetto Croce, que via no fascismo um "parêntese" na história da Itália, caracterizada, ao contrário, pela construção oito-novecentista de uma ideia e de um Estado liberal-burguês; uma evolução, pensavam eles, não dessemelhante daquela de outros países da Europa Ocidental, moderna e industrializada. A escola acionista, sobretudo, baseava-se, como disse o seu líder, o historiador turinês Guido Quazza, em "uma análise não tipológica, mas dinâmica" do passado fascista, confrontada com o presente e mantendo-se militante ao identificar o quanto desse passado fascista ainda permanecia nas instituições e nas mentalidades da Itália republicana. A escola marxista, por sua vez, libertou-se da concepção dogmática da Terceira Internacional, mantendo, contudo, uma visão do fascismo como uma forma especificamente italiana de condução de um capitalismo fortemente protegido pelo Estado e de uma sociedade corporativa. Tal liberdade de análise foi determinada, no segundo pós-guerra, pela leitura dos escritos, sobretudo os póstumos (os chamados *Cadernos do cárcere*) do intelectual Antonio Gramsci, fundador do Partido Comunista Italiano. As análises de Gramsci ajudavam a compreender melhor as contradições não apenas do fascismo, mas da sociedade italiana em seu conjunto: o mundo rural, o Sul, as diferenças regionais, o nascimento de uma cultura massificada que serviu de instrumento para a construção do consenso em torno ao regime fascista.

A historiografia italiana, em especial nas décadas inovadoras de 1970 e 1980, privilegiou, sobretudo, os dois extremos cronológicos da história do fascismo: a fase inicial, de crise do Estado liberal e de chegada ao poder do movimento fascista, e uma outra crise, a fase final, no curso da segunda Guerra Mundial, nos anos de aliança e depois de colaboração com a Alemanha nazista. Mais fraca é a análise do período do consenso, que foi, ao contrário, abordado pela monumental biografia de Mussolini elaborada por Renzo De Felice. As origens históricas dessa debilidade historiográfica podem ser encontradas no acordo firmado por todos os partidos que participaram da Resistência contra o nazifascismo, entre setembro de 1943 e o segundo trimestre de 1945, passando por cima de suas divergências ideológicas e políticas e das divergências futuras, que acabariam vindo à luz nos anos da guerra fria. Eles construíram o mito da resistência e uma memória coletiva amplamente absolutória do povo italiano sob o fascismo e da Itália, em seu envolvimento na Segunda Guerra Mundial. A vulgata, amplamente aceita pela maioria, seja dos antifascistas, seja daqueles que se consideravam afascistas, sustentava que o povo italiano havia suportado a ditadura fascista e a aliança militar com a Alemanha nazista em uma posição essencialmente conformada, passiva, de quem espera a queda do regime e, portanto, não de convicta adesão a ele. Esse comportamento teria se transformado rapidamente em oposição ao fascismo assim que a crise da liderança fascista e a evolução negativa da guerra conduzida pelo aliado germânico criassem condições para tanto, permitindo que o povo italiano se libertasse da opressão nazifascista por meio da luta de Resistência. Essa interpretação destinava-se essencialmente a minimizar as responsabilidades de guerra, sobretudo no que diz respeito às atrocidades cometidas contra as populações civis dos países ocupados (Iugoslávia, Grécia e até Rússia) pela Itália fascista, e a apresentar a Itália nos acordos de paz não como um país vencido, mas como uma nação que participou, por meio da Resistência, da derrota do Terceiro Reich e de seus regimes satélites.

A posição totalmente estratégica, de um lado, e a necessidade de construir um mito fundador da República, de outro, negligenciaram voluntariamente a reflexão sobre a existência e o alcance de um consenso popular em relação ao fascismo, seja nos anos de construção interna do regime, seja nos anos de agressão da Itália a outros países. A publicação da monumental biografia de Mussolini por De Felice, que foi crescendo no correr dos anos e chegou, em 1974, ao volume *Os anos do consenso 1929-1937*, modificou profundamente o debate, fazendo nascer uma áspera polêmica que, nas duas décadas sucessivas, dividiu em duas frentes os "defelicianos" e os "antidefelicianos". Com base nos escritos de De Felice e, sobretudo, em uma entrevista sua publicada em 1975, as vozes dos defelicianos afascistas se fizeram ouvir por canais de comunicação que já não eram apenas acadêmicos, tentando redimensionar as especificidades e, portanto, as responsabilidades políticas e civis do fascismo e de seus líderes, reduzindo-o a um regime modernizador, populista e corporativista, e também minimizar o valor moral e político da oposição antifascista. O fascismo italiano ficava reduzido, assim, a um regime autoritário, paternalista e moderado na práxis, leviano em suas aspirações em relação ao totalitarismo nazista e também stalinista. Os antidefelicianos, ao contrário, herdeiros do antifascismo, mantiveram inalterada a visão do fascismo como regime antilibertário, porque de partido único, fruto da aliança entre setores do capitalismo nacional e uma nova classe política dirigente, representada pelo PNF. Além disso, os antidefelicianos defendiam os valores e as memórias da oposição antifascista contra qualquer forma de aviltamento. A polêmica paralisou por muito tempo o desenvolvimento de uma análise atualizada do fascismo por parte de uma nova geração de historiadores, limitando, sobretudo, o desenvolvimento de uma história social que, ao contrário na historiografia sobre o caso alemão, ajudava a compreender melhor as bases, os agentes e os instrumentos do consenso na Alemanha nazista.

No entanto, dois elementos positivos emergiram dessa longa polêmica: a atenção dispensada, pela primeira vez, ao crescimento das camadas médias da população durante o fascismo e o trabalho comparativo que inseriu a história do fascismo italiano na história mais complexa e diferenciada dos fascismos "clássicos" europeus, como se pode ver no volume *Lo Stato fascista*, que confronta diversas tipologias de regimes de direita nascidos no primeiro pós-guerra, do italiano ao alemão, passando pelo franquismo espanhol. As ciências políticas e sociais contribuíram também, nos anos 1980, para a identificação das diversas variantes nacionais nascidas de um cepo ideológico comum e da mesma "família política" do fascismo europeu. Na Itália, o livro *Fascismo, fascismi* (1989), de Enzo Collotti, contribuiu favoravelmente para esse confronto internacional e para colocar a via italiana na esteira de uma experiência europeia mais geral, que ia dos clérico-fascismos aos colaboracionismos e que, ao mesmo tempo, recusava a generalização do termo totalitarismo, que surgiu com força durante a guerra fria e que somava indistintamente regimes ditatoriais como o fascismo, o nazismo e o stalinismo, simplesmente por serem diversos da experiência liberal de democracia.

Contudo, graças, sobretudo a um confronto atento com o nazismo, foi possível cunhar o termo "totalitarismo imperfeito" para o fascismo italiano, que, ao contrário do caso alemão, não representava um poder mantido somente pelo conúbio partido/Estado. Para construir seu sistema político ditatorial, o fascismo foi obrigado a comprometer-se, sem conseguir sujeitá-los totalmente, com alguns "corpos separados", como a monarquia e o Exército, em particular, mas também a magistratura e a Igreja Católica. Além disso, também foi possível, graças à monumental biografia defeliciana, compreender a capacidade do fascismo de construir uma sólida base de consenso, favorecida pelo crescimento de certas camadas urbanas da população essencialmente formada por empregados, dependentes do crescimento de uma estrutura estatal burocrática e assistencial, devido à expansão, em Roma, dos ministérios e, sobretudo, das entidades (Obras) nacionais destinadas a sujeitos coletivos (ex-combatentes, juventude, infância e maternidade). Entidades e estruturas de partido que, uma vez ramificados nas províncias, necessitavam de pessoal inscrito no PNF. É sempre útil lembrar que nenhum cargo ou função administrativa e educativa podia ser assumido, desde os anos 1920, sem uma inscrição prévia no PNF. Os membros dos corpos docentes, das administrações públicas e de assistência, da Justiça e do Executivo provinham diretamente das fileiras do partido ou tinham que nele se inscrever para manter suas funções ou fazer carreira (além de garantir um bom comportamento público e privado). Se a inscrição no PNF foi voluntária até a Marcha sobre Roma (em 1921, eram 217 mil inscritos, equivalendo ao número de militantes do Partido Socialista Italiano, cerca de 216 mil), ela começa a aumentar, com tendências alternadas, no decorrer dos anos 1920. Diversas depurações atravessam a história do PNF: em outubro de 1925, quando a inscrição chega a 800 mil membros, deixando espaço apenas para novas levas de jovens; e depois, em 1930. Em 1931-32, porém, o novo secretário, Achille Storace, transforma o PNF em partido de massas: no fim da década, em 1939, os homens inscritos são 2.633.000, aos quais se somam 774 mil mulheres "militantes". Trata-se de um enquadramento de massas que segue a existência do indivíduo, homem ou mulher, do nascimento até a morte. Para muitos chefes de família, a inscrição no PNF representa uma "carteira do pão", uma garantia de trabalho e de assistência por parte do Estado fascista. A estatização do sindicato consegue, além disso, colocar em prática um regime estritamente corporativo, impermeável a qualquer tipo de protesto econômico autônomo.

A oposição começa a compreender as dificuldades para abrir brechas de dissidência em um país agora disciplinado, endurecido por uma extensa crise econômica, dominado por uma propaganda política capilar que orienta a opinião pública e por uma organização uniforme que se estende por todo o território. De Moscou, o secretário do PC da Itália, Palmiro Togliatti, define o fascismo, em 1935, como um "regime reacionário de massas". Constrói-se assim um bloco bastante estratificado de camadas médias, assumindo desde as funções menores de porteiro e funcionário administrativo até aquelas de direção, e que, mesmo diferenciado na educação, na renda e nos hábitos de vida, se considera diferente do bloco das camadas populares (das quais essa baixa classe média muitas vezes provém), composto por camponeses sem terra e meeiros e por operários e artesãos da indústria que, ao contrário, contribuem, assirn como alguns quadros intelectuais e profissionais, para uma oposição ativa, ou melhor, potencialmente ativa ao regime. A historiografia mais recente, dos anos 1990, começou efetivamente a estudar as formas de resistência passiva ao regime em suas diversas variantes: do "afascismo" à vontade deliberada de não integração ao sistema e à mentalidade preponderante do fascismo, os quais muito raramente, pelo menos até a entrada na guerra e a crise do próprio regime entre 1941 e 1943, resultaram numa decisão de passar à oposição ativa.

UMA RELIGIÃO PELA PÁTRIA

A Itália era uma nação jovem, nascida da unificação, em 1861, dos Estados italianos precedentes, depois de uma década de guerras e revoltas (que formaram o Ressurgimento) em seu território, protagonizadas por uma elite de patriotas e combatentes. As grandes massas populares permaneceram estranhas a esse processo de unificação e, às vezes, como no caso do sul bourbonista, até hostis. A conquista dos últimos territórios, em detrimento do Império austro-húngaro, e a sua progressiva dissolução aconteceram apenas entre 1866 e 1918. Nos primeiros 50 anos de sua existência, o Estado italiano tentou construir, além das estruturas administrativas e educacionais de base, uma religião civil que ainda parecia fraca no esforço patriótico e na contribuição de sangue que o povo italiano foi induzido a dar durante a Grande Guerra, de 1915-1918. O fascismo completou, em termos coercivos e totalitários, o processo de nacionalização dos italianos. O conceito de nação cunhado pelo fascismo parece inicialmente complexo e composto de elementos heterogêneos, mas vai se fortalecendo em um processo de exclusão de tudo aquilo que, na história e na sociedade, era considerado um corpo estranho, não atribuível à ideia de nação forte, homogênea, capaz de afirmar o primado ideal e histórico da Itália sobre as outras nações e os outros povos. O fascismo alimentou-se do nacionalismo que se manifestou no início do século. Os corpos estranhos eram representados por qualquer forma de xenofilia, qualquer produto de culturas estrangeiras, pelos homens e pelas ideias que não compartilhavam a convicção de que o fascismo era a única e mais completa evolução histórica e estatal da Itália: de que o fascismo era a nação italiana. O fascismo empobreceu a ideia de nação na Itália, privando-a de vínculos com a liberdade, a humanidade, a igualdade entre Estados e entre cidadãos. O próprio conceito de pátria já não existia mais como ideal comum a todos os italianos. Quem não era fascista não podia, definitivamente, ser considerado um verdadeiro italiano.

Entrementes, as festas civis eram redefinidas: a festa nacional do Estatuto, introduzida por lei em 5 de maio de 1861 e associada às honras prestadas anualmente à casa reinante dos Savoia, perdia importância; em 1930, era abolida a festa nacional de 20 de setembro, que, ao recordar a tomada de Roma, perturbava a reconciliação com a Igreja. Nesse ínterim, eram instituídos novos dias festivos voltados para a celebração do regime fascista. Oficializaram-se, assim, os aniversários do 23 de março — constituição dos *fasci di combattimento*; do 21 de abril — nascimento de Roma e festa da primavera, do renascimento, em substituição à festa do trabalho que, no entanto, muitos trabalhadores continuaram a celebrar em 1º de maio; do 28 de outubro — Marcha sobre Roma. Tais festividades confundiam-se com outras datas solenes como o 24 de maio e o 4 de novembro, introduzidas em 1922 como recordação da participação e da vitória italiana na Grande Guerra. Entretanto, o PNF tratou de limitar as celebrações e os feriados civis aos que tinham alcance nacional, reduzindo as ocasiões de festas locais e vigiando do centro todas as iniciativas periféricas. Com as comemorações dos dez anos da Marcha sobre Roma, em 1932, aperfeiçoaram-se também as suas técnicas de exposição e suas linguagens.

PERIODIZAÇÃO

Hoje está estabelecida uma periodização do fascismo italiano, que não é muito diferente em suas fases daquela do nazismo alemão: crise do Estado liberal — na Itália logo depois das crises políticas e sociais que se sucederam à Grande Guerra (e na Alemanha, também à Grande Crise de 1929); nascimento de um movimento paramilitar e tomada do poder graças ao exercício da violência e com a cumplicidade de setores do Estado, do Exército e de alguns dirigentes políticos e econômicos — correspondendo, na Itália, aos anos 1919-1922; construção de um Estado totalitário — correspondendo, na Itália, à crise e à dissolução do Estado liberal-parlamentar, entre 1922 e 1924, ao banimento das oposições e ao processo de osmose entre Estado e partido fascista, entre 1925 e 1927; construção do consenso, contando então com a inexistência de uma oposição legal. Atualmente, é indiscutível que o regime fascista obteve, no decorrer dos anos 1920, um consenso amplo, embora forçado, das massas italianas, depois da destruição de qualquer forma aberta de oposição e da construção do Estado fascista graças à identificação entre o Estado e o PNF. Concluindo essa primeira fase, temos como pedra fundamental do novo regime a Concordata com a Igreja Católica, em fevereiro de 1929. Os Acordos de Latrão* reintroduzem plenamente a Igreja Católica no Estado italiano, legitimando-a como igreja de Estado e reivindicando a ajuda do clero para a organização do consenso, seja entre os adultos, seja nas novas gerações, mas privando-a de espaços autônomos e competitivos em relação às organizações de massas do fascis mo, em particular no que se referia aos jovens. A década que transcorre entre 1929 e 1939 será a do consenso de massas do fascismo, caracterizado pela falta de uma oposição vital no país (os antifascistas estavam banidos ou encarcerados, a oposição interna clandestina, desenvolvida, sobretudo pelo Partido Comunista, era repetidamente identificada e dissolvida) e por uma série de objetivos nacionais (recuperação das terras, construção de cidades, crescimento demográfico), além dos sucessos internacionais obtidos

*Acordos firmados em 1929, entre Roma e a Santa Sé (papado de Pio XII), acertando principalmente o reconhecimento do Estado do Vaticano e de sua soberania e a instituição do catolicismo como religião oficial do Estado italiano. (*N. das O.*)

pelo fascismo, tanto diplomáticos quanto militares, e constantemente alardeados pela insistente máquina de propaganda do Estado fascista. Os historiadores situam o ápice desse consenso entre 1935 e 1938, correspondendo à fundação do Império italiano, com a conquista da Etiópia em maio de 1935, à nova fase de colonização da África, à expansão na área adriático-balcânica, aos primeiros sucessos militares e diplomáticos na Guerra Civil Espanhola, ao lado dos nacionalistas, e à ocupação da Albânia em 1939.

Alguns indicam 1938 como o ano da reviravolta e do primeiro declínio desse consenso, com as leis antissemitas e com a aliança ideológica e militar com a Alemanha nazista. Outros, ao contrário, sustentam que o consenso ainda era majoritário no momento em que a Itália fascista decidiu entrar em guerra ao lado da Alemanha e atacou a França, em junho de 1940. De fato, nenhuma forma de dissenso ostensivo manifestou-se por ocasião da implementação das políticas de segregação dos cidadãos italianos de religião e origem hebraica, nem no momento da declaração de guerra, em 10 de junho de 1940, recebida por multidões patrióticas e aclamantes. No entanto, resta uma questão: como medir o consenso em regimes repressivos e policialescos? O historiador Gianpasquale Santomassimo reafirmou recentemente que o próprio uso do termo no que diz respeito aos regimes fascistas é inadequado, pois o termo *consenso* (etimologicamente, sentir ao mesmo tempo) implica um ato consciente e voluntário: na Itália fascista, ao contrário, tratava-se antes de uma aceitação passiva e conformista do sistema e de suas políticas; tratava-se de um consenso "construído" (conforme demonstrou o historiador americano Philipp Cannistraro, partindo do título de um dos poucos livros que abordavam a questão: *La fabbrica del consenso*). Difícil é ter uma medida desse consenso em um Estado que empregava a força e a repressão para mantê-lo. Aqueles que compareceram diante do Tribunal Especial para Delitos contra o Estado (fascista), instituído em fevereiro de 1927 — 5.619 processados (4.497 homens, 122 mulheres, 697 menores), condenados em sua grande maioria à prisão ou banidos — eram apenas a ponta do iceberg, uma minoria consciente e ativa, da inexistência de um consenso real.

É preciso, porém, refletir também sobre as condições sociais e econômicas da Itália nas duas décadas transcorridas entre uma guerra mundial e outra.

A Itália saiu extremamente marcada da Grande Guerra, certamente vencedora, ao contrário da Alemanha weimariana, mas enfraquecida, no espírito, mas, sobretudo no físico das classes populares (particularmente dos camponeses sem terra, que ainda formavam a maioria dos trabalhadores assalariados no país). A Itália saía de uma guerra que as classes populares não desejaram nem apoiaram, mas tiveram que suportar na frente de batalha e nas privações da "frente interna", arregimentadas por uma propaganda patriótica de guerra imposta e mal digerida, que muitos historiadores viram como um "ensaio geral" de tudo o que o fascismo faria depois. Os benefícios da guerra pareciam ser apanágio apenas daqueles que especularam com a guerra para enriquecer; o patriotismo não enriqueceu nem sedimentou o sentido de pertencimento à comunidade ou de cidadania, não contribuiu, ao contrário do que aconteceu na França, na Bélgica, na Grã-Bretanha, para amadurecer posteriormente a democracia. O fascismo conquista e molda um país que havia sido sacudido, em 1919 e 1920, por movimentos revolucionários no campo (pela conquista da terra) e nas poucas cidades industriais. Depois da repressão e da exclusão violenta dos opositores, foi o próprio Estado fascista que introduziu as medidas assistenciais que o Estado liberal havia sido incapaz de implementar, sobretudo a partir de 1931, quando a crise econômica internacional começou a se fazer sentir em toda a Itália. A oferta de serviços de previdência e de subsídios para as camadas menos favorecidas concorreu para a ampliação de um consenso em torno do regime. O fascismo, de fato, chegou ao poder naquela fase de transição da beneficência para a assistência pública, fase que outros Estados mais modernos e democráticos enfrentaram entre o final do século XIX e a Primeira Guerra Mundial, graças a uma política de reformas (nas quais até as forças de esquerda mais moderadas estiveram envolvidas) e a uma gestão pública, majoritariamente descentralizada e comunitária. Mas na Itália, ao contrário, foi o Estado fascista que pôs fim definitivamente à concorrência pública com institutos de caridade privados, filantrópicos e religiosos e varreu todas as formas de assistência criadas autonomamente no período liberal pelas organizações operárias e pelas administrações municipais de esquerda, substituindo-as justamente pela Obras: para sobreviventes da guerra, jovens, trabalhadores assalariados, para a maternidade e a infância.

OS SUJEITOS DO CONSENSO: OS EX-COMBATENTES

A chegada ao poder do fascismo coincidiu também com o rápido ocaso da possibilidade, entrevista por muitos no biênio 1919-20, de criação de um "partido dos combatentes" de tipo trabalhista: um movimento político que pudesse ser popular e democrático, mas alternativo aos partidos de massas e aos movimentos revolucionários e subversivos, baseado em uma ampla aliança interclassista entre pequena burguesia e estratos camponeses, ou seja, os dois principais componentes sociais que constituíram as patentes mais baixas do exército recrutado nos anos de guerra. O desafio de conservar em campo democrático a camaradagem e a solidariedade nascidas nas trincheiras entre milhões de italianos provenientes de regiões econômicas e socioculturais profundamente diversas perdeu-se em pouco tempo, ao contrário do que aconteceu em outros países, como a França, onde as associações dos *anciens combattants* foram, durante as repetidas crises institucionais, um dos mais poderosos bastiões de defesa do sistema republicano, capazes de isolar as franjas minoritárias e subversivas da soldadesca, e, por outro lado, na esteira do que ocorreu na Alemanha weimariana, onde muitos ex-combatentes socialmente frustrados confluíram para as fileiras das primeiras organizações nacionalistas e protonazistas. Na Itália, ocorreu uma desorientação política no comando da Associação Nacional dos Combatentes (ANC), constituída em 1919, além de um fraco entendimento com os últimos governos pré-fascistas acerca de uma intervenção eficiente de reinserção civil e trabalhista dos ex-militares. A perda do cargo original transformou irremediavelmente a ANC, de movimento político que era, em organismo assistencial e, portanto, dependente do Estado social desenhado pelo fascismo.

No momento da constituição da ANC, seus líderes expressaram uma clara hostilidade em relação ao movimento fascista e excluíram Mussolini da lista dos combatentes apresentada em Milão para as eleições de 1919. Ainda na metade de 1921, quando o movimento fascista tentava superar a crise política em que estava mergulhado e começava a se organizar em partido político, o Partido Nacional Fascista (PNF), a ANC contava com pelo menos 400 mil inscritos (o dobro dos militantes do partido nascente) e com uma presença econômica constituída por mais de um milhão de cooperativas, fundadas em sua maioria por ex-combatentes. Depois da Marcha sobre Roma, em outubro de 1922, Mussolini se deu conta da importância do movimento dos ex-combatentes na organização do consenso em torno do jovem Estado fascista e adotou uma tática diversa: defender o apolitismo do movimento dos ex-combatentes e absorvê-lo no aparato paraestatal, ou seja, neutralizar seu potencial político. Mussolini transformou lentamente a natureza do movimento, fazendo dele uma engrenagem da máquina assistencial, dependente, portanto, do destino político do Estado fascista. Entre junho de 1923 e fevereiro de 1924, de fato, o governo promulgou uma série de decretos que transformaram a ANC e a Associação das Famílias dos Mortos na Guerra em entidades morais, dotadas de autonomia de gestão, mas sob o controle da presidência do Conselho e estreitamente ligadas à gestão financeira da Obra Nacional dos Combatentes (Opera Nazionale Combattenti). Em resumo, depois de neutralizar os possíveis oponentes no interior do movimento, ele o nacionalizou, inserindo-o na máquina administrativa do Estado. O sacrifício da autonomia é compensado pelo lugar de honra que tal assistencialismo ocupava no regime e, sobretudo, recompensado com uma série de benefícios consistentes: aposentadorias, assistência médica, emprego e moradia, que o governo fascista propagandeava e distribuía por meio da administração pública ou de entidades paraestatais: as Obras para os combatentes, mutilados, famílias dos mortos e de apoio à maternidade e à infância. Além disso, absorveu a experiência bélica na retórica e no ritual fascista, mitificando-o nos valores de sacrifício e de defesa do solo pátrio e, por último, estabelecendo uma linha direta entre a guerra e a revolução fascista, confundindo na religião política do regime os milhares de mortos da guerra com as poucas dezenas de "mártires" fascistas, mortos nos confrontos civis do imediato pós-guerra. A partir de 1925, persistiria na Itália uma única interpretação oficial da guerra e do pós-guerra. Segundo a vulgata, a guerra trouxe à luz, ao completar a Unificação da Itália, o "homem novo", o combatente, pronto a oferecer a própria vida para salvar os destinos da nação. Dela emanava a missão do fascismo, composto justamente por uma comunidade de "homens novos", prontos a gerar e a educar outros homens: eles salvaram o país das insídias dos tratados de paz, da conspiração internacional que punia a Itália vencedora e da fraqueza de seus governos liberais, que iam entregar o país na mão dos bolcheviques, dos derrotistas, dos subversivos de toda espécie, prontos a renegar aquilo que, em valores, territórios e prestígio, a Itália havia conquistado com sangue nos anos 1915-1918.

Em 1928, a Associação Nacional das Famílias dos Mortos na Guerra contava com 220 mil sócios; uma segunda e consistente associação era formada pelos mutilados e inválidos de guerra: 200 mil inscritos em 1928. Além disso, havia os "grandes inválidos": mais de 14 mil reconhecidos na primeira década depois da guerra. Em 1924, essas associações aderiram com convicção ao fascismo, depois que o governo Mussolini baixou uma série de leis inerentes às aposentadorias, às indenizações permanentes e à obrigatoriedade de empregarem-se inválidos nas empresas privadas e nos escritórios públicos estatais e locais. As fontes oficiais de 1928 falam de 65 mil admissões no setor privado, 20 mil na administração estatal, 3 mil na paraestatal, 12 mil em administrações municipais e provinciais.

Uma máquina administrativa e assistencial análoga foi acionada pela Obra Nacional dos Combatentes. A ONC foi instituída em 10 de dezembro de 1917, depois da derrota de Caporetto, para preparar o retorno e a reinserção dos combatentes no trabalho. A ONC funcionava essencialmente como instituição de crédito para aqueles que pretendessem desenvolver alguma atividade ou adquirir uma profissão e como organizadora de cursos de preparação profissional na agricultura, no artesanato, no comércio, na indústria. A ONC logo se transformou na "flor na lapela" do regime: sua realização foi divulgada no exterior, nos escritórios da Sociedade das Nações e dos ministérios competentes em países que também tinham saído da guerra e apresentada como uma das mais eficientes operações europeias de pacificação social, de "valorização moral" dos combatentes, de reconstrução econômica. O regime tornou essa política visível com a construção de monumentais casas do combatente e do mutilado nas principais capitais do país.

A TERRA AOS COMBATENTES

A ONC tornou-se também um instrumento da política demográfica e ruralista do fascismo, que pretendia destruir assim qualquer forma de reivindicação sobre a propriedade e a gestão das terras incultas ou dos grandes proprietários e latifundiários. Reivindicações essas que, no imediato pós-guerra, foram motivo de ocupações e greves dos camponeses assalariados e trabalhadores sazonais, em sua maioria ex-combatentes, aos quais o regime prometera terra em troca de seu sacrifício na guerra até a vitória final.

A política demográfica fascista foi apresentada por Mussolini em um discurso na Câmara, em 26 de maio de 1927, dia da Ascensão, que foi considerado o texto programático de base para o novo ordenamento territorial da Itália fascistizada e ponto de partida de uma política demográfica explícita, pela natalidade e antiemigratória no país. Essa política visava a obter dois resultados: limitar a concentração da nova mão de obra industrial em áreas urbanas, controlando os novos fluxos; manter firme o vínculo com a terra das populações rurais. De fato, desestimulava-se a criação de estabelecimentos industriais com mais de cem operários nos municípios com um ajuntamento populacional urbano de mais de cem mil habitantes. O censo de 1921 indicava 18 cidades com mais de cem mil habitantes, sete mais do que o censo de 1901; era justamente nessas cidades médio-grandes que se concentrava a pressão migratória, que, de todo modo, o regime não conseguiu evitar, conforme evidenciado pelo censo sucessivo de 1931: os habitantes dos grandes aglomerados urbanos passaram, em uma década, de 12,9 a 16,8%. Em meados dos anos 1920, foram calculados cerca de 10 milhões e 200 mil trabalhadores na agricultura, dos quais pouco menos de cinco milhões se registravam como trabalhadores sem-terra. Mantê-los ligados à terra significava também submetê-los às consequências da crise agrícola, cujos danos vinham sendo absorvidos ciclicamente, nos anos anteriores, pela emigração interna e externa. Perigosamente, muitos colonos e meeiros, reduzidos à miséria pela dramaticidade particular da crise agrícola, estavam descendo a escala social e corriam o risco de entrar na fila do assalariado agrícola. Para o fascismo, a pouco menos de uma década de sua vitória política sobre o proletariado urbano e rural, a situação ganhava aspectos de grande periculosidade potencial, pois o obrigava, embora em um contexto diverso e sem adversários organizados, a enfrentar formas de descontentamento e de dissidência. Simultaneamente às tentativas de reduzir a concentração de mão de obra nas cidades, o regime trabalhou para desnaturalizar e desenraizar o proletariado agrícola por meio de sua *sbracciantizzazione* (transformação em mão de obra não especializada temporária).

Consolidado no poder, o fascismo tentou receber a herança constituída pelo saneamento dos terrenos insalubres que ainda restavam no país. Uma herança feita de imaginário e necessidade, mas também de projetos concretos oriundos de ambientes técnicos e médicos, que foi colocada no centro da política demográfica e ruralista do regime. No plano concreto, o Estado fascista resgatou esse saneamento de uma intervenção ocasional e endereçada essencialmente à implantação de um sistema hidráulico e de drenagem, transformando-a "saneamento integral". Embora esse termo já estivesse presente nas negociações do início do século, assume aqui uma ênfase simbólica, evocando mitos da Grande Guerra: o saneamento transforma-se em "redenção nacional" e suas áreas de intervenção em "terras redimidas"; os camponeses destinados a repovoá-las refariam os passos dos antigos soldados-colonos romanos, recebendo a terra como compensação por seus esforços guerreiros e para criar postos avançados de civilização.

O saneamento dos terrenos era seguido pelo cultivo extensivo, para facilitar a criação de uma pequena propriedade camponesa. Pelo menos três fatores serviam de estímulo para o empreendimento lançado em meados dos anos 1920: a necessidade de apaziguar as massas camponesas desocupadas que, superado o trauma do primeiro fascismo esquadrista e privadas de suas organizações e líderes, começavam a mostrar sinais de inquietação diante da crise econômica e do bloqueio das migrações internas e internacionais; a substituição do movimento católico pelo fascismo na promoção de um segmento camponês proprietário, socialmente estável, radicado na terra e inserido na ordem social; o relançamento da ONC como instrumento de mobilização popular, na tentativa de traduzir a reivindicação mais subversiva de "terra aos camponeses" pela promessa, feita depois de Caporetto, de "terra aos combatentes". A estipulação de pactos agrários em regime de copropriedade da terra deveria garantir uma estabilidade social e econômica aos camponeses mais pobres. O Estado intervinha diretamente nas obras de desmatamento, implantação hidráulica e canalização, na profilaxia antimalária, na construção de vias de acesso fluviais e rodoviárias. A mão de obra e os colonos eram, por sua vez, escolhidos pelo Comissariado para Migração Interna; a atribuição de fundos, a coordenação do assentamento, a gestão da infraestrutura ficavam nas mãos da ONC. A operação de saneamento integral foi feita com recursos financeiros adequados, entre 1926 e 1932, enquanto nos anos seguintes, durante os quais o empreendimento ganhou ampla ressonância, os financiamentos públicos foram, ao contrário, destinados à construção de núcleos urbanos: as *novas cidades*, destinadas à administração e aos serviços para as áreas saneadas. Em resumo, a política de ruralização sofreu uma lenta agonia depois de 1935. Em 1932, um pacto agrário de meação, a ser firmado com a ONC, foi oferecido aos colonos. Considerava-se que a propriedade em sistema de meação proporcionava melhores premissas para transformar os contratos agrários em um estatuto corporativo, garantido diante do Estado, principal investidor público, pela associação que se responsabilizava pela identidade e pelos interesses dos ex-combatentes. Na realidade, a ONC estava se tornando mais ávida do que os proprietários rurais: além da divisão da metade dos produtos, os colonos eram obrigados a reembolsar, com registros em um "libreto colônico" especial, tudo aquilo que a Obra tinha antecipado e que continuava a fornecer, sob a forma de infraestrutura, instrumentos, animais e sementes, além de certas formas de "servidão", ou seja, a prestação de horas de trabalho para a manutenção geral da empresa. Derivava daí um progressivo endividamento que dificultava perigosamente a segunda fase que a operação previa: a transição para a propriedade da terra, grande promessa feita pelo regime por intermédio da ONC, e o resgate do terreno, por parte da família colônica, em 15 parcelas anuais, calculadas com base em um preço estipulado de acordo com a produtividade da terra e restituídas *in natura* a preços de mercado. No fim, o colono se via cada vez mais preso numa espiral de dependência da empresa e, por meio dela, da ONC e do Estado. Nenhum meeiro tinha condições, depois de quatro anos da entrada no Agro, de iniciar o procedimento para tornar-se proprietário dos terrenos que lhe cabiam.

No fim dos anos 1930, o balanço não poderia ser considerado positivo. O regime manteve a configuração agrícola do país, mas sem ter lhe dado uma solução de estabilidade social e trabalhista, sem ter melhorado as condições de vida e difundido entre a população um sentimento comum de melhoria. Em conclusão, sem ter realmente modernizado a agricultura com infraestrutura, aumento de produtividade e nas relações de propriedade dos camponeses com as terras. Em 1921, segundo as estatísticas oficiais, 9,841 milhões pessoas estavam empregadas na agricultura (contra 4,401 milhões na indústria, 1,048 milhão no comércio e 755 mil nos transportes). Em 1931, o número diminui para 7,868 milhões, para elevar-se a 8,504 milhões no censo de 1936, em comparação com os cinco milhões de trabalhadores industriais registrados nesse mesmo ano e diante de uma diminuição de cerca de 93 mil empregados no setor de transportes, entre 1921 e 1936, enquanto o setor terciário aumentava em cerca de 200 mil a cada censo. Mesmo analisando apenas esses dados fortemente agregados, podemos identificar um país que caminha naturalmente para inserir-se na tendência dos países ocidentais, caracterizado pelo crescimento da indústria e do setor terciário, mas que está sujeito também a algumas políticas "artificiais", como a ruralização e a transformação dos camponeses em mão de obra temporária. Essas políticas serviram de freio e provocaram fortes desequilíbrios e, por vezes, retrocessos.

Em 1940, a Itália ainda se apresentava como um país agrícola (só na Lombardia a população ativa na indústria superava a do setor primário), com nítidas desigualdades, mesmo entre áreas geográficas limítrofes, e também com claros sinais de queda do nível de vida familiar, em virtude das crises econômicas recorrentes, registráveis, sobretudo no Sul, mas também nas regiões padâneas* e nas zonas agrícolas centrais.

*Padâneo ou padano: relativo ao Rio Pó, na Itália. (*N. das O.*)

QUEM TEM A JUVENTUDE TEM O FUTURO

O alistamento em massa para a Grande Guerra mostrou a debilidade física da população masculina italiana, pertencente, mas não unicamente, às camadas populares. A própria guerra só fez piorar distúrbios e vícios muitas vezes congênitos: problemas cardíacos, raquitismo, doenças de pele e do sistema nervoso causadas pela pelagra e por outras insuficiências alimentares. Ainda hoje, as fontes militares tornam difícil uma avaliação das perdas humanas na guerra e no pós-guerra causadas não pelos combates, mas pela insurgência de doenças, acentuadas pelos esforços prolongados, pela promiscuidade forçada nas trincheiras, por péssimas condições de alimentação e de abrigo, por piolhos e outros parasitas que contribuíram para difundir doenças infecciosas. A explosão da gripe que ficou conhecida sob o nome de "espanhola" deu o golpe de misericórdia em muitos organismos já debilitados.

Ao receber essa herança, o fascismo assumiu o objetivo de recuperar os italianos também fisicamente, por meio de atividades ginástico-esportivas. O melhoramento físico significava, mais do que bem-estar para o indivíduo, um aperfeiçoamento da estirpe. O profissional de educação física tinha a função de "engenheiro biológico e construtor da máquina-homem". Transformar a educação da nação num sentido esportivo significava restituir-lhe o senso da virilidade, da camaradagem e da disciplina. O aporte das ideias e experiências anteriores foi essencial: o fascismo assumiu substancialmente as posições dos setores conservadores e nacionalistas, já amplamente expressas no período liberal, que viam na atividade física um dos mais válidos instrumentos de educação patriótica e militar e de higiene física e moral. Nos anos 1920, o fascismo preocupou-se em organizar atividades físicas e esportivas e dar-lhes uma fisionomia clara, eliminando alguns antagonismos perigosos também nesse campo. Mas, no início dos anos 1930, o regime caracterizava o esporte essencialmente como instrumento de propaganda nacionalista, na Itália e no exterior, antecipando com um antagonismo exacerbado o confronto entre países e ideologias, que logo passaria novamente do terreno do jogo para os campos de batalha. Esporte e atividades recreativas foram colocados a serviço da organização em massa das novas gerações e das camadas mais populares dos trabalhadores assalariados.

Fascistizar as novas gerações de italianos foi um dos principais objetivos que o regime se colocou desde os primeiros anos. Podemos sustentar que, no processo de organização da sociedade italiana segundo categorias profissionais, gêneros e gerações, o trabalho voltado para a juventude foi indubitavelmente o mais capilar, articulado, difuso e, feitas as contas, o de maior sucesso. Desenvolveu-se no decorrer do *ventennio** em várias etapas, que levaram à ampliação da idade de participação na juventude fascista, à multiplicação de formas e campos de atuação e, posteriormente, à estruturação de toda a juventude sob a égide do partido. Em abril de 1926, foi criada a Obra Nacional Balilla (*Opera Nazionale Balilla* — ONB),** entidade autônoma cuja tarefa era assistir e educar os meninos dos oito (depois seis) aos 18 anos de idade. O regulamento previa a exclusão do território nacional de toda e qualquer iniciativa e associação juvenil que não recebesse autorização da Obra. O controle da juventude foi tema de negociações entre o Estado fascista e a Igreja Católica, que resultaram em seguida na assinatura da Concordata: as organizações juvenis católicas, em particular a dos escoteiros, "autodissolveram-se". A tensão entre fascismo e grupos juvenis católicos reacendeu-se, envolvendo as próprias relações entre o regime e o Vaticano, até a conclusão, em 1931, de um novo acordo: a Ação Católica e a Federação Universitária Católica se absteriam de qualquer atividade, mesmo de caráter recreativo e esportivo, dedicando-se apenas à assistência religiosa dos próprios membros. Em troca, a Igreja reforçou sua posição ecumênica no interior da ONB e de outros locais de reunião dos jovens, tais como o sistema escolar e o Exército.

A ONB voltava-se também para as faixas etárias inferiores: nos anos sucessivos, o regime continuou a aperfeiçoá-la até atingir, com o decreto de 30 de outubro de 1934, uma estrutura definitiva, articulada, para os meninos, em três categorias. Eles começavam fazendo parte dos Filhos da Loba; aos oito anos, passavam para as fileiras dos *balillas* (aos 11 eram pro-

*Período correspondente às duas décadas do fascismo italiano, de 1922/1923 a 1943. (*N. das O.*)

***Opera Nazionale Balilla*, instituição paraescolar, cujo lema era "livro e fuzil", reverenciava o menino Giovan Battista Perasso, o Balilla, figura lendária que, segundo a tradição, teria dado início, com uma pedrada, à revolta dos genoveses contra os ocupantes austríacos em 1746. (*N. das O.*)

movidos a *balillas* mosqueteiros) e depois, dos 13 e até completarem 18 anos, integravam as fileiras dos vanguardistas (vanguardistas mosqueteiros entre os 15 e os 17). Uma estrutura análoga era reservada às mulheres, organizadas nas Filhas da Loba, nas Pequenas Italianas (8-14 anos) e nas Jovens Italianas (13-17 anos), embora originalmente não estivessem incluídas na ONB, mas confiadas ao controle direto das seções femininas (*Fasci femminili*). Em 1929, o controle da organização juvenil passou do PNF para o Ministério da Educação Nacional, que criou um subsecretariado para a educação física da juventude, unificando de fato o setor masculino com o feminino, sob a jurisdição da escola. O regime preferiu, no entanto, manter o enquadramento dos meninos e das meninas separadamente e com finalidades educativas diversas, dando por muito tempo maior atenção à educação física e política dos primeiros.

A passagem da ONB para o Ministério da Educação Nacional foi um passo importante para difundir a instituição no país de maneira capilar, por meio do sistema escolar, usando os professores como agentes de propaganda. A escola elementar, sobretudo, foi um instrumento muito eficaz. Embora a inscrição na ONB não fosse obrigatória até a aprovação da Carta da Escola, em 1939, fazer parte dela comportava uma série de privilégios sociais e especialmente de benefícios econômicos para as camadas mais pobres. No fim dos anos 1920, a conexão Estado/partido fazia com que as formas de assistência às crianças mais necessitadas, antes distribuídas pelos patronatos escolares e pelos municípios, fossem utilizadas pelo regime para favorecer os membros da ONB, com base em necessidade e em mérito, por meio de subsídios escolares (vestuário, refeitório, material escolar), bolsas de estudo, admissão para viagens de férias e atividades recreativas. Não estar inscrito acarretava, ao contrário, certas formas de discriminação e sancionava muitas vezes o isolamento do menino na sociedade, tornando sua família suspeita, hipotecando a futura carreira do jovem em inúmeros setores do emprego público e influindo até em sua destinação no momento do recrutamento para o serviço militar.

Em outubro de 1937, para superar as divergências entre Estado e partido na gestão da juventude, foi instituída a Juventude Italiana do Lictório (*Gioventù Italiana del Littorio* — GIL), que tinha como lema "Crer, obedecer, combater". A novidade consistia em submeter toda a infância e a juventude ao controle direto do partido, embora a escola mantivesse, ainda assim, a sua função de local privilegiado de recrutamento. Além disso, a escola seria militarizada posteriormente, seja adotando uma formação pré-militar, seja na subordinação ao comando da Milícia Voluntária, o "braço armado" do PNF.

A GIL herdava uma enorme massa de jovens: a ONB tinha, de fato, passado de meio milhão de inscritos, em 1926, para cerca de cinco milhões e meio em outubro de 1936; os *Fasci Giovanili di Combattimento* e os Grupos de Jovens Fascistas enquadravam, sempre no fim de outubro de 1936, cerca de 874 mil jovens. Com a instituição da GIL e a reorganização sob essa sigla de todos os meninos entre seis e 21 anos, o número passaria para cerca de 7,542 milhões em 1937 e mais de 8,830 milhões em 1942. Nos liceus e nos institutos superiores, as inscrições entre os estudantes passaram de 85,5% no ano letivo de 1931/1932 para 99,9% em 1941/1942. A inscrição permanecia proporcionalmente mais alta entre os meninos em idade escolar (em 1936, estavam inscritos 74,6% dos meninos em idade escolar e 66% das meninas eram pequenas italianas), mas caía rapidamente, sobretudo para as meninas de mais de 14 anos, à exceção da elite das estudantes dos liceus e das universidades, que mantinha uma alta taxa de inscrição, quase igual à de seus coetâneos masculinos. Em 1940, a GIL contava com 32,4% das meninas e moças. A diversidade de tratamento do partido em relação ao sexo feminino, comparado com o dos rapazes, era acentuada muitas vezes pela cultura e pelos costumes locais, que, especialmente no Sul, mantinham as mulheres relegadas em sua maioria à esfera familiar e doméstica e estimuladas a casarem-se ainda muito jovens; o conjunto desses fatores reduzia muito a participação das moças em atividades políticas e recreativas. Além disso, de um modo geral a organização juvenil fascista desenvolvia-se majoritariamente nas cidades e nas regiões do Norte e do Centro.

Para melhor compreender a natureza e as funções da ONB/GIL poderíamos estabelecer uma comparação com o movimento juvenil nazista, *HitlerJudgend*. A relação entre inscritos na organização juvenil nazista e população juvenil era percentualmente muito inferior aos dados levantados na Itália. No entanto, isso muda quando se trata do grau de participação efetiva dos alemães em relação aos italianos. Como reflexo, a dura e seletiva disciplina organizativa e ideológica implementada pelo Terceiro Reich à sua juventude também gerou formas de rebeldia, com a formação de bandos juvenis que estavam ausentes no contexto italiano. A relativa autonomia econômica de muitos jovens alemães das camadas populares, mas também médias, permitia que alguns deles assumissem posições anticonformistas no vestuário, nos costumes e mesmo no emprego do tempo livre em confronto com os modelos uniformes e convencionais impostos pelo nazismo. Na Itália, o desemprego crônico, sobretudo juvenil, acentuado pela interrupção da descompressão migratória, dava aos jovens poucas possibilidades de lazer e de subsistência. O recurso aos serviços estatais e às iniciativas propostas e filtradas pelo regime, por meio da ONB, tornava-se inevitável para a maioria e até desejado. A ausência de bandos juvenis organizados, como os que se viam na Alemanha, não deve nos levar a análises equivocadas sobre uma ausência de rebeldia juvenil na Itália.

Em 1936, mais de 3,7 milhões de inscritos na ONB praticavam alguma atividade ginástico-esportiva em cerca de cinco mil centros equipados com academias. Todavia, o grande empreendimento em edificação do regime consistia na construção de edifícios residenciais para tratamento e férias dos Balilla: as colônias de férias, majoritariamente na praia, mas também na montanha. Entre 1926 e 1930, o regime retirou a administração das colônias das mãos das organizações autônomas. Nos anos 1920, as colônias existentes foram confiadas às federações do partido e às suas Caixas Provinciais de Previdência, para as obras de beneficência e de assistência fascistas, reunificadas em 1931 no *Ente Opere Assistenziali* (Entidade de Obras Assistenciais), para qual contribuíam tanto a *Opera Nazionale Maternità e Infanzia.* (Obra Nacional Maternidade e Infância) quanto a ONB. Em 1937, elas foram confiadas diretamente à GIL, em colaboração com as seções femininas. Patronato, Estado e corporações profissionais contribuíam financeiramente para a construção das obras de alvenaria e para a organização dos acampamentos de verão. Depois de uma década de crescimento sustentado, o fascismo tratou de dar uma identidade definitiva a essas colônias em três níveis: saúde, político e urbanístico-arquitetônico. Na metade dos anos 1930, cerca de 10% dos meninos na faixa entre seis e 13 anos, provenientes das categorias sociais que gozavam desse direito, viveram a experiência de uma estadia, com a duração média de um mês, no mar ou na montanha. As fontes oficiais falavam de 568.680 assistidos em 1935 e de 806.964 em 1939. Somavam-se a eles os acampamentos de verão para os Vanguardistas, entretidos com atividades esportivas, pré-militares e pré-trabalhistas em artesanato, mecânica ou agricultura. Em 1943, o número das colônias e dos acampamentos que recebiam cerca de um milhão de crianças particularmente atingidas afetiva e materialmente pelo drama da guerra chegava a sete mil.

Nesse processo de inserção rápida e muitas vezes forçada dos jovens italianos na esfera pública, a organização do tempo livre para a juventude representava, de todo modo, um fator de novidade e de modernidade nos costumes, em um país ainda amplamente agrícola, marcado pela divisão de classes e onde os níveis de vida e de consumo ainda eram extremamente baixos em comparação com os outros países ocidentais. O regime esforçava-se para oferecer um exemplo que pudesse competir com as outras políticas de atuação em relação à juventude, elaboradas por regimes concorrentes. Nessa ótica comparativa, é preciso recordar também os apelos reiterados ao binômio juventude dos povos/juventude dos sistemas políticos, que, seja nas manifestações de massas, seja nas linguagens artísticas, foram adotados e propagandeados por regimes de ideologias opostas, como o fascista, o nazista e o soviético, em contraposição a nações democráticas, como a França e a Inglaterra, vistas como decadentes no sistema político e no rápido envelhecimento demográfico.

O TEMPO LIVRE DOS TRABALHADORES

A Obra Nacional do Lazer (*Opera Nazionale Dopolavoro* — OND, mais um organismo paraestatal)* foi criada em 1º de maio de 1925, enquanto os círculos recreativos e esportivos operários, as sociedades de ajuda mútua, as bibliotecas populares eram progressivamente fechados. Isso tinha como

*Instituição que organizava as atividades de lazer dos trabalhadores, visando à elevação moral do povo e oferecendo esportes, excursionismo, turismo, educação artística, assistência social, higiênica e sanitária, aperfeiçoamento profissional etc. *Dopolavoro* refere-se ao tempo livre *depois do trabalho*; o termo é usado ainda hoje para designar várias instituições recreativas ligadas a sindicatos ou empresas. (*N. das O.*)

base um projeto anterior, inspirado no modelo empresarial norte-americano, introduzido na Europa no imediato pós-guerra pelo engenheiro Mario Giani, entre os primeiros no país a tratar da questão do emprego do tempo livre no campo da organização científica do trabalho, por parte, sobretudo dos trabalhadores na indústria. A ideia era fazer com que as empresas industriais assumissem o controle e o cuidado dos espaços e do tempo da sociabilidade popular, tirando a iniciativa das organizações de esquerda e da Igreja. Tratava-se de um paternalismo industrialista moderno que pretendia cobrir todo o tempo do dia e da vida dos trabalhadores, envolvendo-os, com as famílias, nas iniciativas da empresa.

A OND tornou-se o mais consistente organismo ligado ao PNF: quase três milhões de inscritos em 1936, em cerca de 11 milhões de assalariados, e 3,8 milhões em 1939. A partir de 1927/28, a OND empreendeu iniciativas de proselitismo entre as comunidades de emigrantes para o exterior, nas colônias e nos campos italianos. Depois de uma crise de inscrições, na Itália e no exterior, coincidindo com os anos mais duros da crise econômica, a OND retomou o crescimento do número de filiados. As fontes oficiais publicadas em 1935 mostravam que 20% da mão de obra industrial, 7% da agrícola e 80% dos empregados dos setores públicos e privados aderiram à OND. Revelam também que, nos bairros e subúrbios das cidades, nos povoados, 64% das sedes que ofereciam atividades de lazer pertenciam à estrutura organizativa territorial, enquanto apenas 13% eram administradas por empresas privadas e 2% por empresas públicas. A natureza dessas atividades, conforme concebidas por Mario Giani, modificou-se profundamente sob a gestão do PNF, tornando-se, de fato, um importante pilar da construção do consenso em torno do regime.

O motivo de tal sucesso deve-se a múltiplos fatores: falta de alternativas reais de lazer popular depois da destruição da rede associativa operária anterior e modificações acontecidas no primeiro pós-guerra nas práticas de lazer, independentemente da presença monocultural do fascismo no país. Além disso, a persistente contenção do consumo no país fez com que, para muitos, o único acesso a qualquer forma de divertimento coletivo, ao contrário do que acontecera nos outros países ocidentais nos anos do pós-crise, se desse por meio da rede disciplinada e militarizada do partido e de suas Obras. Foi assim que a OND ampliou sua oferta original no campo esportivo-recreativo a uma miríade de serviços de caráter social, no campo da instrução (cultura popular e formação profissional), da educação e da promoção artística (setores de teatro amador, de música, de folclore, de cinema), da assistência e da higiene habitacional e dos seguros sociais. A OND representava a instituição que melhor se apresentava em escala familiar e empresarial e melhor respondia a uma imagem corporativa da sociedade.

É preciso, porém, evitar generalizações e, ao contrário, tratar de identificar os associados: na maioria, homens, muitas vezes livres de compromissos familiares, residentes em áreas essencialmente urbanas, como, aliás, aqueles que participavam das atividades ginástico-esportivas propostas pelo partido. Mulheres casadas e mães, além dos pais de família e dos idosos, eram geralmente excluídas, embora a OND tenha tido, com uma série de atividades cultural-recreativas e com facilidades para excursões e visitas, a possibilidade de penetrar nos núcleos familiares e entre sujeitos marginalizados da política ativa pela idade. As cifras sobre o envolvimento dos empregados e operários, mas, sobretudo sobre o envolvimento reduzidíssimo dos camponeses, são bastante claras. A OND não escapava das contradições inerentes à natureza do regime; ao contrário, revelava-as com maior evidência do que outros tipos de intervenção: a popularização do tempo de lazer não significava democratização de espaços e de práticas e nem mesmo monopolização de todos os espaços de sociabilidade. Também nesse campo o fascismo aplicou um "totalitarismo seletivo", tolerando alguns círculos privados e paroquiais, salões e cafés burgueses e proletários fora da OND. As diferenças de classe permaneciam, com uma camada pequeno-burguesa que tendia a usufruir de todos os instrumentos que o partido colocava à sua disposição, mas que permanecia, mesmo assim, excluída dos ambientes da velha e da nova burguesia proprietária e profissional. Essa última resistiu bastante, à exceção de ocasiões oficiais e de homenagem ao regime, a misturar-se com as massas populares dos encontros de lazer, preferindo frequentar os círculos de tênis e de equitação, começando a praticar o anglo-saxão golfe e financiando e multiplicando os Rotary Clubs.

Nos campos, a penetração da OND foi bastante difícil e tardia, não apenas por razões ambientais, de isolamento, de costumes, de estrutura social, das práticas de trabalho e de falta de estruturas, mas também porque em muitas áreas de trabalho sazonal a OND continuava a representar, de todo modo, o sinal da vitória do *squadrismo agrario* e da destruição dos antigos centros de cultura, de lazer e de assistência corporativa, com o uso das mesmas sedes e locais para as Casas do Povo. Outra ambiguidade é perceptível na introdução das mulheres nas atividades sociais extramuros domésticos, em plena contradição com o modelo de "esposa e mãe exemplar" propagandeado pelo fascismo. No início dos anos 1930, cerca de cem mil mulheres tinham acesso a atividades esportivas, recreativas e a espetáculos teatrais e cinematográficos oferecidos pela OND. As inscrições individuais femininas eram filtradas pelas seções femininas — *Fasci femminili*, que tratavam de oferecer às mulheres, por meio da Obra, atividades separadas daquelas que os homens frequentavam.

A OND encorajava essencialmente as atividades não agonísticas, preferivelmente de equipe, com a intenção declarada de desencorajar o espírito competitivo individual e, ao mesmo tempo, de educar as praticantes na disciplina do corpo e na solidariedade de grupo, favorecendo sua "educação moral". Enquanto o esporte competitivo devia purificar a nação, as atividades recreativas de lazer deviam difundir um sentimento comum de identidade nacional e de corporação. As equipes defendiam essencialmente "o bom nome" da empresa que representavam. Os círculos da OND, com sua configuração empresarial e de acolhimento familiar, permitiram o exercício de atividades físicas em competições, mas sobretudo em excursões, para muitas moças e senhoras, muito mais do que as federações dos "esportes nobres", baseadas essencialmente em valores de virilidade e mesmo de militarismo.

Bibliografia

Mais observações historiográficas e indicações bibliográficas podem ser encontradas no meu livro *L'Italia fascista, 1922-1940* (Milão: Sansoni; RCS, 1999). Indicamos aqui apenas alguns trabalhos citados no texto.

Para uma abordagem comparada dos fascismos:

COLLOTI, Enzo. *Fascismo, fascismi*. Florença: Sansoni, 1989.

Sobre o tema do consenso:

DE FELICE, Renzo. *Mussolini, il Duce*. I. "Gli anni del consenso". Turim: Einaudi, 1974;

CANNISTRARO, P.V. *La fabbrica del consenso. Fascismo e mass media*. Roma, Bari: Laterza, 1975;

COLARIZI, Simona. *L'opinione degli italiani sotto il fascismo*. Roma, Bari: Laterza, 1989;

GENTILE, E. *La via italiana al totalitarismo. Il partito e o Stato nel regime fascista*. Roma: Carocci, 1995;

SANTOMASSIMO, G. "Consenso". *In*: *DE GRAZIA*, V.; LUZZATO, S. (orgs.). *Dicionario del fascismo*. Turim: Einaudi, 2002, pp. 347-352.

Sobre a religião civil, a referência essencial são os trabalhos de Emilio Gentile, em particular:

GENTILE, E. *Il culto del Littorio. La sacralizzazione della politica nell'Italia fascista*. Roma, Bari: Laterza, 1994;

——. *La grande Italia. Ascesa e declino del mito della nazione nel ventesimo secolo*. Milão: Mondadori, 1997.

Sobre os ex-combatentes:

SABBATUCCI, Giovanni. *I combattenti nel primo dopoguerra*. Roma, Bari: Laterza, 1974.

Sobre os jovens:

KOON, T. *Believe Obey Fight. Political Socialization of Youth in Fascist Italy, 1922-1943*. Chapel Hill; Londres: University of North Carolina Press, 1985.

DOGLIANI, Patrizia. *Storia dei giovani*. Milão: Bruno Mondadori, 2003.

Sobre o esporte:

FABRIZIO, F. *Sport e politica. La politica sportiva del regime, 1924-1936*. Rimini, Florença: Guaraldi, 1976.

Sobre a OND:

DE GRAZIA, Victoria. *Consenso e cultura di massa nell'Italia fascista*. Roma, Bari: Laterza, 1981.

CAPÍTULO 8 Os marginais sociais e a consolidação da ditadura de Hitler, 1933-1939*

Robert Gellately**

Tradução de Beatriz Medina

*Este artigo é uma versão revista do ensaio "Social Outsiders and the Consolidation of Hitler's Dictatorship 1933-1939", publicado em Neil Gregor (Ed.), *Nazism, War and Genocide.* University of Exeter Press, 2005. Agradecemos ao autor e ao editor, em particular a Simon Baker, a autorização para publicação no Brasil.

**Professor Earl Ray Beck de História da Universidade do Estado da Flórida. Autor de *Lênin, Stálin e Hitler: A era da catástrofe social* (Record, 2010) e *Backing Hitler. Consent and Coercion in Nazi Germany, 1933-1945* (Record, no prelo).

Dois tipos de "marginais sociais" (*social outsiders*) foram perseguidos pelos nazistas. Um grupo consistia de indivíduos ou grupos que viviam à margem da sociedade porque não seguiam ou não podiam seguir os valores sociais dominantes — trabalho duro, limpeza e sobriedade. Por tradição, o grupo incluía criminosos, pedintes, prostitutas ou mulheres de moral questionável,* bêbados contumazes, vagabundos, insanos etc. As pessoas de má reputação eram mantidas a certa distância, expulsas ou de algum modo confinadas. Qualquer que fosse o tratamento a eles dispensado, bom ou mau, esses marginais sociais nunca desapareceram totalmente. Antes do século XIX e de sua ênfase nas soluções científicas para os problemas sociais, ninguém pensou seriamente que houvesse ou pudesse haver "cura total" para todos esses casos problemáticos.[1]

Outros fatores influenciaram a identidade e o destino dos judeus, que vieram a ser uma categoria separada de marginais sociais na Alemanha nazista. Os judeus viviam em terras alemãs há mil anos, mas até o início do século XIX a sociedade de cidades pequenas submetia-os a todo tipo de regulamentos especiais. No início do século XIX, muitas dessas barreiras desmoronaram em terras alemãs. Depois de 1871 a emancipação legal dos judeus foi completa e as portas se abriram para a participação total na vida social, cultural e política. Nem todos os alemães gostaram; bolsões de antissemitismo se desenvolveram; houve casos raros de violência da multidão. Entretanto, em termos gerais os judeus tornaram-se bem integrados e orgulhavam-se da nacionalidade alemã.[2]

*No original, *women of loose morals*. (N. das O.)

O clima de tolerância sofreu tensões com a Primeira Guerra Mundial. Os anos de matança em massa tiveram efeitos colaterais sociopsicológicos e a nova República de Weimar era dilacerada por fobias nacionalistas, conflitos de classe, instabilidade política e caos econômico. Além disso tudo, o sistema eleitoral tornava impossível que um partido sozinho formasse maioria e, em geral, os governos eram fracos. A Grande Depressão aumentou todos esses problemas. Às vésperas da nomeação de Hitler, quase 40% dos trabalhadores de escritório e operários fabris da Alemanha estavam desempregados. Para piorar, o Estado reduziu os benefícios da previdência social e o seguro-desemprego.[3] O desespero dos últimos anos antes da ditadura refletiu-se nas eleições, em que a maioria dos eleitores (homens e mulheres) apoiou partidos antirrepublicanos.[4] Bandos de homens fardados aliados a vários partidos brigavam nas ruas e pressionaram a cultura cívica da Alemanha quase até o rompimento. Havia a noção generalizada de que o país vivia uma desastrosa onda de crimes e que os valores morais e culturais estavam em declínio terminal. Foi nesse contexto que Hitler foi nomeado chanceler em 30 de janeiro de 1933. Sua nomeação teve consequências óbvias para todos no país, mas talvez ninguém tenha sido afetado de forma mais drástica do que os que passaram a ser vistos como estando fora da "comunidade do povo", como consideravam os nazistas.

I

A revolução nazista não começou com um ataque generalizado à sociedade alemã, mas sim avançou afinada com o que a grande maioria do povo queria ou toleraria. Hitler estava convencido de que "a primeira base para criar autoridade é sempre a popularidade".[5] Entretanto, também queria um regime autoritário e estava mais do que disposto a usar a força. Esforçou-se para combinar popularidade e força e daí surgiu um regime híbrido, mais bem descrito como "ditadura de consenso".[6]

Devido à pouca sustentação de Hitler no poder mesmo em março de 1933, os nazistas estavam certos ao se preocupar com a classe operária. Uma greve geral poderia derrubar o governo, como acontecera em 1920. Entretanto, no início da década de 1930 a classe operária não era solidamente antinazista e, nas eleições de 1932, um quarto de seus votos foi para o partido de Hitler. O partido nazista teve mais eleitores do que os comunistas e do que o Partido Social-Democrata.[7] Isso não fez da agremiação de Hitler um partido operário, mas erraríamos ao descartá-lo meramente como movimento de protesto da baixa classe média. O desemprego minou a força dos trabalhadores organizados e muitos começaram a achar que deviam dar oportunidade a Hitler.

Praticamente não houve resistência à tomada do poder pelos nazistas. Os comunistas eram e continuaram a ser adversários mais persistentes de que os socialistas e pagaram um preço mais alto em termos de brigas com a polícia. Ainda assim, não mais de que 150 mil filiados do KPD, o Partido Comunista Alemão, foram atingidos por alguma perseguição, contando até a mais leve, durante os 12 anos do Terceiro Reich. Ainda que suponhamos que todos estivessem "resistindo", somos levados a concluir que os comunistas que resistiram, numa população entre 60 e 70 milhões de habitantes (num período de 12 anos), representaram pequena minoria. Muito menos filiados do Partido Social-Democrata Alemão (SPD) foram "perseguidos" de alguma forma.[8] Não há como questionar a coação usada contra os adversários de esquerda, mas, apesar de tudo, Hans-Ulrich Wehler insiste corretamente que é errado caracterizar o governo de Hitler na Alemanha simplesmente como "regime de terror" em que um bando minúsculo de malfeitores subjuga a grande maioria. Ele observa que tais "explicações" foram dadas durante muitos anos por apologistas para não ter de explicar a "ampla base de consenso" que Hitler tinha junto à "massa de seus alemães".[9] Além disso, pesquisas mais recentes (ao contrário dos estudos das décadas de 1970 e 1980) mostram que logo se desenvolveu um "alto nível de consenso" mesmo em meios socialistas, comunistas e católicos.[10] Embora alguns indivíduos desses meios tenham adotado comportamento não conformista, nada disso ameaçou o regime.

A volta ao pleno emprego ampliou o apoio social de Hitler e muitos trabalhadores ficaram ao lado de outros no consenso "pró-nacional-socialista".[11] Ficaram impressionados porque os nazistas levaram a sério suas preocupações cotidianas com as condições imediatas de trabalho. De modo algum significa que todos os trabalhadores "mantiveram distância das massas em aclamação" em ocasiões como o Dia do Trabalho Nacional nazista. Também não deixaram de sintonizar o rádio para ouvir Hitler falar. Impressionaram-se principalmente com as sucessivas realizações na política externa.[12]

Os nazistas usaram o terror seletivamente desde o dia da nomeação de Hitler, mas não houve algo como a violência maciça associada à Revolução Russa. O terror por atacado não foi necessário. Em vez disso, a Alemanha viveu uma "revolução legal", conceito ambíguo cunhado para indicar que os nazistas tinham o devido respeito pela aparência legal ao mesmo tempo em que rasgavam a Constituição.[13] Muitos viram o que havia por trás da iniciativa mal disfarçada de destruir a democracia e o estado de direito; alguns se enojaram; mas muitos foram conquistados e outros simplesmente fingiram não ver. Havia um consenso social latente à espera de mobilização e isso tornou mais fácil para tanta gente aguardar os acontecimentos ou abraçar o nazismo. Hans-Ulrich Wehler, que viveu os fatos, escreveu sobre o que chamou de enorme "disposição para o consenso" que existia na época.[14] Ao mesmo tempo, Golo Mann recordou que "foi o sentimento de que Hitler estava historicamente certo que fez parte tão grande da nação ignorar os horrores da tomada do poder pelos nazistas [...] O povo estava pronto para ela".[15] Martin Broszat, outro historiador com experiência em primeira mão da tomada do poder pelos nazistas, disse que tudo correu tão bem que foi mais um "reajuste" do que uma revolução.[16]

II

A princípio, a consolidação do regime não dependeu do que esse faria com os marginais sociais. A questão mais premente era o desemprego. A segunda prioridade relacionada com a primeira era o rearmamento e a afirmação do lugar da Alemanha na Europa. Entretanto, criar a utopia racial nunca ficou distante das ideias de Hitler. Antes da votação da Lei de Capacitação, a declaração de seu governo destacou as duas primeiras prioridades, mas também aludiu à criação de uma "real comunidade do povo" e à necessidade de "purificação moral do corpo político".[17] Hitler desprezava o mundo liberal da República de Weimar e, como outros líderes nazistas, zombava de juízes lenientes, vilipendiava criminosos condenados e odiava os chamados "degenerados" e "parasitas".[18] Queria purificar o "corpo político" (*Volkskörper*) e criar uma "comunidade do povo" com base racial.

Dada a importância que Hitler atribuía à opinião popular, não surpreende que começasse por isolar indivíduos e grupos já odiados ou temidos. O primeiro alvo e o mais óbvio era o KPD e as ações contra seus militantes foram amplamente aplaudidas por uma nação de proprietários. Os primeiros campos de concentração foram criados a partir de março de 1933 e saudados pela imprensa como lugares para onde mandar os comunistas. Eles e outros "inimigos do povo" seriam mantidos em campos de estilo militar até ver o erro de seu comportamento. No final do ano a maioria dos campos já tinha sumido e falava-se na imprensa que o resto logo seria fechado. Não há dúvida de que os campos pretendiam ter efeito impeditivo sobre os que talvez pensassem em resistir. Mas havia mais coisa envolvida. Localidades como Dachau deram boas-vindas à criação dos campos e aos empregos que vieram com eles. A cidade gabava-se de ter uma instituição dessas; longe de ser mantida em segredo, a existência dos primeiros campos foi ampla e sistematicamente divulgada.[19]

A recepção social das imagens projetadas variou enormemente, como seria de esperar. Certamente, entre 1933 e a guerra houve muitas centenas de reportagens nos jornais, algumas ilustradas, sobre esses campos. As imagens talvez causassem efeito aterrorizante sobre os oficialmente estigmatizados. Entretanto, seria ingênuo supor que os campos visavam a assustar a nação como um todo. Os "bons cidadãos" estavam mais preocupados com os comunistas e também temiam a desordem e o desrespeito às leis. Muitos queriam uma caçada aos criminosos. Além disso, nunca se pretendeu que os campos fossem para todos e a identidade social de quem poderia ser mandado para lá era bastante previsível. Os prisioneiros seriam os vários tipos de marginais sociais. Os campos foram apresentados como instituições educativas que serviriam de "correção e advertência" aos comunistas e aos descritos como "ralé social", ou seja, os marginais sociais, como criminosos reincidentes, desempregados crônicos, mendigos, alcoólatras, homossexuais e agressores sexuais contumazes, todos seriam reabilitados ou, no mínimo, mantidos longe das ruas em campos de aparência militar.[20]

A princípio, os campos não eram para judeus. Na verdade, os primeiros passos contra os judeus foram surpreendentemente tímidos, dado o volume de energia que os nazistas tinham dedicado ao tema com o passar dos anos. Como muitas outras políticas do início do regime, o antissemitismo foi ajustado para conquistar mais apoio do que perder. Em 1933 e 1934, as declarações públicas de Hitler sobre os judeus foram notáveis pela ausência.[21] Havia cerca de 525 mil judeus na Alemanha no princípio do Terceiro Reich e, embora claramente alguns se preocupassem com o que aconteceria depois, a maioria não entrou em pânico nem tentou sair do país de imediato.[22]

Nas províncias, os nazistas mais esquentados fizeram ataques descoordenados e muitas vezes violentos contra judeus, mantiveram um boicote extraoficial a suas empresas e assim por diante. Entretanto, a opinião pública alemã rejeitava esse comportamento e, para dar alguma ordem ao caos, Hitler optou pelo boicote nacional.[23] Marcado para sábado, 1º de abril de 1933, foi apresentado como "contramedida" para reagir à "propaganda de atrocidades" feita, supostamente, pelos judeus no exterior. Hitler deu sua bênção, mas disse que a ação não deveria tomar "formas indesejadas".[24] Os próprios nazistas logo decidiram que o boicote seria um fracasso de propaganda, devido à aversão do público a tais métodos, e cancelaram-no.[25]

O governo prosseguiu com mais "discriminação legal". Os judeus, como grupo, foram isolados numa lei (de 7 de abril de 1933) que expurgava judeus e outros do serviço público. A "Lei da Recuperação do Serviço Público Profissional" teve enormes consequências.[26] Aplicava-se a todo o funcionalismo público, até o nível das aldeias, e incluía juízes, policiais, professores universitários e professores de escolas. Milhões foram afetados pelos famosos questionários que faziam parte da lei e as investigações subsequentes garantiram muita bisbilhotice.[27] O processo espalhou a notícia de que o antissemitismo oficial era agora política do governo.

A promulgação das leis de Nuremberg em setembro de 1935 deu oportunidade a Hitler de aparecer como estadista soberano e os excessos contra os judeus dos meses anteriores reduziram-se por algum tempo.[28] A "Lei para a Proteção do Sangue e da Honra Alemães" tornou ilegais novos casamentos entre judeus e não judeus; proibiu relações sexuais extraconjugais entre eles; tornou ilegal que judeus contratassem como criadas mulheres não judias de menos de 45 anos; e que judeus hasteassem a bandeira alemã. No último minuto, Hitler chegou a pensar numa versão mais ampla dessas leis a ser aplicada a mais gente "mestiça" (ou seja, filhos de judeus com não judeus). Com essas leis ainda mais duras, mais dezenas de milhares ficariam sujeitos à perseguição. Entretanto, voltou atrás ao confrontar-se com as reações dos "parentes alemães" e do público, que acharam as leis abrangentes demais em seu potencial de aplicabilidade.[29] Ainda assim, nos anos seguintes os filhos "de raças mistas" (de relacionamentos entre judeus e não judeus) seriam submetidos à discriminação oficial e à não oficial.[30]

Os nazistas tiveram o cuidado de não ousar dissolver os casamentos já existentes entre judeus e pessoas de "sangue alemão", como eram então chamadas essas últimas, para que não fossem acusados de questionar a santidade do matrimônio. Permitiram que os "casamentos mistos" continuassem a existir, mas poderiam ser dissolvidos num instante caso os cônjuges não conseguissem tolerar a pressão considerável exercida sobre eles para se divorciar. Pessoas como Victor Klemperer, que tinha um "casamento misto" e sobreviveu em Dresden devido à coragem e ao sacrifício da esposa. Quanto aos judeus em geral, Hitler avançou, mas ainda exibia o devido respeito às aparências legais. Disse que os judeus deveriam desenvolver o "próprio modo de vida étnico". De fato, a condição dos judeus voltara àquela dos dias anteriores à emancipação.[31]

Os historiadores tiraram conclusões diferentes de como os alemães reagiram a essas leis. O historiador israelense David Bankier destaca o acordo entre o povo e o regime.[32] Otto Dov Kulka, outro israelense, afirma que provavelmente a maioria dos alemães ficou feliz com as leis, na esperança de que dessem fim à violência e à criminalidade.[33] Victor Klemperer perguntou a não judeus que encontrou o que achavam e concluiu que "todos oscilam ou têm opiniões contraditórias".[34] Em meados da década de 1930 e mesmo depois, a maioria dos cidadãos não endossava excessos ilegais contra os judeus.[35] Ainda assim, a violência aleatória cresceu e os socialistas clandestinos compararam-na a um *pogrom*, em certos lugares. Embora a população não endossasse o que acontecia, os fatos, como até os socialistas mais otimistas admitiam com pesar, "definitivamente impressionaram".[36] A partir de 1935, quase sem interrupção, os nazistas continuaram a importunar os judeus, mas isso nada era em comparação ao *pogrom* de novembro de 1938. Os observadores socialistas terminaram o longo relatório dos fatos com a frase arrepiante de que "a campanha de aniquilação dos judeus alemães, segundo todas as aparências, está entrando na fase final".[37]

O antissemitismo foi radicalizado durante 1938, mas o grande impulso veio no terceiro trimestre. Em 9 de novembro de 1938, os líderes nazistas estavam em Munique para comemorar o aniversário do Putsch da Cervejaria, de 1923, quando chegou a notícia de que um funcionário da Embaixada da Alemanha em Paris morrera devido a ferimentos causados por um jovem judeu polonês.[38] O resultado para os judeus foi catastrófico. No relatório a Göring sobre o *pogrom* que se seguiu, Heydrich afirmou que 20 mil judeus foram presos, 36 mortos e 36 gravemente feridos e disse que a "maioria" de suas empresas foi destruída e as casas danificadas. Os historiadores calcularam o número final dos presos como mais próximo de 30 mil e o número de mortos foi, com certeza, maior de que cem.[39] Alguns judeus reagiram suicidando-se: entre 300 e 500 escolheram esse caminho.[40] Aproximadamente dez mil homens judeus foram mandados para os campos de Dachau, Buchenwald e Sachsenhausen; a maioria foi libertada depois de várias semanas.[41] As prisões constituíram a maior "ação" isolada da Gestapo já feita dentro da Alemanha nazista.[42]

É difícil generalizar as reações da população alemã, que vacilava e cuja opinião real, pelo menos se negativa, não podia ser expressa com liberdade. Bankier sugere que os quebra-quebras contra judeus podem ter "causado desaprovação em muitos que, até então, tinham endossado 'medidas antissemitas moderadas'".[43] Os socialistas, no relatório secreto de fevereiro de 1939, fizeram a comparação com a aniquilação dos armênios pelos turcos na guerra anterior. Tinham certeza de que "a maioria avassaladora" do povo "abominava" os excessos de novembro e o "*pogrom* contínuo" desde então, mas quase com certeza subestimavam até que ponto o antissemitismo se disseminara.[44] Embora desde 1933 muitos judeus tivessem saído da Alemanha, no recenseamento de maio de 1939 ainda lá viviam 213 mil pessoas classificadas como "judeus religiosos". Além disso, havia 19.716 judeus "não religiosos" e 84.674 registrados como "mestiços".[45] A partir do início da guerra, em setembro de 1939, para muitas dessas pessoas a oportunidade de conseguir asilo praticamente evaporou e elas foram cada vez mais submetidas a agressões e perseguições. A política nazista para com todos os judeus radicalizou-se com a guerra e a maioria dos que ainda estavam na Alemanha não sobreviveria. Também se intensificaram as políticas contrárias aos "mestiços", mas a "solução final" desse problema foi repetidamente adiada.

III

A estigmatização de outros marginais sociais seguiu caminho paralelo e interagiu tanto com o antissemitismo quanto com outras formas de racismo. A "Lei para a Prevenção de Filhos com Doenças Hereditárias", de 14 de julho de 1933, que tornou possível a esterilização compulsória, deu o rumo das políticas futuras. Voltada a princípio para os que sofressem de problemas físicos e mentais, como "fraqueza mental congênita", esquizofrenia, cegueira e surdez herdadas e epilepsia, essa lei foi chamada de "modelo de toda a legislação eugenística" na Alemanha nazista.[46] Cerca de 400 mil homens e mulheres foram esterilizados no decorrer do programa, quase todos contra a vontade.[47] Cerca de cinco mil pessoas morreram em consequência das operações, mulheres na maioria, mas invariavelmente a experiência teve efeitos psicológicos devastadores. Nas decisões, eram usados não só critérios médicos como também sociais. Comportamentos indesejados, como alcoolismo grave ou mesmo desobediência, podiam levar à esterilização. O mesmo podia acontecer a mulheres que mudassem de parceiro sexual com demasiada frequência ou que tivessem mais de um filho ilegítimo.[48]

Longe de ser secreta, a campanha de esterilização maciça foi divulgada na imprensa; houve mais de 50 mil reuniões e assembleias públicas para discutir a higiene genética e racial (*Erb-und Rassenplege*) antes de 1939; as escolas incluíram o tema no currículo; houve livros infindáveis e literalmente milhões de folhetos e artigos e até alguns filmes dedicados ao tópico.[49] Embora a Igreja Católica fizesse restrições, não tomou qualquer atitude e não protestou contra as esterilizações. É provável que muitos considerassem aceitável a ideia de uma lei de esterilização. Durante a época de Weimar, os social-democratas eram seguidores ardentes da eugenia e tinham proposto uma lei para esterilizar criminosos, apoiada pelos nazistas. A lei não foi aprovada, mas seria errado supor que a eugenia fosse uma "ciência marginal" só defendida por direitistas fanáticos.[50]

O novo regime também se concentrava em criminosos, os menos apreciados de todos os marginais, e enquanto ainda buscava apoio público começou a pôr em prática suas ideias. Heinrich Himmler, mais tarde chefe da polícia alemã, assim como Kurt Daluege, encarregado da polícia sem farda (Orpo), e Arthur Nebe, do ramo criminal (Kripo), defenderam a "custódia preventiva" para cortar o crime pela raiz. Um decreto prussiano (de 13 de novembro de 1933) e uma lei federal (de 24 de novembro de 1933) falavam de "criminosos perigosos contumazes". O decreto prussiano afirmava que a polícia poderia pôr alguém em custódia preventiva caso essa pessoa cometesse crimes ou contravenções premeditadas e tivesse sido condenada a pelo menos seis meses de prisão em três ocasiões diferentes. Também criava cotas para a "prisão policial preventiva" de criminosos conhecidos da polícia em cada distrito, mais ou menos no padrão de como a Gestapo prendia adversários políticos.[51] Logo a polícia podia prender quem nunca tivesse sido condenado se tivesse razões para concluir que tal pessoa tinha "vontade criminosa" e poderia, no futuro, pôr em risco a segurança.[52]

A partir de 1º de janeiro de 1934, quem fosse considerado "criminoso perigoso contumaz" poderia não ser libertado, mesmo depois de cumprir inteiramente a pena, e ficar em "detenção preventiva". Para reforçar a imagem da ditadura, o público foi informado de que a vida atrás das grades tinha de ser desagradável. O tempo passado na prisão não era apenas punição pelo crime, mas devia ter também efeito educativo. Os nazistas insistiam que penas mais longas e punições mais duras serviriam de impedimento e corriam a proclamar aos "bons cidadãos" as suas realizações.[53]

Himmler afirmava o óbvio em discursos e artigos de jornal: que era difícil e caro ficar de olho em criminosos reincidentes. Como Hitler, queria mandar todos os que cometessem três ou quatro crimes para campos de concentração pelo resto da vida.[54] Por trás dessas opiniões estava a convicção de que "o criminoso nato será e continuará sendo criminoso; mas muitas pessoas com certa inclinação para o crime ainda podem, com educação adequada, tornar-se membros valorosos da comunidade do povo".[55] Com o tempo, contudo, mais tipos de criminosos e "desviantes" foram acrescentados à lista de pessoas que pertenciam à categoria vaga de "criminoso nato".

Kurt Daluege disse ao público que a "detenção preventiva" ajudaria a polícia a obter uma sociedade "em que todo camarada racial possa também andar pelas ruas vazias à noite com total segurança. Ele [*sic*] devia poder deixar as janelas abertas sem se preocupar com roubos e, acima de tudo, devia voltar a dormir em paz com a sensação de que estamos velando por ele."[56] Outras autoridades policiais proclamaram o fim dos dias em que "mulheres desacompanhadas tinham de temer a volta para casa em segurança à noite".[57]

A lei de novembro de 1933 na Alemanha contra "criminosos perigosos contumazes" deu aos juízes dos tribunais regulares opções como ordenar a "detenção preventiva" e permitiu aos tribunais que recomendassem a esterilização compulsória de "criminosos morais perigosos". Os juízes não demoraram a pôr em prática o novo poder e, em 1934, ordenaram a "detenção preventiva" de 3.723 "criminosos contumazes". Depois o número caiu lentamente até 1938, quando subiu de novo.[58] Os tribunais também mandaram "criminosos" para hospitais e recomendaram esterilizações. Entre 1934 e 1939, os juízes, sozinhos, usaram o novo poder para encarcerar 26.346 pessoas (sem julgamento).[59]

A Polícia Criminal (Kripo) recebeu poderes de ordenar a "custódia preventiva" de alguns criminosos, poder baseado no Decreto do Incêndio do Reichstag de 28 de fevereiro de 1933. Houve tensão e superposição entre o direito da Kripo de ordenar a "custódia preventiva" e o poder dos tribunais de manter alguém em "detenção preventiva". O Ministério da Justiça acabou aconselhando os juízes a pôr mais gente em "detenção preventiva" para evitar que fossem distinguidos pela polícia. Em março de 1938, o ministério lembrou aos juízes que a lei contra criminosos contumazes dava-lhes uma arma poderosa e que tinham de usá-la "incansavelmente".[60]

Martin Broszat observa, com razão,

> que havia a tendência de resolver o problema da criminalidade no Terceiro Reich, em última análise, como se fosse algo semelhante a uma doença hereditária, ou seja, com a abordagem radical da "neutralização", do "descarte" ou da "erradicação". Quem fosse acusado de crimes não seria mais considerado um ser humano sob proteção legal, mas como simples parasita contra o qual não fazia sentido iniciar processos legais e que seria simplesmente neutralizado e eliminado.[61]

Em essência, a mesma abordagem foi adotada com os "ciganos". O preconceito social e a política estatal contrária aos "ciganos" datavam de bem antes de 1933 e intensificaram-se durante a época nazista. Os sintis e romas eram pequena minoria na Alemanha, onde, em 1933, estimava-se que eram uns 20 mil indivíduos. O próprio Hitler pouco disse sobre esse povo, de modo que a perseguição deles na Alemanha e o assassinato de tantos durante o Terceiro Reich indicam que a inspiração veio de outra parte.

A princípio, os sintis e romas foram submetidos à perseguição oficial por serem estereotipados como grupo racial excluído, supostamente dado à criminalidade, que não podia ou não queria ter emprego regular ou estabelecer residência fixa, constituindo assim um problema social. As autoridades locais e regionais (de partidos não nazistas) tentaram usar a nova ordem para resolver o "problema cigano". A partir de 1933, o denominador comum de muitas sugestões e/ou pedidos de ação vindos "de baixo", de prefeitos e vereadores, assim como de policiais e outros, era que os sintis e romas fossem confinados em algum tipo de campo.[62]

A abordagem inicial da polícia foi impor com mais vigor as medidas existentes e um número limitado deles foi mandado para campos de concentração. Entre 1935 e 1939 foram criados campos específicos em cidades como Colônia, Dusseldorf, Essen, Frankfurt, Hamburgo, Magdeburg e Berlim. Os campos eram menos severos do que os outros, mas a vida neles era regulamentada e logo foram cercados com arame farpado. Depois de 1939, os sintis e romas ficaram presos nesses campos até serem deportados para o Leste.[63] A ditadura centralizou a abordagem do "problema cigano" e, em outubro de 1938, criou o "Quartel-General Central do Reich para Combater a Praga Cigana", sob o comando da Kripo e sediado em Berlim. Não foi determinado exatamente quantos foram mandados para campos de concentração nas campanhas de 1938, mas indícios isolados sugerem que a polícia aproveitou a oportunidade para prender "ciganos" sempre que havia oportunidade.[64]

A maior prioridade de 1938 com relação à "Pesquisa Cigana" era registrá-los e supervisioná-los mais de perto. Himmler baixou novas diretrizes em 8 de dezembro com o título "Batalha contra a Peste Cigana", expressão que datava do uso policial da Alemanha pré-nazista. Ele apelava uma abordagem nacional que dividisse os ciganos em "raça mista" e "raça pura". A "solução final da questão cigana" envolveria tratar cada grupo separadamente.[65] Até esse ponto, nenhum pesquisador racial nazista considerara os ciganos como "raça", de modo que as novas diretrizes foram outro sinal de consequências previsíveis.[66]

A ditadura queria registrar todos os integrantes dessa minoria e determinar seu "histórico racial". A sede da Kripo em Berlim, especificamente a nova delegacia especial para cuidar de ciganos, foi encarregada disso. A "campanha preventiva contra o crime" da Kripo levou ao confinamento de muitos "ciganos associais" alemães e austríacos. A polícia local recebeu ordem de denunciar todos os que, "por sua aparência, sua moral e seus hábitos possam ser considerados ciganos ou cigano de raça mista, inclusive também outros que perambulem como ciganos". Foram registrados os sintis, mais numerosos, o número menor de romas e outros grupos aparentados, como os laleris das áreas incorporadas, e, em 1º de março de 1939, a maioria foi forçada a se submeter a exames biológico-raciais. Num sinal do que estava por vir, no início de julho a Kripo foi instruída, em caso de mobilização para a guerra, a mandar os "ciganos" sem residência fixa para campos de concentração, junto à vaga categoria de marginais sociais denominada "os considerados incapazes de servir às Forças Armadas".[67]

IV

Os "associais" eram um grupo frouxamente definido, já muito discutido nos círculos policiais e da previdência social bem antes da época nazista. O conceito podia ser usado para descrever qualquer um que não participasse da sociedade como bom cidadão e não aceitasse sua responsabilidade social, mas também era usado para falar de criminosos, agressores sexuais e outros. Os nazistas queriam livrar a sociedade de todos aqueles cujo modo de vida não se encaixasse nos novos ideais nem combinasse com o que chamavam de "sentimento popular salutar".[68] Num sentido mais geral, afirmavam ofender-se com a vida fora dos trilhos e, em 1933, falaram em expulsar das ruas prostitutas, cafetões e aborteiros. Ameaçavam quem não tivesse emprego regular, e várias autoridades importunaram "ciganos", "avessos ao trabalho" e vagabundos, por "incomodar a população" (na expressão instrutiva de uma portaria local).[69] Em meados de setembro de 1933, os nazistas ordenaram uma campanha de prisões em todo o país para dar fim ao que chamavam de "epidemia de pedintes" nas ruas. Pediram aos cidadãos que cooperassem guardando seus recursos para instituições de caridade, lembrando que a Alemanha era pobre demais para se dar ao luxo de sustentar "pedintes em tempo integral, gente avessa ao trabalho, bêbados e trapaceiros".[70] Supostamente, a campanha de repressão também preveniria o crime, já que eliminaria o ambiente que gerava os desvios.

Himmler ordenou várias outras "varreduras", como a que começou menos de um ano depois de ser nomeado chefe da polícia alemã. No início de 1937, a Kripo recebeu ordem de preparar listas de "criminosos profissionais e contumazes". Uma segunda ordem explicava que, apesar da redução da criminalidade, restavam alguns criminosos cujas façanhas indicavam atitude "associal" e até oposição ao Estado.[71] Himmler ordenou uma "ação especial" em 9 de março de 1937 para prender duas mil pessoas que não estivessem trabalhando. As instruções eram mandar para campos de concentração os que, "*na opinião da Polícia Criminal*" (destaque do original), fossem criminosos profissionais, infratores reincidentes ou agressores sexuais contumazes.[72] O entusiasmo dos policiais foi tamanho que prenderam não duas mil, mas 2.752 pessoas, das quais somente 171 tinham desrespeitado a liberdade condicional. A polícia usou a oportunidade como pretexto para se livrar de "casos problemáticos". Os presos foram descritos como arrombadores (938), ladrões (741), agressores sexuais (495), vigaristas (436), assaltantes (56) e receptores de mercadorias roubadas (86). Só 85 eram mulheres. Alguns judeus foram presos, mas o número exato não é conhecido. No fim do ano, só 372 tinham sido libertados, enquanto 68 morreram na prisão.[73] Nenhum deveria ser libertado, a menos que houvesse possibilidade genuína de que aceitaria trabalhar e se manteria no emprego.[74]

A "ação" de 1937, já que foi executada pela polícia sem qualquer referência aos tribunais, representou outro passo da ascensão da polícia à custa do estado de direito. A autorização para a "ação especial" foi dada pelo Ministério do Interior, sem discussão sequer com o Ministério da Justiça, cujas autoridades, assim como os outros cidadãos, souberam dela um mês depois, pelos jornais.[75]

Em 14 de dezembro de 1937, o Ministério do Interior baixou um "decreto fundamental sobre a batalha preventiva da polícia contra a criminalidade". Dizia que a recente reorganização da Kripo tornava importante unificar as práticas de prisão preventiva. O decreto baseava-se no Decreto do Incêndio do Reichstag, que justificou a criação da Gestapo, e permitia à Kripo cuidar dos criminosos para proteger a comunidade "de todos os parasitas". Recomendavam-se duas abordagens. A mais radical referia-se à prisão dos que, devido à ficha na polícia, eram definidos como "criminosos profissionais ou contumazes".[76] A critério da polícia, tais pessoas podiam ser postas em "custódia preventiva"; esse mandado também podia ser ampliado para a vaga categoria de "associais". A segunda abordagem disponível era a "supervisão planejada por ordem da polícia", que possibilitava à Kripo manter ex-presos sob vigilância e envolvia muito mais do que a simples liberdade condicional. A polícia nazista teria controle total da vida de presos libertados e, por um período indefinido, poderia impor-lhes vinte restrições diversas. Poderia determinar o lugar da residência e as atividades de lazer, proibir o consumo de álcool, certas companhias sociais e visitas a uma variedade de lugares públicos. Os ex-prisioneiros podiam ficar em prisão domiciliar, ser proibidos de dirigir, de ter animais de estimação ou armas. A sede da Kripo queria ter certeza de que a polícia, e não os tribunais, tomaria a decisão final sobre a libertação de "criminosos perigosos contumazes" depois que cumprissem a pena e a liberdade condicional.[77]

No início de 1938 a Kripo avançou rumo à independência completa dos tribunais ao afirmar que, na medida em que cuidava preventivamente dos "inimigos criminosos do Estado", podia alegar que executava ordens do Führer e não precisava de autorização da Justiça. O público alemão foi informado da natureza e da extensão desses novos poderes, embora as "ações" policiais específicas que se seguiram não fossem divulgadas.[78] A Kripo tentou até pôr as mãos em associais com condenações anteriores, que estavam em penitenciárias regulares, para mandá-los para campos de concentração, em vez de libertá-los quando terminassem de cumprir a pena.[79] Não havia lugar para "gente solta" sem "residência fixa" no Terceiro Reich.[80]

As instruções de Himmler à Kripo em 4 de abril de 1938 definiam os "associais" como "quem demonstra, por comportamento hostil à comunidade mas não necessariamente criminoso, que a ela não se adaptará". A lista dos "associais" que se encaixavam nessa definição vaga incluía todos aqueles

> que por infrações da lei, pequenas mas frequentemente repetidas, demonstram que não se ajustarão à ordem social, que é condição fundamental do Estado Nacional-Socialista, ou seja, pedintes, andarilhos (ciganos), prostitutas, bêbados, os portadores de doenças contagiosas, principalmente doenças sexualmente transmissíveis, que escapam às medidas impostas pelas autoridades de saúde pública.

Também eram consideradas associais "pessoas, condenadas anteriormente ou não, que fogem à obrigação de trabalhar e dependem do público para sua manutenção (como os avessos ao trabalho, os que matam o trabalho, os bêbados)". A Kripo recebeu ainda poderes para prender todos os que caíssem nessas categorias amplas e, seletivamente, já o fazia. Para proteger os cidadãos e sua propriedade, a Kripo recebeu "maior liberdade de ação" para cuidar de todos os "que desrespeitam a lei e todos os associais". A Kripo poderia ampliar a vigilância planejada ou ordenar a custódia preventiva, definida como "método mais contundente" contra criminosos e associais. "Em primeiro lugar", o decreto visava às pessoas sem residência fixa. A critério da polícia, essas pessoas poderiam ser mandadas para campos de concentração.[81]

A polícia nazista, principalmente a Kripo, ao mesmo tempo em que exigia novos poderes fazia planos para novas "ações". Em 26 de janeiro de 1938, Himmler informou à Kripo e à Gestapo seu desejo de uma varredura nacional contra os "avessos ao trabalho", mais difíceis de pegar do que outros casos problemáticos. Sua definição de "avesso ao trabalho" era o homem em condições físicas de trabalhar mas que, sem boas razões, recusava emprego em duas ocasiões ou não tardava a demitir-se. Ele defendia a tese de que, caso vazassem informações sobre a ação da polícia, esses indivíduos arranjariam emprego, mas sem intenção real de reformar-se. Portanto, para "obter a remoção completa" desses elementos, Himmler exigiu um "ataque único, abrangente e de surpresa".[82]

Ele encarregou a Gestapo da primeira "ação associal", marcada para o início de março de 1938 mas só realizada no final de abril. A Gestapo não devia dar definição demasiadamente estrita ao conceito de associal. Os presos deveriam ser mantidos em "custódia protetora", ficar detidos durante duas a três semanas em cadeias locais e, depois, enviados para Buchenwald por no mínimo três meses. Como a Gestapo tinha poucos arquivos sobre os "avessos ao trabalho", Himmler pediu às agências de emprego e aos órgãos estatais e nazistas da previdência que fornecessem informações. Uma estimativa recente calcula que o número de presos foi de cerca de dois mil, todos mandados para Buchenwald.[83]

Em 1º de junho de 1938, a Kripo recebeu ordens de prender no mínimo 200 associais desempregados em cada distrito policial. Entre 13 e 18 de junho de 1938, foram presos vagabundos, pedintes, ciganos e cafetões como "associais". Todos os que usavam albergues foram investigados para descobrir se eram "avessos ao trabalho" e depois essas verificações continuaram.[84] A Kripo lançou-se ao trabalho e excedeu o que fora ordenado. A julgar pelas estatísticas mencionadas por um integrante da equipe pessoal de Himmler, a Kripo prendeu mais de oito mil pessoas e mandou-as para campos de concentração. No início de 1939, "bem mais de dez mil" dos que estavam sob custódia ainda permaneciam nos campos.[85] Ao contrário das ordens, a Kripo prendeu até homens que não eram mais "avessos ao trabalho" e estavam bem empregados.[86]

Outra justificativa ideológica para prender os "avessos ao trabalho" e os vários associais e obrigá-los a trabalhar era que seria da competência da polícia, tantas vezes mencionada na imprensa, limpar o corpo político com a erradicação de todos os criminosos. Além disso, a meta da polícia seria disciplinar e punir todos os que não se ajustassem à imagem de cidadão trabalhador e camarada racial dedicado. Alguns prefeitos entraram no clima e pediram à Kripo que prendesse, como "associais", bêbados conhecidos, para se livrar deles; foi dito aos prefeitos que essa tarefa era das entidades de bem-estar social, não da polícia.[87]

As considerações econômicas também tiveram seu papel em grande número de prisões de 1938, quando a Alemanha se preparava para a guerra e sofria de escassez de mão de obra. Depois que os desajustados sociais eram mandados para campos de concentração, muitas vezes citados em diretivas oficiais como campos de trabalho, essa mão de obra podia ser aproveitada. Detidos, eles eram explorados para financiar o próspero império da SS.[88]

Todos os considerados "avessos ao trabalho" durante a guerra, pelo menos se já tivessem sido condenados, eram mandados para campos de concentração.[89] Entretanto, mesmo antes da guerra, cada vez mais os campos de concentração confinavam os marginais sociais. Tomando Buchenwald como exemplo: no fim de outubro de 1938, seus 10.188 prisioneiros incluíam 1.007 "criminosos profissionais" e 4.341 considerados "associais". Juntos, constituíam mais da metade da população do campo e eram mais numerosos do que os presos por ordem de "custódia protetora" da Gestapo (3.982). Até mesmo a Gestapo prendia muitos tipos de "criminosos", inclusive "associais", portanto é improvável que todos os presos da Gestapo no campo fossem "políticos".[90]

Assim, Buchenwald encarcerou tanto marginais sociais quanto comunistas, ou até mais. O mesmo aconteceu em Sachsenhausen. A população total do campo entre junho de 1938 e setembro de 1939 flutuou entre o nível mais baixo de quase seis mil presos ao mais alto de uns nove mil. A principal exceção foi dezembro de 1938, quando o número de presos foi dado como 12.622, incluindo muitos judeus mandados para lá como parte do *pogrom* de novembro.[91] Os números mostram que mais da metade dos prisioneiros, em qualquer momento desse período, eram "associais". Não sobreviveram números completos dos mantidos em detenção preventiva em "ações" subsequentes na Alemanha como um todo. Uma reconstrução parcial mostra que havia 12.921 no fim de 1938; 12.221 no fim de 1939; e 13.354 no fim de 1940.[92]

V

É inevitável que regimes racistas dediquem imenso volume de recursos à regulamentação do sexo. Em primeiro lugar, o tipo "errado" de sexo tinha de ser impedido. Hitler e os nazistas eram especialmente sensíveis a relações sexuais ilegais entre judeus, outros "inimigos" raciais e alemães. A base eugenística do Terceiro Reich praticamente garantia que se fizesse esforço considerável para eliminar a prostituição, já que Hitler há muito tempo considerava-a e as doenças a ela associadas como sintomas de decadência e degeneração. Um dos primeiros passos do novo regime foi dar ordem à polícia de usar medidas legais (como as leis sobre a disseminação de doenças venéreas) para eliminar a prostituição das ruas, controlar os bordéis e multar prostitutas se e quando oferecessem publicamente seus serviços de maneira ostensiva.[93] A imposição policial local dessas medidas variou muito, mas houve prisões em massa em muitas cidades em 1933 e milhares de prisões em alguns lugares.[94] A extensão total da prostituição continua desconhecida, porque boa parte era feita de forma "ocasional" como complementação da renda.[95] Não só policiais, mas também agentes de saúde, previdência e assistência à juventude envolveram-se na campanha para cuidar desse grupo de "associais". Uma das tendências foi buscar a esterilização de contraventoras reincidentes.[96] Em 1933, as autoridades de saúde da Alemanha tinham, em seus registros, 20 mil mulheres acusadas de "mudar de parceiro sexual com frequência". A guerra complicou a atitude oficial para com a prostituição, que a partir daí variou entre o desejo de eliminá-la completamente e a tolerância e até a criação de bordéis mais bem controlados.

Os homossexuais também eram considerados, por Hitler e muitos líderes nazistas, uma ameaça ao corpo político, e esse sentimento não era impopular na Alemanha da época. Embora o lesbianismo também ofendesse o "sentimento popular salutar", como diziam os nazistas, não houve campanha sistemática contrária a ele, em parte por não ser considerado grave "perigo para a sobrevivência da nação".[97] Parece que Hitler acreditava, mesmo antes de 1914, que a homossexualidade devia ser combatida "por todos os meios possíveis" e afirmou ter ficado "contra essa e outras perversões sexuais na grande cidade (Viena), com nojo e náusea".[98] A partir de 1933, a polícia aumentou a imposição do cumprimento de leis que criminalizavam a homossexualidade (nos livros desde o século XIX). A polícia nazista também considerou ilegais a pornografia e as publicações de baixo nível. Os órgãos locais da polícia criaram setores especiais para prender negociantes de literatura e imagens obscenas.

No fim de outubro de 1934, criou-se na sede da Gestapo em Berlim um setor especial para combater a homossexualidade e coordenar as atividades contra homossexuais masculinos. Em 28 de junho de 1935, o regime endureceu o código criminal.[99] Himmler encorajou a Gestapo e a Kripo a participar e, em 1936, foi criado o "Escritório Central do Reich para Combater a Homossexualidade e o Aborto", que registraria todos os homossexuais investigados pela polícia. A perseguição de homossexuais refletiu-se nas sentenças dos tribunais, com homens condenados por desrespeitar as determinações do código criminal. Em 1933, houve um pequeno aumento do número de homossexuais masculinos condenados, em comparação com os últimos anos de Weimar (853 condenações contra 801 em 1932). As prisões subiram em cada um dos anos seguintes: 1934 (948); 1935 (2.106); 1936 (5.320); 1937 (8.271); 1938 (8.562). As anistias tiveram como efeito subestimar a extensão de todos os crimes e a que foi concedida no início da guerra reduziu as condenações de 1939, que caíram para 7.614.[100]

Foi uma época especialmente terrível para os homossexuais, já que os nazistas criminalizavam meras expressões de interesse sexual, não só atos consumados, e assim abriram a porta para denúncias do público. A motivação por trás dessas denúncias, na medida em que podem ser identificadas, variava de gestos de apoio à política oficial quanto à homossexualidade ao desejo de obter vantagem pessoal com a situação.[101]

A Kripo também cuidava da homossexualidade e, devido à competição com a Gestapo, os agentes que trabalhavam para ambas pareceram redobrar seu esforço. Nos anos a partir de 1935, a Kripo prendeu grande número de homossexuais. Por exemplo, entre abril e dezembro de 1936, a Kripo investigou, sozinha, 6.260 homens sob suspeita de atividades homossexuais, e no mesmo período do ano seguinte o número subiu para 12.356. Para avaliar o medo por trás das estatísticas, temos de recordar que a Alemanha tinha um sistema de "justiça policial" e qualquer rusga com a polícia poderia ter consequências desastrosas, porque não havia garantia sequer de que o caso seria levado a um juiz.

As investigações da Kripo mostram tendência de alta até que as estatísticas pararam de ser registradas no início do período da guerra. Parte do aumento aconteceu porque a Gestapo saiu de campo no caso dos homossexuais e a Kripo aproveitou o vácuo. Os métodos de imposição das leis usados pela Kripo, assim como os da Gestapo, iam de armadilhas à fabricação de provas. Se por acaso o acusado também fosse judeu e/ou considerado indesejável por outras razões, a perseguição podia não ceder até que o homem fosse mandado para um campo de concentração e acossado até a morte.[102]

Ainda existia uma diferença importante entre a perseguição policial de homossexuais (e da maioria dos criminosos) e o que acontecia com os "inimigos raciais", como os judeus. No caso dos homossexuais, assim como da maioria dos considerados criminosos, o objetivo não era tanto a aniquilação física quanto, na medida do possível, reabilitá-los e reeducá-los.[103] Em princípio, nada poderia salvar os judeus. Ainda assim, muitos homossexuais acabaram em campos de concentração e um número espantosamente alto, estimado entre cinco mil e 15 mil, lá morreu.[104]

VI

A perseguição dessa grande quantidade de marginais sociais teve papel importante na consolidação da ditadura de Hitler e precisa ser examinada no contexto das "realizações" maiores do regime durante os anos de paz. A solução do desemprego e a obtenção de uma vitória atrás da outra na política externa geraram grandes dividendos e ajudaram a promover o consenso social. Sem dúvida alguma, houve adversários persistentes que odiaram o Terceiro Reich do início ao fim. Em 1939 e, certamente, depois da vitória sobre a França em 1940, esses adversários reduziram-se a uma pequena minoria que nadava contra a maré crescente de adulação a Hitler.

Em 1933 os nazistas não encontraram um país dominado pelo antissemitismo, mas, como concluíram Christopher Browning e outros, até 1939 o regime convenceu mais gente de que havia uma "questão judaica". Nessa época, a "maioria dos alemães" chegara à conclusão de que seria melhor limitar ou eliminar "o papel dos judeus na sociedade alemã" e fazer os judeus abandonarem o país.[105] Assim, transformar os judeus em marginais sociais não criou problemas para a ditadura e conquistou muita gente para o racismo nazista. Isso não quer dizer que a maioria dos alemães quisesse a destruição física dos judeus. Antes, indica que o regime avançava no caminho de ajudar os alemães a excluir os judeus de seu universo moral.

A perseguição de outros marginais sociais contribuiu mais diretamente para a consolidação da ditadura. Detlev Peukert conclui que, em geral, a população alemã concordava com a abordagem mais radical adotada contra toda criminalidade.[106] Jeremy Noakes vai além e indica que "um elemento fundamental do consentimento popular ao regime foi o fato de que o nazismo personificava, ainda que de forma extremada, muitas atitudes básicas de grande parte da população alemã".[107] Podemos endossar a tese mais ampla de Jeremy Noakes de que muitos

> também aprovavam a hostilidade do regime a minorias impopulares, não somente aos judeus como aos ciganos, e as atitudes mais rigorosas para com grupos desviantes — homossexuais, vagabundos, criminosos contumazes, os ditos associais e os avessos ao trabalho. Foi bem recebido o fato de que agora tais pessoas eram trancadas em campos de concentração, assim como a linha estrita adotada em relação à juventude [...] Em resumo, o regime confirmou e pôs em prática os valores e preconceitos de um setor substancial da população, dando-lhes *status* oficial de "sentimentos populares salutares.[108]

Hans-Ulrich Wehler ressalta como o esforço para criar a "comunidade do povo" obteve tamanha ressonância social positiva. E acrescenta que "não foi apenas a aclamação plebiscitária habilmente manipulada, muito menos a violência do terror, que deu à ditadura tanta aprovação. A concordância dos partidários resultou muito mais das experiências de vida positivas e reafirmadoras da liberdade, expressas numa seriíssima proclamação de força de vontade".[109] Essa questão é bem ilustrada na fascinante história oral do Terceiro Reich de Alison Owings. As mulheres entrevistadas mantêm até hoje a atitude notavelmente positiva e recordam com saudade como "a lei e a ordem" foram restauradas, como as mulheres podiam andar à noite sem medo pelas ruas. As entrevistas, feitas mais de 50 anos depois do fim de Hitler e do Terceiro Reich, também deixaram claro que a ideologia nazista, o antissemitismo inclusive, invadiu consideravelmente seu modo de pensar.[110]

O terror dentro da Alemanha recaiu de forma desproporcional sobre os marginais sociais tanto no sentido quantitativo quanto no qualitativo. Essa categoria de gente era expansiva, como mostrado pela consideração dada a uma lei que circulou nos anos de guerra e que tratava dos chamados "estrangeiros da comunidade".[111] Ainda assim, os marginais sociais seriam sempre minoria. Para o resto do *Volksgenossen* — os integrantes da "comunidade do povo" e os racialmente adequados — o terror era, principalmente, o que acontecia com os "outros". Portanto, o terror não era aleatório, mas sim bastante previsível. Na imprensa, podia-se ler bastante sobre seus muitos aspectos, mas seria um erro grave concluir que a nação como um todo deveria supostamente assustar-se ou ser "dissuadida" pelas histórias dos meios de comunicação sobre crimes, punições e campos de concentração. Não há dúvida de que alguns se preocupavam com o que acontecia e talvez a maioria preferisse que a "lei e a ordem" fossem impostas sem que se ignorasse o estado de direito. Ainda assim, poucos bons cidadãos queriam realmente um exame mais atento, principalmente do que acontecia dentro de prisões e instituições semelhantes. Durante a guerra, os aspectos mais duros do terror — das ações da Gestapo ao número crescente de penas de morte impostas pelo Tribunal do Povo — recaíram sobre os milhões de estrangeiros levados para o país. Das centenas de milhares que sofreram e morreram nos campos de concentração ou outros tipos de campos punitivos, a maioria não era alemã.

É claro que não podemos deixar de lado os muitos cidadãos completamente inocentes que sofreram nas mãos da ditadura de Hitler e temos de levar em conta que havia numerosos obstáculos estruturais que atrapalhavam a resistência. Discuti esse lado da história em muitas ocasiões. Entre outras coisas, surgiram muitos denunciantes voluntários para informar as autoridades. Não foi necessário que a Alemanha se transformasse numa "nação de dedos-duros". Pelo contrário, só foi necessário que uma pequena minoria ativa participasse, agindo como os famosos "olhos e ouvidos" da polícia. Essa minoria ajudou a estreitar o espaço social em que a resistência poderia formar-se. Entretanto, o maior obstáculo à resistência foi a indubitável popularidade de Hitler e o apoio bastante considerável a boa parte da teoria e da prática do nacional-socialismo.[112]

Este ensaio mostrou, caso a caso, como os marginais sociais foram identificados, banidos e até eliminados. Indicou até que ponto muitas pessoas comuns pareceram concordar com essas ações, foram positivamente conquistadas por elas e apoiaram-nas de várias maneiras. Alguns nunca aceitaram o que acontecia e, com coragem interior, persistiram com firme convicção. Outros saíram do país. Apesar disso tudo, muitos que viveram o período tiveram impressão positiva, não apenas devido aos festivais, às promessas para o futuro e à exibição inebriante, mas exatamente devido aos esforços impiedosos para combater os marginais sociais. Quanto aos que não gostavam, preferiam não ver, davam de ombros ou jogavam a culpa nos "pequenos Hitlers". É justo concluir que a consolidação da ditadura foi imensamente facilitada pela abordagem draconiana adotada em relação aos marginais sociais. A maioria silenciosa e nem tão silenciosa assim apoiou o regime e muita gente, inclusive a maioria dos profissionais liberais e da elite instruída, era entusiasta. Tirar qualquer outra conclusão seria negar as provas maciças que temos.

Notas

1. Para uma introdução ver Robert Gellately e Nathan Stoltzfus (orgs.), *Social Outsiders in Nam Germany* (Princeton, 2001), e Jeremy Noakes, "Social Outcasts in the Third Reich", em Richard Bessel (org.), *Life in the Third Reich* (Oxford, 1987), pp. 83-96.
2. Há uma descrição recente e perspicaz em Helmut Walser Smith, *The Butcher's Tale: Murder and Anti-Semitism in a German Town* (Nova York, 2002).
3. Para uma visão geral, ver Richard Bessel, "Germany from War to Dictatorship", em Mary Fulbrook (org.), *German History Since 1800* (Londres, 1997), pp. 235-257.
4. M. Rainer Lepsius, "From Fragmented Party Democracy to Government by Emergency Decree and National Socialist Takeover: Germany", em Juan L. Linz e Alfred Stepan (orgs.), *The Breakdown of Democratic Regimes* (Baltimore, 1978), pp. 34-79.
5. Para uma visão geral, ver Eberhard Jäckel, *Hitler's World View: A Blueprint for Power* (Cambridge, MA, 1981), p. 79.
6. Robert Gellately, *Backing Hitler. Consent and Coercion in Nazi Germany* (Oxford, 2001).
7. Jürgen W. Falter, *Hitlers Wähler* (Munique, 1991), p. 225.
8. Os historiadores da antiga República Democrática Alemã afirmaram que, dos 300 mil filiados ao KPD até 1933, cerca de metade sofreu algum tipo de perseguição. Esses números são citados em Hartmut Mehringer, *Widerstand und Emigration: Das NS-Regime und seine Gegner* (Munique, 1997).
9. Hans-Ulrich Wehler, *Deutsche Gesellschaftsgeschichte: Vom Beginn des Ersten Weltkriegs bis zur Gründung der beiden deutschen Staaten 1914-1949* (Munique, 2003), p. 676.

10. Detlef Schmiechen-Ackermann, *Nationalsozialismus und Arbeitermilieus: Der nationalsoziahstische Angriff auf die proletarischen Wohnquartiere und the Reaktion in den sozialistischen Vereinen* (Bonn, 1998), p. 712.
11. Mehringer, *Widerstand*, p. 94. Ver também Ulrich Herbert, "Arbeiterschaft im 'Dritten Reich'", em seu *Arbeit, Volkstum, Weltanschauung: Über Fremde und Deutsche im 20. Jahrhundert* (Frankfurt/M., 1995), pp. 79-119.
12. Ver Alf Lüdtke, "The Appeal of Exterminating 'Others': German Workers and the Limits of Resistance", em Michael Geyer e John W. Boyer (orgs.), *Resistance against the Third Reich 1933-1990* (Chicago, 1994), pp. 53-74.
13. Sobre o conceito de "revolução legal", ver Karl Dietrich Bracher, *The German Dictatorship: The Origins, Structure, and Effects of National Socialism* (Harmondsworth, 1973), pp. 243-252.
14. Ver Wehler, *Gesellschaftsgeschichte*, pp. 679, 734.
15. Golo Mann, *Deutsche Geschichte des 19. und 20. Jahrhunderts* (Frankfurt/M., 1967), p. 811.
16. Martin Broszat, *The Hitler State* (Nova York, 1981), p. 349.
17. Ver Max Domarus (org.), *Hitler Reden und Proklamationen 1932-1945*, 4 vols. (Leonberg, 1973), vol. 1, pp. 229-37.
18. Sobre o histórico anterior a 1914, ver Brigitte Hamann, *Hitler's Vienna: A Dictator's Apprenticeship* (Oxford, 1999), pp. 78-85
19. Há uma descrição da enorme publicidade que cercava os campos, que ia bem além de reportagens ocasionais na imprensa, em Gellately, *Backing Hitler*, pp. 51-69.
20. "Konzentrationslager für Berafsverbrecher", *Völkischer Beobachter* (26/27 de novembro de 1933), daqui para a frente citado como *VB*, com as datas apropriadas.
21. Ian Kershaw, *The "Hitler Myth". Image and Reality in the Third Reich* (Oxford, 1987), pp. 232-234.
22. Ver Saul Friedländer, *Nazi Germany and the Jews*, vol. 1, *The Years of Persecution, 1933-1939* (Nova York, 1997), p. 15.
23. Ver Ian Kershaw, *Hitler 1889-1936: Hubris* (Londres, 1998), pp. 472-473.
24. "Der Reichskanzler rechtfertigt den Lügen-Abwehrkampf vor dem Kabinett", *VB* (30 de março de 1933).
25. Ver Michael Burleigh e Wolfgang Wippermann, *The Racial State: Germany 1933-1945* (Cambridge, 1991), pp. 77-78; Ian Kershaw, *Popular Opinion and Political Dissent in the Third Reich: Bavaria 1933-1945* (Oxford, 1983), p. 232.
26. Há cópias dessa lei e de outras que se aplicam ao funcionalismo público em Ingo von Münch (org.), *Gesetze des NS-Staates*, 3ª ed. (Paderborn, 1994), pp. 26-28.
27. Jane Caplan, *Government without Administration: State and Civil Society in Weimar and Nazi Germany* (Oxford, 1988), pp. 143-146.

28. Sobre o processo de tomada de decisões e a atitude de Hitler, ver principalmente Kershaw, *Hitler 1889-1936*, pp. 559-571.
29. Ver Saul Friedländer, *Nazi Germany and the Jews*, p. 148.
30. Em 1935, o Ministério do Interior superestimou em 750 mil o número de pessoas "mestiças". No recenseamento de maio de 1939, o total de "mestiços" de "primeiro grau" e de "segundo grau" na Alemanha (sem contar a Áustria) era de 84.674. Sobre essa "classificação" e os problemas complexos, ver o relato clássico de Jeremy Noakes, "The Development of Nazi Policy towards the German-Jewish 'Mischlinge' 1933-1945", *Leo Batch Institute Year Book* (1989), pp. 291-354.
31. Há um relato local e detalhado em Robert Gellately, *The Gestapo and German Society: Enforcing Racial Policy 1933-1945* (Oxford, 1990).
32. Ver David Bankier, *The Germans and the Final Solution: Public Opinion under Nazism* (Oxford, 1992), p. 80.
33. Otto Dov Kulka, "Die Nürnberger Rassengesetze und die deutsche Bevölkerung im Lichte geheimer NS-Lage-und Stimmungsberichte", *Vierteljahrshefte für Zeitgeschichte* (1994), pp. 582-624, daqui para a frente citado como *VfZ*.
34. V. Klemperer, *Ich will Zeugnis ablegen Us zum letzten: Tagebücher 1933-1941*, 2 vols. (Berlim, 1995), p. 215.
35. Bankier, *Germans*, pp. 38-40. Há uma análise recente em Peter Longerich, *Politik der Vernichtung: Eine Gesamtdarstellung der nationalsozialistischen Judenverfolgung* (Munique, 1998), pp. 70-101.
36. Ver os relatórios detalhados *Deutschland-Berichte der Sozialdemokratischen Partei Deutschlands 1934-1940* (Nördlingen, 1980) (julho e agosto de 1935), pp. 800-814 e 920-937; a observação está na p. 922. Daqui para a frente, citados como *Sopade* (com as páginas e datas).
37. Ver o relatório de novembro em *Sopade* (1938), pp. 1.177-1.211.
38. Ver Elke Fröhlich *et al.* (orgs.), *Die Tagebücher von Joseph Goebbels*, 24 vols. (Munique, 1993 e ss.), aqui 1ª parte, vol. 6 (10 de novembro de 1938), p. 180.
39. *Der Prozess gegen die Hauptkriegsverbrecher vor dem internationalen Militärgerichtshof*, 42 vols. (Nuremberg, 1949), vol. 32: pp. 1-2, Dokument 3058-PS, "Schnellbrief an Göring". Daqui para a frente citado como *IMT*.
40. Konrad Kwiet e Helmut Eschwege, *Selbstbehauptung und Widerstand. Deutsche Juden im Kampf um Existenz und Menschenwürde 1933-1945* (Hamburgo, 1984), pp. 199, 202.
41. Os números citados em Heinz Lauber, *Judenpogrom "Reichskristallnacht" November 1938 in Großdeutschland* (Gerlingen, 1981), p. 124, indicam que 10.911 foram mandados para Dachau, 9.815 para Buchenwald e entre cinco mil e 10 mil para Sachsenhausen. O número mais alto de Buchenwald, baseado num estudo mais minucioso, é de Rudi Goguel, "Vom großen Pogrom bis zur

Entfesselung des Krieges (1939/39)", em Klaus Drobisch *et al.*, *Juden unterm Hakenkreuz* (Frankfurt/M., 1973), p. 194.

42. Ver relatórios de dezembro em *Sopade* (1939), pp. 1.332-1.350.
43. Bankier, *Germans*, pp. 86-87.
44. Ver o relatório de fevereiro em *Sopade* (1939), pp. 201-2, e o de abril em *Sopade* (1940), pp. 256-68.
45. Noakes, "Nazi Policy towards the German-Jewish 'Mischlinge' 1933-1945", p. 293.
46. Ver Henry Friedlander, *The Origins of Nazi Genocide: From Euthanasia to the Final Solution* (Chapel Hill, 1995), p. 23.
47. Friedlander, *Origins of Nazi Genocide*, p. 27.
48. Ver principalmente Gisela Bock, *Zwangssterilisation im Nationalsozialismus: Studien zur Rassenpolitik und Frauenpolitik* (Opladeri, 1986), pp. 230-238.
49. Christine Charlotte Makowski, *Eugenik, Sterilisationspolitik, "Euthanasie" und Bevölkerungspolitik in der nationalsozialistischen Parteipresse* (Husum, 1996), pp. 151-152.
50. Ver Richard F. Wetza, *Inventing the Criminal: A History of German Criminology 1880-1945* (Chapel Hill, 2000), pp. 249-250.
51. Lothar Gruchmann, *Justiz im Dritten Reich 1933-1945: Anpassung und Unterwerfung in der Ära Gürtner* (Munique, 1988), pp. 719-721.
52. O conceito é "gefährliche Gewohnheitsverbrecher". No decreto prussiano, o conceito é "Berufsverbrecher". Quanto ao histórico, ver Karl-Leo Terhorst, *Polizeiliche planmäßige Überwachung und polizeiliche Vorbeugungshaft im Dritten Reich* (Heidelberg, 1985), pp. 75 e ss. A ampliação (*Erweiterung*) do decreto prussiano é de 10 de fevereiro de 1934.
53. Ver "Neue Reichsgrundsätze für den Vollzug von Freiheitsstrafen und von sichernden Maßnahmen", *VB* (19 de maio de 1934).
54. *IMT*, vol. 29, p. 220: Dokument 1992(A)-PS, "Vortrag Himmlers über Wesen und Aufgabe der SS und der Polizei", de "Nationalpolitischer Lehrgang der Wehrmacht vom Januar 1937".
55. O trecho, de *Mein Kampf*, de Hitler, é citado em Oberregierungsrat Dr. Albrecht Böhme, "Die Vorbeugungsaufgaben der Polizei", *Deutsches Recht* (15 de abril de 1936), p. 142.
56. "Konzentrationslager für Berufsverbrecher", *VB* (26/27 de novembro de 1933).
57. "Unsicherheit läßt nach. Heute kann man wieder ruhig in der Nacht nach House gehen", *VB* (29 de dezembro de 1933).
58. O número caiu para 1.464 (em 1935); 946 (em 1936); e 765 (em 1937); a partir daí, houve aumento para 964 (em 1938); 1.827 (em 1939); 1.916 (em 1940) e 1.651 (em 1941), último ano do qual temos dados completos. Quanto à estatística, ver Christian Müller, *Das Gewohnheitsverbrechergesetz vom 24. November 1933:*

Kriminalpolitik als Rassenpolitik (Baden-Baden, 1997), p. 54. Há números um pouco diferentes em Gruchmann, *Justiz*, p.p. 727-728.

59. Entre 1934 e 1939, os tribunais mandaram 5.142 pessoas para hospitais estatais, 885 alcoólatras para institutos de reabilitação, 7.503 indivíduos para oficinas de trabalho forçado e 1.808 pessoas para serem esterilizadas. Müller, *Gewohnheitsverbrecher*, p. 53.
60. Gruchmann, *Justiz*, p. 729.
61. Martin Broszat, "Zur Perversion der Strafjustiz im Dritten Reich", *VfZ* (1958), pp. 390-443 .
62. Ver Michael Zimmermann, *Rassenutopie und Genozid: Die nationaısozialistische "Lösung der Zigeunerfrage"* (Hamburgo, 1996), pp. 93-934.
63. Sybil Milton, "Vorstufe der Vernichtung: Die Zigeunerlager nach 1933", *VfZ* (1995), pp. 115-130.
64. Há estatísticas isoladas em Zimmermann, *Rassenutopie*, pp. 115-116.
65. Ver Schriftenreihe des Richskriminalpolizeiamtes, n° 45, *Vorbeugende Verbrechensbeikämpfung, Erlaßsammlung*, Rund Erl. RFSS, "Bekämpfung der Zigeunerplage" (8 de dezembro de 1938), daqui para a frente citado como RKPA VE.
66. Zimmermann, *Rassenutopie*, p. 127.
67. RKPA VE: "Ausführungsanweisung" (1° de março de 1939); RKPA VE: de RKPA a Kripo, "Erfassung aller wehrunwürdigen Personen" (7 de julho de 1939).
68. Ver Raw Peter Bleuel, *Sex and Society in Nazi Germany* (Filadélfia, 1973), p. 211.
69. A expressão vem de uma lei de Bremen (de 11 de agosto de 1933), publicada em Wolfgang Ayaß (org.), *"Gemeinschaftsfremde": Quellen zur Verfolgung von "Asozialen" 1933-1945* (Koblenz, 1998), p. 33.
70. Ver Ayaß (org.), *Gemeinschaftsfremde*, pp. 42-43.
71. RKPA VE, comunicados de 27 de janeiro de 1937; 23 e 27 de fevereiro de 1937.
72. Terhorst, *Polizeiliche planmäßige Überwachung*, p. 109.
73. *Ibid.*, p. 113.
74. RKPA VE: Rund Erl. RFSS (19 de novembro de 1937).
75. Gruchmann, *Justiz*, p. 725.
76. O criminoso profissional (*Berufsverbrecher*) era definido como quem fazia do crime sua profissão e vivia, em parte ou no todo, do que ganhava com seus golpes; teria sido condenado pelo menos três vezes a penas de no mínimo três meses. O criminoso contumaz (*Gewohnheitsverbrecher*) não era profissional mas, impelido por impulso ou predisposição criminosa (*Trieben* ou *Neigungen*), tinha ficha semelhante.

77. RKPA VE: Erlaß RMI, "Grundlegender Erlaß über die vorbeugende Verbrechensbekämpfung dutch die Polizei" (14 de dezembro de 1937); RKPA VE: Rund Erl. RKPA, "Vorbeugende Verbrechensbekämpftmg durch die Polizei" (9 de fevereiro de 1938).
78. "Vorbeugende Verbrechensbekämpfung", *VB* (16 de janeiro de 1938).
79. De Kripo Gleiwitz a Oberstaatsanwalt em Neisse (15 de junho de 1938), publicado em Ayaß (org.), *Gemeinschaftsfremde*, pp. 135-136.
80. Gerhard Werle, *Justiz-Strafrecht und polizeiliche Verbrechensbekämpfung im Dritten Reich* (Berlim, 1989), p. 507. Ver também Wolfgang Ayaß, *Das Arbeitshaus Breitenau* (Kassel, 1992), pp. 319-327.
81. RKPA VE: Rund Erl. Reichskriminalpolizeiamt: "Richtlinien des Reichskriminalpolizeiamtes über die Durchführung der vorbeugenden Verbrechensbekämpfunig" (4 de abril de 1938).
82. RKPA VE: De Himmler a Gestapo e RKPA, "Schutzhaft gegen Arbeitsscheue" (26 de janeiro de 1938).
83. Wolfgang Ayaß, *"Asoziale" im Nationalsozialismus* (Stuttgart, 1995), p. 143.
84. Ver, por exemplo, o último comunicado sobre isso em RKPA VE: RKPA an Kripostellen, "Vorbeugende Verbrechensbekämpfung" (1º de setembro de 1938).
85. SS-Oberführer Ulrich Greifelt, Chef der Dienststelle Vierjahresplan im Persönlichen Stab des Reichsführers SS (janeiro de 1939): Nürnberg Dokument NO-5591, publicado em Hans Buchheim, "Aktion 'Arbeitsscheu Reich'", *Gutachten des Instituts für Zeitgeschichte*, vol. 2 (Stuttgart, 1966), pp. 189-195.
86. Ver o lembrete em RKPA VE, de RKPA a Kripostellen, "Vorbeugende Verbrechensbekämpfung durch die Polizei" (23 de junho de 1938).
87. RKPA VE (25 de maio de 1939).
88. Johannes Tuchel, *Kontentrationslager. Organisationsgeschichte und Funktion der "Inspektion der Konzentrationslager" 1934-1938* (Boppard, 1991), p. 361.
89. Ver RKPA VE, "Erfassung arbeitsscheue Personen" (18 de outubro de 1939).
90. Tuchel, *Konzentrutionslager*, p. 361. Esses números de 28 de outubro eram anteriores às prisões em massa de judeus que vieram na esteira da Noite dos Cristais, em novembro de 1938.
91. Ver a tabela em Zimmermann, *Rassenutopie*, p. 120.
92. Ver Terhorst, *Polizeiliche planmäßige Uberwachüng*, p. 153.
93. Há uma útil coletânea de documentos em Ayaß (org.), *Gemeinschaftsfremde*: De Erlaß Göring à Polícia (22 de fevereiro de 1933); Gesetz zur Abänderung strafrechtlicher Vorschriften (26 de maio de 1933).
94. Ayaß, *Asoziale*, p. 187.
95. Bock, *Zwangssterilisation*, pp. 417-418, indica que "dezenas de milhares" foram presos em 1933 e mandados para campos de concentração ou oficinas de trabalho forçado.

96. Ver David F. Crew, *Germans on Welfare: From Weimar to Hitler* (Nova York, 1998), pp. 150-151.
97. Ver Claudia Schoppmann, "National Socialist Policies towards Female Homosexuality", em Lynn Abrams e Elizabeth Harvey (orgs.), *Gender Relations in German History: Power, Agency, and Experience from the Sixteenth to the Twentieth Century* (Durham, 1997), pp. 177-187.
98. Há indícios da aversão precoce de Hitler à homossexualidade em Hamann, *Hitler's Vienna*, p. 362.
99. Ver "'Säuberungsaktion' gegen Homosexuelle in Hamburg" (28 de agosto de 1936), na coletânea de documentos Günter Grau (org.), *Homosexualität in der NS-Zeit: Dokumente einer Diskriminierung und Verfolgung* (Frankfurt/M., 1993), p. 173.
100. Durante a guerra, os números caíram ainda mais, para 3.773 em 1940, 3.739 em 1941, 2.678 em 1942 e 2.218 em 1943, último ano para o qual temos dados. As estatísticas foram publicadas em Grau (ed.), *Homosexualität*, p. 197.
101. Ver Comelia Limpricht, Jürgen Müller e Nina Oxenius (orgs.), *"Verführte" Männer: Das Leben der Kölner Homosexuellen im Dntten Reich* (Colônia, 1991), pp. 96-103 e 82-94.
102. Ver Elke Fröhlich, "Die Herausforderung des Einzelnen", em Martin Broszat e Elke Fröhlich (orgs.), *Bayern in der NS-Zeit*, vol. 6 (Munique, 1983), pp. 76-114.
103. Burkhard Jellonnek, *Homosexuelle unter dem Hakenkreuz: Die Verfolgung von Homosexuellen im Dritten Reich* (Paderbom, 1990), p. 328.
104. Burleigh e Wipperinann, *Racial State*, p. 196, dizem que o "número usual" é de dez mil, mas acreditam que até 15 mil homossexuais podem ter morrido nos campos. Jellonnek, *Homosexuelle*, p. 328, situa os limites entre cinco mil e 15 mil.
105. Christopher R. Browning, *The Origins of the Final Solution: The Evolution of Nazi Jewish Policy, September 1939-March 1942* (Lincoln, 2004), p. 10.
106. Detlev Peukert, *Volksgenossen und Gemeinschafstfremde: Anpassung, Ausmerze und Aufbegehren unter dem Nationalsozialismus* (Colônia, 1982), pp. 260-261.
107. Ver J. Noakes e G. Pridham (orgs.), *Nazism 1919-1945*, vol. 2; *State, Economy, and Society 1933-1939: A Documentary Reader* (Exeter, 2000), p. 380.
108. *Ibid.*, p. 380.
109. Whler, *Gesellschaftsgeschichte*, p. 681.
110. Alison Owings, *Frauen: German Women Recall the Third Reich* (New Brunswick, 1993).
111. Ver Gellately, *Backing Hitler*, p. 258.
112. Ver Robert Gellately, "Surveillance and Disobedience: Comments on the Political Policing of Nazi Germany", em Christian Leitz (org.), *The Third Reich: The Essential Readings* (Oxford: Blackwell, 1999), pp. 183-203

Bibliografia

A Y Aß, Wolfgang (org.). *"Gemeinschaftsfremde": Quellen zur Verfolgung Von "Asozialen"* 1933-1945. Koblenz, 1998.

——. *Das Arbeitshaus Breitenau.* Kassel, 1992.

——. *"Asoziale" im Nationalsozialismus.* Stuttgart, 1995.

BANKIER, David. *The Germans and the Final Solution: Public Opinion under Nazism.* Oxford, 1992.

BESSEL, Richard. "Germany from War to Dictatorship". FULBROOK, Mary (org.). *German History Since 1800.* Londres, 1997.

BLEUEL, Peter. *Sex and Society in Nazi Germany.* Filadélfia, 1973.

BOCK, Gisela. *Zwangssterilisation im Nationalsozialismus: Studien zur Rassenpolitik und Frauenpolitik.* Opladeri, 1986.

BRACHER, Karl Dietrich. *The German Dictatorship: The Origins, Structure, and Effects of National Socialismo* Harmondsworth, 1973.

BROSZAT, Martin. *The Hitler State.* Nova York, 1981.

——. "Zur Perversion der Strafjustiz im Dritten Reich", *Vierteljahrshefte für Zeitgeschichte,* 1958.

BROWNING, Christopher R. *The Origins of the Final Solution: The Evolution of Nazi Jewish Policy, September 1939-March 1942.* Lincoln, 2004.

BUCHHEIM, Hans. "Aktion 'Arbeitsscheu Reich'", *Gutachten des Instituts für Zeitgeschichte,* vol. 2. Stuttgart, 1966.

BURLEIGH, Michael; WIPPERMANN, Wolfgang. *The Racial State: Germany 1933-1945.* Cambridge, 1991.

CAPLAN, Jane. *Government without Administration: State and Civil Society in Weimar and Nazi Germany.* Oxford, 1988.

CREW, David F. *Germans on Welfare: From Weimar to Hitler.* Nova York, 1998.

DETLEF, Schmiechen-Ackermann. *Nationalsozialismus und Arbeitermilieus: Der nationalsoziahstische Angriff auf die proletarischen Wohnquartiere und the Reaktion in den sozialistischen Vereinen.* Bonn, 1998.

DOMARUS, Max (org.). *Hitler Reden und Proklamationen* 1932-1945, 4 vols. Leonberg, 1973.

DOV KULKA, Otto. "Die Nümberger Rassengesetze und die deutsche Bevölkerung im Lichte geheimer NS-Lage und Stimmungsberichte", *Vierteljahrshefte für Zeitgeschichte* (1994).

FALTER, Jürgen W. *Hitlers Wähler.* Munique, 1991.

FRIEDLANDER, Henry. *The Origins of Nazi Genocide: From Euthanasia to the Final Solution.* Chapel Hill, 1995.

FRIEDLÄNDER, Saul. *Nazi Germany and the Jews*, vol. 1. *The Years of Persecution, 1933-1939*. Nova York, 1997.

FRÖHLICH, Elke. "Die Herausforderung des Einzelnen", *in*: BROSZAT, Martin e FRÖHLICH, Elke (orgs.). *Bayern in der NS-Zeit*, vol. 6. Munique, 1983.

FRÖHLICH, Elke *et al.* (orgs.). *Die Tagebücher von Joseph Goebbels*. 24 vols. Munique, 1993.

GELLATELY, Robert. *The Gestapo and German Society: Enforcing Racial Policy 1933-1945*. Oxford, 1990.

——. "Surveillance and Disobedience: Comments on the Political Policing of Nazi Germany". *In*: LEITZ, Christian (org.). *The Third Reich: The Essential Readings*. Oxford, Blackwell, 1999.

——. *Backing Hitler. Consent and Coercion in Nazi Germany*. Oxford, 2001.

GELLATELY, Robert; NATHAN, Stoltzfus (orgs.). *Social Outsiders in Nazi Germany*. Princeton, 2001.

GOGUEL, Rudi. "Vom großen Pogrom bis zur Entfesselung des Krieges (1939/39)". *In* DROBISCH, Klaus *et al.*, *Juden unterm Hakenkreuz*. Frankfurt/M., 1973.

GRAU, Günter (org.). *Homosexualität in der NS-Zeit: Dokumente einer Diskriminierung und Verfolgung*. Frankfurt/M., 1993.

GRUCHMANN, Lothar. *Justiz im Dritten Reich 1933-1945: Anpassung und Unterwerfung in der Ära Gürtner*. Munique, 1988.

HAMANN, Brigitte. *Hitler's Vienna: A Dictator's Apprenticeship*. Oxford, 1999.

JÄCKEL, Eberhard. *Hitler's World View: A Blueprint for Power*. Cambridge, MA, 1981.

JELLONNEK, Burkhard. *Homosexuelle unter dem Hakenkreuz: Die Verfolgung von Homosexuellen im Dritten Reich*. Paderbom, 1990.

KERSHAW, Ian. *The "Hitler Myth". Image and Reality in the Third Reich*. Oxford, 1987.

——. *Hitler* 1889-1936: *Hubris*. Londres, 1998.

——. *Popular Opinion and Political Dissent in the Third Reich: Bavaria 1933-1945*. Oxford, 1983.

KLEMPERER, Victor. *Ich will Zeugnis ablegen Us zum letzten: Tagebücher 1933-1941*, 2 vols. Berlim, 1995.

KWIET, Konra; ESCHWEGE, Helmut. *Selbstbehauptung und Widerstand. Deutsche Juden im Kampf um Existenz und Menschenwürde 1933-1945*. Hamburgo, 1984.

LAUBER, Heinz. *Judenpogrom "Reichskristallnacht" November 1938 in Großdeutschland*. Gerlingen, 1981.

LEPSIUS, M. Rainer. "From Fragmented Party Democracy to Government by Emergency Decree and National Socialist Takeover: Germany". LINZ, Juan L.;

STEPAN, Alfred (orgs.). *The Breakdown of Democratic Regimes*. Baltimore, 1978.

LIMPRICHT, Cornelia; MÜLLER, Jürgen; OXENIUS, Nina (orgs.). *"Verführte" Männer: Das Leben der Kölner Homosexuellen im Dntten Reich*. Colônia, 1991.

LONGRICH, Peter. *Politik der Vernichtung: Eine Gesamtdarstellung der nationalsozialistischen Judenverfolgung.* Munique, 1998.

LÜDTKE, Alf, "The Appeal of Exterminating 'Others': German Workers and the Limits of Resistance". GEYER, Michael Geyer e BOYER, John W. (orgs.). *Resistance against the Third Reich 1933-1990.* Chicago, 1994.

MAKOWSKI, Christine Charlotte. *Eugenik, Sterilisationspolitik, "Euthanasie" und Bevolkerungspolitik in der nationalsozialistischen Parteipresse.* Husum, 1996.

MANN, Golo. *Deutsche Geschichte des 19. und 20. Jahrhunderts*, Frankfurt/M., 1967.

MEHRINGER, Hartmut, *Widerstand und Emigration: Das NS-Regime und seine Gegner.* Munique, 1997.

MILTON, Sybil. "Vorstufe der Vernichtung: Die Zigeunerlager nach 1933", *Vierteljahrshefte für Zeitgeschichte*, 1995.

MÜLLER, Christian. *Das Gewohnheitsverbrechergesetz vom 24. November 1933: Kriminalpolitik als Rassenpolitik.* Baden-Baden, 1997.

MÜNCH, Ingo von (org.). *Gesetze des NS-Staates.* 3ª ed. Paderborn, 1994.

NOAKES, Jeremy. "Social Outcasts in the Third Reich". *In*: BESSEL, Richard (org.). *Life in the Third Reich*, Oxford, 1987.

——. "The Development of Nazi Policy towards the German-Jewish 'Mischlinge' 1933-1945". *Leo Batch Institute Year Book.* 1989.

NOAKES, Jeremy; PRIDHAM. G. (orgs.). *Nazism 1919-1945*, vol. 2; *State, Economy and Society* 1933-1939: *A Documentary Reader.* Exeter, 2000.

OWINGS, Alison. *Frauen: German Women Recall the Third Reich.* New Brunswick, 1993.

PEUKERT, Detlev. *Volksgenossen und Gemeinschafstfremde: Anpassung, Ausmerze und Aufbegehren unter dem Nationalsozialismus.* Colônia, 1982.

SCHOPPMANN, Claudia. "National Socialist Policies towards Female Homosexuality". *In*: Lynn Abrams; Elizabeth Harvey (orgs.). *Gender Relations in German History: Power, Agency and Experience from the sixteenth to the twentieth Century.* Durham, 1997.

SMITH, Helmut Walser. *The Butcher 's Tale: Murder and Anti-Semitism in a German Town.* Nova York, 2002.

TERHORST, Karl-Leo. *Polizeiliche planmäßige Übenwachung und polizeiliche Vorbeugungshaft im Dritten Reich.* Heidelberg, 1985.

ULRICH, Herbert. *Arbeit, Volkstum, Weltanschauung: Über Fremde und Deutsche im 20. Jahrhundert*, Frankfurt/M., 1995.

WEHLER, Hans-Ulrich. *Deutsche Gesellschaftsgeschichte: Vom Beginn des Ersten Weltkriegs bis zur Gründung der beiden deutschen Staaten 1914-1949.* Munique, 2003.

WERLE, Gerhard. *Justiz-Strafrecht und polizeiliche Verbrechensbekämpfung im Dritten Reich*. Berlim, 1989.

WETZA, Richard F. *Inventing the Criminal: A History of German Criminology 1880-1945*. Chapel Hill, 2000.

ZIMMERMANN, Michael. *Rassenutopie und Genozid: Die nationalsozialistische "Lösung der Zigeunerfrage"*. Hamburgo, 1996.

CAPÍTULO 9

O futebol sob o signo da suástica

Nils Havemann*

Tradução de Kristina Michahelles

*Professor de História da Universidade de Mainz, Alemanha. Autor de *Fussball Underm Hakenkreuz* (Futebol sob a suástica). Frankfurt: Campus, 2005.

Poucas são as áreas que se prestam tanto para a formação de lendas quanto o futebol. O fanatismo às vezes transbordante, a idolatria irrestrita em relação a alguns jogadores e o sofrimento muitas vezes comovente dos fãs constituem solo fértil para o surgimento de muitos mitos.

Possivelmente essas circunstâncias especiais tenham contribuído para o fato de que interpretações glorificadoras tenham por muito tempo embaçado o olhar para a história do futebol alemão durante o nazismo. Um bom exemplo é a *História do futebol alemão (Geschichte des Deutschen Fussballsports)*, publicada em 1954 e cujo autor, Carl Koppehel foi, a partir de 1934, um dos principais representantes da Federação Alemã de Futebol (*Deutscher Fussball-Bund*, DFB), na qual ocupou diversas posições. Ele diz o seguinte sobre o futebol na época do nacional-socialismo:

> A ideia era conduzir o futebol alemão driblando os abismos que se abriam, ao mesmo tempo aniquilando as forças que almejavam atingir posições de liderança, satisfazendo ambições pessoais. Não faltaram tentativas de atrair essa modalidade esportiva para a política, impondo-lhe tarefas que ela jamais poderia cumprir. As circunstâncias políticas reinantes constituíram um empecilho grande para manter a conduta dominante. No entanto, de forma geral, foi possível continuar no antigo rumo. Os dirigentes do futebol não tinham obrigações político-partidárias, não precisaram se adaptar. No futebol, todos sempre cooperaram de forma estreita na base de uma atuação conjunta em nome do povo inteiro.[1]

Essa interpretação — que, de certa forma, era típica para a resistência da jovem República Democrática Alemã a se confrontar com os crimes do nazismo — era caudatária do velho princípio de que deve existir uma separação total entre o esporte e a política.

ESPORTE, POLÍTICA E COMÉRCIO NOS TEMPOS DA REPÚBLICA DE WEIMAR

Por ocasião de sua fundação, em 1900, a Federação Alemã de Futebol (DFB) adotou como uma das bandeiras a separação estrita entre esporte e política. No entanto, obedeceu muito pouco a essa regra durante as primeiras duas décadas de existência. Na época da Primeira Guerra Mundial, principalmente, a Federação participou da euforia belicista e, em suas publicações, ajudou a propagar as fantasias de uma grande e potente Alemanha. "A posteridade haverá de nos invejar por termos tido o privilégio de vivenciar esta era", escreveu, por exemplo, Georg Blaschke, presidente de honra da DFB, no *Anuário da Guerra* publicado em 1915 pela Federação.[2]

O início dos anos 1920 marcou uma mudança na atitude da maioria dos dirigentes da DFB. Embora o conceito do nacionalismo nunca tivesse sido totalmente deixado de lado, a Federação se preocupou em alargar a estreita fronteira que separava o sentimento patriótico da agressividade nazista. Assim, dois anos após o fim da Primeira Guerra, Felix Linnemann — que depois, em 1925, ascenderia à presidência da DFB — escreveu que o "ódio nacionalista desumano" não podia encontrar lugar no futebol, para não correr o risco de transformar o "esporte pacificador entre as nações em palco de paixões políticas ou nacionalistas".[3]

O principal motivo para essa mudança de atitude foi principalmente a consciência de que um nacionalismo incontrolável vinha de encontro aos interesses da associação. Na época da República de Weimar, os campeonatos europeus se tornaram uma das principais fontes financeiras da DFB, fazendo com que a Federação, naquele período, se tornasse um arauto da comunicação entre os povos, a despeito de todas as crises e de todos os conflitos políticos. Mesmo nos jogos entre equipes alemãs e estrangeiras em solo pátrio, a DFB recebia 1% da renda bruta e, em solo estrangeiro, 4% da "indenização de viagem" concedida pelo país anfitrião.[4]

A grande preocupação comercial da DFB — que, nos anos 1920, também se evidenciava nos contratos de propaganda com cervejarias e fabricantes de cigarros — originava-se da necessidade de financiar uma organização que não parava de crescer. Na Alemanha, apesar da guerra, da ocupação e da inflação, o futebol estava se transformando em uma das modalidades esportivas mais populares.

O número de membros da DFB, que oscilava em torno de 468 mil em 1920, era acrescido de 40 mil associados por ano. Portanto, para os pioneiros do futebol alemão, a prioridade era construir uma boa infraestrutura para o esporte. A aquisição de campos e de equipamento esportivo, os gastos com transportes e salários dos funcionários devoravam uma parte cada vez maior da receita. O restante era guardado como reserva para tempos difíceis. Em 1928, a declaração patrimonial da DFB revelava uma soma de quase 41 mil marcos.[5]

Com a crise econômica mundial, entretanto, o futebol alemão viu-se em apuros. Quando, no início dos anos 1930, o descalabro atingiu o seu ápice, a base financeira das associações regionais e da federação nacional foi solapada por três lados simultaneamente: queda da receita com a venda de ingressos, menos contribuições dos sócios e corte de subsídios oficiais. Além disso, os jogadores começaram a reivindicar mais dinheiro, colocando em xeque o severo estatuto de só permitir amadores nas competições, defendido com tanto ardor pela DFB por motivos tributários.

Se tivessem liberado oficialmente o futebol profissional — coisa que em outros países, como a Inglaterra, a Áustria, a Hungria ou a Tchecoslováquia já ocorrera havia muito tempo — a DFB e as suas associadas teriam perdido o *status* jurídico de associação beneficente e, com isso, a isenção de quase todos os impostos e tributos.[6] Horrorizada, a DFB dos anos 1920 olhava para a vizinha Áustria, onde as consequências fiscais da introdução do futebol profissional eram mais do que evidentes. Lá, clubes como o Rapid Wien estavam à beira da bancarrota, porque os diversos impostos (sobre o lazer, de corporação, de associação e sobre circulação de mercadorias) rapidamente somavam 73% da receita; do pouco que restava, ainda precisavam ser pagos tributos para a construção da casa própria, para seguro social e de acidentes pessoais, os salários de jogadores e do pessoal administrativo.[7]

A DFB DIANTE DA CISÃO

Quando Adolf Hitler foi nomeado chanceler do Reich em 30 de janeiro de 1933, a questão dos jogadores profissionais levou a DFB à beira da cisão. De um lado estavam os grandes clubes, como Eintracht Frankfurt, Bayern Munchen, Spielvereinigung Furth, VfB Stuttgart, Karlsruher FV e VfR Mannheim, que ameaçavam abandonar a federação nacional caso ela continuasse vetando o futebol profissional.[8] Do outro lado havia a própria DFB e os clubes menores, que acreditavam depender dos privilégios fiscais para financiar suas equipes numerosas, porém ineficientes do ponto de vista econômico. A problemática específica dos grandes clubes lhes era estranha, uma vez que não eram obrigados a lidar com as reivindicações financeiras dos grandes jogadores. Obrigados a recorrer a dinheiro do caixa dois para pagar os craques, as diretorias responsáveis pelos grandes clubes muitas vezes sofreram as respectivas consequências judiciais.[9]

Depois de alguma hesitação, o conflito foi resolvido em favor da DFB por Hans von Tschammer und Osten, que passou a desempenhar a função de dirigente esportivo do Reich (*Reichssportfuhrer*) depois da tomada do poder pelos nazistas. O fator decisivo, para ele, não eram tanto as restrições ideológicas contra o esporte profissional — até porque, no segundo trimestre de 1933, o regime cogitou a possibilidade de permitir a constituição de uma equipe profissional de futebol — e sim o fato de que jogadores profissionais não iriam poder participar dos Jogos Olímpicos. Linnemann, que em junho de 1933 foi nomeado “comissário-chefe da Associação do Reich para o Futebol (*Kommissarischer Führer der Reichsfachschaft für Fussball*)”,[10] advertiu os novos donos do poder da Alemanha para o fato de que, a se concretizar essa intenção, arriscariam a debandada dos melhores jogadores para a área profissional e a consequente “perda da medalha de ouro” nos Jogos Olímpicos de Berlim.[11] E como o regime nazista pretendia usar os jogos como demonstração enganosa do espírito pacífico, do desempenho e da vontade de vencer da Alemanha, qualquer outro argumento sobre a introdução do futebol profissional caiu por terra.

A DFB COMO BENEFICIÁRIA DA "TOMADA DO PODER"

A "tomada do poder" resultou em outras vantagens para a DFB, que contribuíram para que a entidade pudesse sair da crise. A "equiparação" formal da DFB, consubstanciada por meio da integração da entidade na Federação Alemã do Reich para Exercícios Físicos, em 1934, ocorreu paralelamente à introdução do chamado "princípio do Führer". Em 9 de julho de 1933, por ocasião do encontro anual da DFB, Linnemann anunciou de forma inequívoca a sua pretensão a assumir sozinho a liderança e a necessidade de se libertar das formas recorrentes de condução dos negócios. "Antes, éramos uma federação baseada no direito antigo e estruturada de forma liberal. Hoje, temos o dever de trilhar outro caminho e assumir a nova ordem indicada pelo Estado: o princípio da liderança por meio de um Führer."[12] O abandono da estrutura "liberal" da organização significava eliminar as estruturas federativas no futebol alemão. As sete associações regionais reunidas na DFB, que antes de 1933 sempre haviam valorizado muito a autonomia, começaram a ser dissolvidas uma após a outra no período 1933/34, sendo substituídas por 16 distritos (as chamadas *Gaue*), cuja área de atuação era estabelecida de acordo com critérios de concidadania. Eram encabeçados pelos chamados "guardas do distrito" (*Gaufachwarte*), formalmente confirmados pelo dirigente esportivo do Reich, mas eram nomeados pelo comissário-chefe da Associação do Reich para o Futebol e, portanto geralmente eram escolhidos dentro das próprias fileiras.

Nesse sentido, apesar de todas as tentativas dos nazistas, depois de 1933, de penetrar em todos os setores da vida política, econômica e social, a Federação Alemã de Futebol estava em uma situação confortável no período até os Jogos Olímpicos de 1936. Pouco mudou na rotina da Federação, uma vez que o dirigente esportivo do Reich, Von Tschammer und Osten, num primeiro momento, deixava amplas liberdades aos funcionários em suas respectivas áreas de atuação. Embora o futebol, como todas as outras áreas da vida social, estivesse sob controle do regime nazista, dispunha ainda de tanto espaço próprio que dava a impressão de gozar de uma grande liberdade — quando, na verdade, apenas se tratava de uma autonomia vigiada.

ENTUSIASMO POR HITLER

Após 1933, o futebol alemão viveu um período de rápida ascensão, sustentada principalmente por uma legislação favorável aos esportes, a construção de grandes estádios e o apoio financeiro generoso aos clubes. Enquanto os placares dos campeonatos regionais de 1931 (uma vitória contra três empates e três derrotas) e 1932 (três vitórias e três derrotas) foram medíocres, logo após a tomada do poder o time nacional iniciou uma série impressionante de êxitos, que alcançou o seu primeiro ápice com o terceiro lugar na Copa do Mundo de 1934. O sentimento de que, depois de anos de crises consecutivas e medo, não apenas no futebol, mas em todo o país, a curva era ascendente gerou em quase todos os jogadores e funcionários um enorme entusiasmo por Adolf Hitler e seu regime nacional-socialista.

Essa euforia é ainda mais notável quando se considera que, até o início de 1933, os dirigentes da DFB eram opositores do partido nazista. Linnemann se considerava um homem "temente a Deus" e votara no Partido de Centro Católico durante as eleições do Reichstag de 5 de março de 1933.[13] Nos anos de Weimar, o empresário Georg Xandry se engajou no DDP (*Deutsche Staatspartei*);[14] enquanto, ainda em 1938, o treinador Otto Nerz professava fidelidade ao passado social-democrata.[15] Portanto, nem do ponto de vista programático nem do pessoal é possível dizer que a DFB era conservadora e nacionalista ou nacional-socialista, como frequentemente é sugerido em publicações sobre a história do futebol alemão.[16] Tanto na base quanto na direção, a DFB e suas associadas eram formações extremamente heterogêneas do ponto de vista político e ideológico, unidas apenas pelo entusiasmo pelo futebol e pela vontade de criar as melhores condições para o esporte.

A EXCLUSÃO DE ATLETAS JUDEUS

Esse frio pragmatismo determinou a atitude da DFB em relação aos judeus na Alemanha. Em numerosas associações que se pronunciavam a favor da introdução do futebol profissional, havia judeus com peso político entre os dirigentes ou patrocinadores. Com o objetivo de salvar o estatuto dos jogadores amadores e, dessa maneira, também a sua posição como entidade máxima do futebol alemão, a DFB aproveitou a oportunidade de, no segundo trimestre de 1933, eliminar pelo menos uma parte do movimento favorável aos jogadores profissionais, sentido como ameaça. Assim, fez pressão para tirar judeus de posições dirigentes em clubes e associações. O fato de não querer eliminar totalmente a presença de atletas judeus nos clubes, como faziam outras associações, caracterizou a atitude da DFB, motivada por razões político-econômico-sociais e distinguindo-se da convicção dos nazistas — essa, sim, baseada em fundamentos racistas e ideológicos e na vontade de destruição — de que os judeus eram um povo "inferior".

A atitude calculista e cruel em relação ao destino dos judeus na Alemanha aponta a corresponsabilidade da DFB no desenvolvimento desastroso do nazismo.

Assim como ocorreu em todo o restante da sociedade, também no futebol, em 1933 iniciou-se um processo continuado de marginalização dos judeus. Os clubes judeus, nos quais atuavam os atletas excluídos dos clubes "alemães", viram-se às voltas com mesquinharias e assédios de todo tipo no dia a dia. Iam de ofensas à espionagem ou violência física. A DFB e a maior parte de suas associadas faziam vista grossa à forma como seus antigos colegas esportivos eram tratados e, dessa forma, se tornaram corresponsáveis pelo assassinato dos judeus.

Entre as exceções não muito conhecidas de resistência ao antissemitismo — e que, assim, mostraram que também existiam formas de resistência menos perigosas — estava o Bayern de Munique. Embora seu presidente, Kurt Landauer, tivesse sido obrigado a entregar o cargo em 22 de março de 1933, como numerosos outros funcionários judeus, continuou desempenhando um papel decisivo. Herbert Moll, que jogava no clube nos anos 1930, lembra que Landauer continuava agindo como eminência parda mesmo depois de deixar o Bayern.[17]

O fato de continuar podendo influir no Bayern de Munique mesmo depois de 1933 derivava da estrutura de sócios do clube, na qual os seguidores convictos do nazismo se originavam principalmente do departamento de esqui e formavam uma minoria que não conseguia controlar o clube a longo prazo.[18] A ligação entre o Bayern e Landauer permaneceu estreita mesmo depois de o ex-presidente ter sido expropriado e preso por quatro semanas no campo de concentração de Dachau, depois da chamada Noite dos Cristais (*Reichspogromnacht*). Em maio de 1939, emigrou para Genebra, onde, um ano depois, recebeu a visita da equipe completa do Bayern por ocasião de um amistoso contra o FC Servette. Por causa dessa visita, o "clube dos judeus" recebeu "severas reprimendas dos nazistas" ao regressar.[19]

A DISSOLUÇÃO DA DFB

A complacência e a estreita cooperação com o regime nazista não evitaram a dissolução gradual da DFB depois de 1936. Foi precisamente a falta de um fundamento ideológico da federação que suscitou uma forte desconfiança dos nacional-socialistas em relação à entidade guarda-chuva do futebol alemão. Assim, Von Tschammer und Osten considerava a federação como um "típico ente liberal útil" que representava "uma forte tendência internacional do esporte".[20] Opinião semelhante era a de Bruno Malitz, que no Terceiro Reich chegou ao cargo de chefe distrital do partido nazista na cidade de Görlitz, conhecido como um dos principais ideólogos nazistas do esporte. Em seu texto programático *O exercício físico na ideologia nacional-socialista* (*Die Leibesubungen in der nationalsozialistischen Idee*), o futebol e principalmente a DFB eram citados como "distorção" do esporte alemão.

O que irritava Malitz, principalmente, era a grande importância do dinheiro no futebol, que, a seu ver, fortalecia a pressão pela comunicação entre os povos:

> Vê-se de que maneira a Federação Alemã de Futebol está preocupada com a miséria de seus associados: nem um pouco. Enquanto guarda seu dinheiro "embaixo do colchão", seus clubes estão sucumbindo. Em vez de ajudar, constrói grandes prédios administrativos. Organiza campeonatos regionais desnecessários, goza de isenção fiscal — mas os certificados de desemprego nada valem. Deus sabe que a DFB não teria qualquer problema em pagar impostos, pois ela é capitalista.[21]

Considerando todas essas ressalvas, era coerente que, tão logo se apagasse o fogo das tochas olímpicas depois dos Jogos Olímpicos de Berlim, o regime nazista procedesse à dissolução da DFB. Assim, a Federação foi sendo dissolvida gradualmente a partir de 1936, com grandes cortes no pessoal, e substituída pela chamada Associação Alemã de Futebol, sob o comando do dirigente esportivo do Reich, Von Tschammer und Osten. Com a estatização do futebol alemão, o patrimônio da DFB, dissolvida formalmente em abril de 1940, foi transferido integralmente para a nova entidade Liga Nacional-Socialista do Reich para Exercícios Físicos (NSRL).

USO POLÍTICO DO FUTEBOL

A liquidação da DFB e a estatização do futebol faziam parte do plano de mobilização geral do regime nazista com o objetivo de engajar as empresas e a sociedade na Alemanha na "guerra por espaço vital", considerada inevitável. A partir de 1936, os campeonatos europeus de futebol serviam cada vez mais aos objetivos de política exterior e, dessa forma, também aos preparativos de guerra do regime nazista. Os campeonatos com outros países deviam servir para estabelecer ou intensificar contatos com outras nações, demonstrando o relacionamento amistoso com governos amigos e influenciando o ânimo de outros povos a favor do Terceiro Reich.

Com o início da guerra, os jogos da equipe nacional alemã passaram a ganhar uma importância política ainda maior. Os ministério dos Esportes, das Relações Exteriores e da Propaganda consideravam os encontros esportivos internacionais como oportunidades para integrar regiões consideradas valiosas do ponto de vista político, militar ou geoestratégico à área de influência alemã. Assim como acontecia com o esporte como um todo, o futebol alemão era considerado parte da política expansionista bélica alemã, a qual deveria ganhar um aspecto ingênuo, quase pacífico, por intermédio da realização de eventos esportivos.

Além disso, na primeira metade da guerra, os ministérios dos Esportes e da Propaganda davam um enorme valor à continuidade do intercâmbio esportivo internacional, para evitar a impressão de isolamento do Reich alemão. Internamente, o futebol era usado como meio de diversão, que desviava a atenção da guerra, proporcionava momentos de lazer e transmitia a impressão de normalidade.

Ao longo dos anos de guerra, os dirigentes do futebol alemão revelaram um largo espectro de atitudes em relação ao regime nazista. Alguns se mantiveram alinhados até o fim com o Terceiro Reich pelas razões as mais diversas, participando direta ou indiretamente de assassinatos. Outros se retiraram da vida pública, cuidando apenas da própria sobrevivência num cotidiano nazista deprimente. Outros tentaram resistir às injustiças evidentes em seu dia a dia. Não raro, favorecer ou evitar crimes, aprovar ou rejeitar a violência, participar ou sofrer atos criminosos eram coisas que se confundiam.

Até nesse aspecto o futebol alemão refletiu a sociedade inteira no Terceiro Reich.

Notas

1. Carl Koppehel, *História do futebol alemão (Geschichte des Deutschen Fussballsports)*, editado em conjunto com a Federação Alemã de Futebol. Frankfurt/Main, 1954, p. 189.
2. Georg Blaschke, Prefácio. *In*: *Kriegsjahrbuch des Deutschen Fussball-Bundes (Anuário de Guerra da Federação Alemã de Futebol)*, o.O., o.J., S. 6.
3. Felix Linnemann, *Entre a guerra e a paz*. *In*: Deutscher Fussball-Bund (org.), *Deutsches Fussball-Jahrbuch 1920 (Anuário Alemão do Futebol)*, Kiel, 167 pp.
4. Deutscher Fussball-Bund (org.), *Relatório anual 1923/24 (Jahresbericht 1923/24)*, Kiel, p. 10.
5. Cf. Deutscher Fussball-Bund (org.), *Relatório anual 1923/24 (Jahresbericht 1927/28)*, Berlim, p. 24.
6. Cf. Deutscher Fussball-Bund (org.), *Relatório anual 1923/24 (Jahresbericht 1924/25)*, Kiel, 41pp.
7. Cf. Federação Alemã de Futebol (org), *Relatório Anual 1924/25 (Jahresbericht 1924/25)*, Kiel, p. 18.
8. Cf. Kicker (1930), nº 44 (28 de outubro de 1930), 1.758 pp.
9. Um dos casos que vieram à tona foi o do dirigente financeiro do clube Schalke, Willi Nier, que acabou se suicidando em 1930, temendo as consequências jurídicas da descoberta de manipulações na contabilidade do clube. Cf. Stefan Goch/Norbert

Silberbach, *Zwischen Blau und Wess liegt Grau. Der FC Schalke 04 im Nationalsozialismus (Entre o azul e o branco está o cinza: o clube Schalke 04 durante o nazismo)*, Essen 2005, 58 pp.

10. Cf. Kicker (1933), nº 26 (27 de junho de 1933), p. 1.011.
11. Arquivo da Cidade de Munique, Amt für Leibesübungen 256, *Denkschrift über die Notwendigkeit einer Bereinigung der Verhältnisse im deutschen Fussballsport durch Trennung von Amateur- und Berufssport (Nota memorial sobre a necessidade da purificação das condições no futebol alemão por meio da separação entre esporte profissional e amador)*, org., Interessengemeinschaft Deutscher Berufsfussballclubs, agosto de 1947.
12. Kicker (1933), nº 28 (11 de julho de 1933), p. 1.078.
13. Cf. Arquivo Federal (Bundesarchiv) em Berlim, D 5120/6035003028, formulário preenchido por Linnemann em 1/3/1939; Arquivo Central da Baixa-Saxônia (Niedersächsisches Hauptstaatsarchiv), Nds. 171 Han. P 4921, processo sobre a participação no regime nazista (Entnazifizierungsverfahren) de Felix Linnemann, questionário preenchido por Linnemann em 12/10/1946.
14. Cf. Arquivo Municipal de Neu-Isenburg, jornal *Neu-Isenburger Anzeigeblatt* de 30/5/1919; Hessisches Hauptstaatsarchiv em Wiesbaden, Depto. 520/DZ, nr. 515130, Entnazifizierungsverfahren Georg Xandry, Eidesstattliche Versicherung von Julius Calm de 23/10/1946.
15. Cf. Arquivo Federal (Bundesarchiv) em Berlim, SA 0419151210, Formulário com dados pessoais de Otto Nerz de 5/6/1938.
16. Cf. Por exemplo publicações de Arthur Heinrich, *Der Deutsche Fussballbund. Eine politische Geschichte (A Federação Alemã de Futebol, uma história política)*, Colônia 2000, ou Gerhard Fischer/Ulrich Lindner, *Stürmer für Hitler. Vom Zusammenspiel zwischen Fussball und Nationalsozialismus (Atacantes para Hitler, a cooperação entre o futebol e o nazismo)*, Göttingen 1999.
17. Zitiert nach Fischer/Lindner (Anm. 16), S. 181.
18. Vgl. Anton Löffelmeier, *Grandioser Aufschwung und Krise. Der Münchner Fussball von 1919 bis 1945 (Ascensão e crise, o futebol de Munique de 1919 a 1945), in*: Stadtarchiv München (Hrsg.), *München und der Fussball. Von den Anfängen bis zur Gegenwart*, Munique 1997, p. 70.
19. Dietrich Schulze-Marmeling, *Die Bayern. Vom Klub zum Konzern. Die Geschichte eines Rekordmeisters*, Göttingen, 1997, S. 68.
20. Bundesarchiv Berlin, NS 8/177, Von Tschammer und Osten, *Relato sobre a situação da reforma da atividade física nos anos 1933-1945 (Situationsbericht über die Neugestaltung der Leibesübungen in den Jahren 1933–1935)*.
21. Bruno Malitz, *Die Leibesübungen in der nationalsozialistischen Idee, (O exercício físico na ideologia nacional-socialista)*, Munique, 1933, p. 59.

Bibliografia

Gerhard Fischer/Ulrich Lindner: *Stürmer für Hitler. Vom Zusammenspiel zwischen Fußball und Nationalsozialismus (Atacantes para Hitler, a cooperação entre o futebol e o nazismo).* Göttingen: Die Werkstatt, 1999.

Stefan Goch/Norbert Silberbach: *Zwischen Blau und Weiß liegt Grau. Der FC Schalke 04 im Nationalsozialismus. (Entre o azul e o branco está o cinza: o clube Schalke 04 durante a época do nazismo).* Essen: Klartext Verlag, 2005.

Nils Havemann: *Fußball unterm Hakenkreuz. Der DFB zwischen Sport Politik und Kommerz (Futebol sob a suástica, a DFB entre esporte, política e comércio).* Frankfurt/Main: Campus — Verlag, 2005.

Arthur Heinrich: *Der Deutsche Fußballbund. Eine politische Geschichte (A Federação Alemã do Futebol, uma história política)*: Colônia: Papy Rossa Verlag, 1999.

Carl Koppehel: *Geschichte des Deutschen Fußballsports.* Hrsg. in Zusammenarbeit mit dem Deutschen Fußball-Bund (*História do futebol alemão*, editado conjuntamente com a Federação Alemã de Futebol). Frankfurt/Main o.J., 1954.

Bruno Malitz: *Die Leibesubungen in der nationalsozialistischen Idee* (*O exercício físico na ideologia nacional-socialista).* Munique: Auflage, 1933.

Dietrich Schulze-Marmeling: *Die Bayern. Vom Klub zum Konzern. Die Geschichte eines Rekordmeisters* (*O Bayern de Munique, do clube à empresa, a história de um campeão*). Göttingen: Die Werkstatt, 1997.

Arquivo da Cidade de Munique (org.): *Munchen und der Fußball. Von den Anfängen zur Gegenwart (Munique e o futebol, das origens aos dias de hoje).* Munique: Buchendorfer, 1997.

CAPÍTULO 10

A "cultura da guerra" do "novo Estado" espanhol como princípio de legitimação política

Francisco Sevillano Calero*

Tradução de Silvia de Souza Costa

*Professor Titular de História Contemporânea da Universidade de Alicante, Espanha. Autor de *Ecos de papel. La opinión de los españoles en la época de Franco*, Madri: Biblioteca Nueva, 2000 e "*Rojos*". *La representación del enemigo en la Guerra Civil.* Madri: Alianza Editorial, 2007.

Os acontecimentos que marcaram o golpe de Estado de 17 e 18 de julho de 1936, desencadeados por uma parte da oficialidade do Exército espanhol, romperam com o estado de direito sem conseguir ocupar o poder na República. O fracasso da rebelião militar provocou uma situação de guerra, em que a ocupação da capital, Madri, continuou sendo o objetivo primordial dos insurgentes. No contexto histórico de ascensão dos movimentos fascistas — como ocorreu na terceira onda de regimes ditatoriais, que estendeu o totalitarismo na Europa após 1933 — essas circunstâncias determinaram que a principal característica do "novo Estado" espanhol fosse criada durante uma longa guerra civil, a partir do terceiro trimestre de 1936.

Na imposição de uma "nova ordem" europeia, o regime ditatorial da "Espanha nacional" configurou-se não apenas a partir da fraqueza originária de um movimento claramente fascista antes da guerra, mas da experiência particular de concentração de poder nos chefes militares rebeldes. Em 29 de setembro de 1936, a Junta de Defesa Nacional, constituída em Burgos, após a rebelião militar, determinou a nomeação do general de divisão Francisco Franco Bahamonde como chefe de Governo do Estado espanhol, assumindo todos os poderes do "novo Estado", e como generalíssimo das forças nacionais de terra, mar e ar, conferindo-lhe o cargo de general em chefe dos exércitos de operações. Diante das incipientes instituições estatais na "Espanha nacional", a legitimidade carismática do "*caudillo*" começou a se formar no espaço político a partir do ato de sua proclamação, em Burgos, em 1º de outubro daquele ano.

A legitimação do "novo Estado" espanhol fundamentou-se, assim, na guerra: como *bellum iustum*, subsistindo uma "causa justa" para a rebelião militar, conduzida pelo dom e pela graça carismáticos de seu caudilho, defendida com o sangue dos mártires e "caídos"; como "guerra total", uma vez que se prolongou, pois devia acabar com a destruição total do inimigo, considerado politicamente como "absoluto", desvalorizado moralmente até desumanizá-lo. A propagação desses aspectos formou uma "cultura de guerra", legitimadora do "novo Estado"; com valores, ideias e ritos que caracterizaram a representação da identidade coletiva da "Espanha nacional" como comunidade política essencial diante da anti-Espanha.

ASPECTOS DA "CULTURA DE GUERRA": TEOLOGIA POLÍTICA DO CARISMA

Até a morte de Franco — em 20 de novembro de 1975, perto de completar 83 anos, sofrendo de evidente senilidade — a imagem pública do "caudilho" foi essencial para o funcionamento do sistema político ditatorial que se institucionalizou, a partir de sua proclamação como chefe de Estado na "Espanha nacional", quase 40 anos antes.[1] Essa imagem teve origem na forma de dominação carismática, forjada no transcurso da guerra civil; na convicção de sua especial capacidade de fascinar, a partir do dom que Deus concede a um eleito, o "caudilho", em benefício da comunidade. Se a análise social de Max Weber do poder levou a destacar o reconhecimento e a validação da personalidade carismática por uma comunidade, o carisma pode ser entendido também culturalmente, quer dizer, cabe concebê-lo como uma qualidade inexpressável, que não se pode compreender.[2] Assim, como forma de legitimidade extraordinária, a autoridade carismática do general Franco se baseou na fé em sua vitória na guerra.

Além disso, tal forma de legitimidade carismática foi constituída concomitante com a de caráter tradicional, que se fundamenta na crença na santidade das tradições pátrias seguidas desde tempos longínquos e na legitimidade do herói guerreiro, destacado pela tradição para exercer a autoridade. Precisamente, o prolongamento da guerra, após as operações frustradas para tomar Madri, e os triunfos militares em outras frentes — no Norte, logo depois em Teruel, e na batalha de Ebro, na Catalunha — foram consolidando o poder de Franco e fazendo com que a legitimidade carismático-tradicional de sua figura fosse adquirindo maior relevância mediante o culto à pátria, como se celebrou no calendário de festividades da "Espanha nacional", sobretudo a partir de 18 de julho de 1937, data de aniversário *do Pronunciamento*. Precisamente, o sentido patriótico e religioso da "cruzada nacional" foi novamente encarnado pela figura do general Franco, por motivo do primeiro aniversário de sua proclamação como chefe de Estado e generalíssimo dos exércitos nacionais, assumindo os poderes máximos "por graça de Deus e por verdadeiro desejo da Espanha", conforme iniciava o preâmbulo da ordem da presidência da Junta Técnica do Estado, em 28 de setembro de 1937. O preâmbulo justificativo continuava, destacando que a "Espanha nacional" desejava render, nessa data memorável, homenagem de adesão e gratidão, devido a suas excepcionais qualidades militares e políticas, visto que:

> Por sua insuperável direção da campanha como Generalíssimo, consequência de seu patriotismo, sua competência, seu valor como soldado e seu espírito de sacrifício, nosso glorioso e invencível Exército, encorajado pelo povo que tudo faz pela salvação do país, conquista incessantemente louros que causaram admiração no mundo todo e, em ritmo acelerado, reconquista o solo pátrio, liberando-o do marxismo destruidor. Enquanto isso, a administração pública, apesar das imperiosas exigências da guerra, destaca-se pela austeridade e acertada orientação, tornando-se modelo de sábia política para o bem comum, em vista das excepcionais qualidades de governante do chefe de Estado.

A ordem criou a "Festa Nacional do Caudilho", realizada anualmente em 1° de outubro. O editorial do diário *La Gaceta Regional*, de Salamanca, publicado em 29 de setembro, insistia no princípio hierárquico que representava o comando do general Franco. Mas, sobretudo, reiterava as excepcionais circunstâncias do ato de sua proclamação, atribuindo o domínio carismático de Franco ao resultado de uma natural superioridade:

> Foram tão especiais as circunstâncias que contribuíram para o ato pelo qual ficou verdadeiramente ungido com a representação e o comando da Espanha o general Franco que esse feito constitucional, do ponto de vista jurídico, teve todas as características de uma realidade biológica. Franco, caudilho da Espanha, surgiu naturalmente, pelo próprio impulso da superioridade,

> confirmado pela força de um comando histórico, que não necessitou para se revelar de um outro mecanismo previsto que o de uma conjuntura realmente excepcional.
>
> Assim surgiram os grandes líderes do mundo antigo, antes que o mundo moderno fixasse trâmites que só na vida normal têm sentido. O escudo dos guerreiros clássicos representava a elevação sobre todas as cabeças da exaltação do homem extraordinário que mandava porque sabia e devia mandar. *Omni populo assentiente.* Todos, em verdade, reconhecendo por seu próprio discurso ou por intuição, a unidade de seu destino e a necessidade de uma hierarquia, aclamavam o eleito espontânea e ardentemente sobre o campo da vitória.
>
> Pois bem, sobre o escudo dos triunfos já alcançados ou por alcançar, consolidou-se, há um ano, o general Franco. O novo Estado nascia junto com ele e, levando em conta a base da consciência nacional e o apogeu do poder, é fácil reconstruir a grande pirâmide em que se cristalizam os povos bem constituídos. Hierarquia é a palavra que serve de chave para que todas as forças, todas as classes, todos os elementos da sociedade se reduzam à unidade, obtendo uma fecunda harmonia mediante a devida graduação de órgãos e funções. E não cabe distinguir entre sociedade civil e militar, além de outras razões porque a Espanha, naquele tempo, era um povo em armas e segue enfrentando os ditames de uma exigência vital: ser ou não ser.
>
> A alternativa de uma solução favorável — que já existe — necessitava de um poder supremo que, absorvendo todas as autoridades do Estado, realizasse com unidade de critérios e de conceito, e até de fatura, hierarquizando órgãos e funções de cima abaixo, mas recebendo, de baixo para cima, o alento vitalizador e para baixo estimulante da consciência nacional.

Mesmo assim, os editoriais da imprensa na "Espanha nacional" durante aquelas datas coincidiram ao destacar a irrepreensível conduta moral do caudilho, sua vida austera e ascética, que devia servir de lição e de exemplo, como publicou a edição sevilhana do jornal *ABC*, também em 29 de setembro:

> Há aqui outro aspecto de desígnio providencial que nos conduz na Cruzada. Franco irradia uma luz penetrante e vivíssima, que ilumina os caminhos da conduta. Estamos em um momento em que a conduta é tudo. A conduta de hoje e a do passado. Há uma santa intolerância, que devemos cultivar e

> acariciar, porque ela nos dará o triunfo magnífico e permanente: o de afastar, como se fosse um animal predador, o homem de alma torcida, cheio de egoísmo, ambicioso e falso.
>
> A Espanha, nestes últimos anos, padeceu de condutas sujas nos postos de direção da nação e do Estado. Havia uma instintiva repulsa da massa honrada e trabalhadora do país em relação aos políticos profissionais, que mudavam de ideias e de diretrizes morais se julgavam conveniente para sua ambição pessoal. A moral de Franco é a antítese da moral da República e de seus homens. É uma linha reta, de aço, que não quebra nunca...
>
> Nesta Espanha imperial, Franco, como os grandes estadistas dos regimes autoritários da Europa, impõe, com seu exemplo, essa moral inflexível, que já não se afastará dos espanhóis.

O aspecto jurídico do "novo Estado" baseou-se, por conseguinte, nestas formas de legitimidade — carismática e tradicional, profundamente enraizadas na religião — que o discurso exacerbado do nacionalismo aliou à formulação de uma teologia política.[3] Essa pode ser definida como o uso de conceitos político-teológicos no espaço político para legitimar o princípio soberano da decisão de restabelecer a "unidade política" da Espanha, tarefa do herói providencial. Nessa formulação, influiu a redefinição política da esfera eclesial na Espanha durante a Guerra Civil. Uma politização do sagrado, em Consequência da legitimação teológica da ordem política, tanto para a Igreja católica justificar o *Pronunciamento* como por sua interpretação religiosa da "cruzada nacional"; quer dizer, resultou da contribuição de fatores religiosos à teoria política. Essa politização não pode ser separada, como elemento substancial, da mencionada formulação da teologia política do "novo Estado", que teve um marcante viés cristão e que, como profissão de fé na nação, manifestou-se por meio de um conjunto de símbolos e de ritos.

A fundamentação da legitimidade original do *Pronunciamento*, que a evidência de uma guerra no verão de 1936 transformou em "Cruzada", se sobrepôs, assim, ao arquétipo do herói, com as etapas de seu ciclo épico: a convocação para a aventura e a iniciação do herói guerreiro no Marrocos — onde o general Franco ganhou todas suas promoções por méritos de guerra, desde que comandou a Primeira Bandeira do Terço Estrangeiro — o regresso ao cumprir sua missão salvadora — após o 18 de julho, como caudilho militar no comando das tropas regulares em direção a Madri, a partir do sul peninsular — o triunfo e o reconhecimento de sua glória. O desfile castrense do Dia da Vitória, celebrado em Madri, em 19 de maio de 1939, foi a principal homenagem ao generalíssimo Franco, um rito civil de seu triunfo como caudilho de Espanha. Um relato épico que não teve um sentido escatológico, mas que abrangeu outras formas arquetípicas, sobretudo a imagem da volta do herói, como o eterno retorno: uma comunidade que encarna seu herói providencial não encontra sua identidade, a não ser na medida em que participa de uma realidade transcendente, primitiva, que volta a se renovar. Por meio do culto do herói, produziu-se a união mística da alma do povo com a essência pátria.

O destaque dessa mística, essencial na teologia política do "novo Estado", enfatiza um aspecto central na concepção do carisma. Em especial, o medievalizante emprego do arquétipo do reino de Deus, de sua realização na terra, serviu para resumir o *corpus mysticum* resultante da vinculação da figura do caudilho com a concepção da Espanha. O emprego de semelhante arquétipo político permitiu transferir ao "novo Estado" — como aconteceu no rito de unção do general Franco no templo madrilenho de Santa Bárbara, na manhã de 20 de maio de 1939 — componentes do mundo ideológico de Deus, mediante os símbolos e rituais da instauração de uma ordem social em harmonia com a tradição e os valores cristãos.

A peculiar formação do carisma do general Franco — limitado originalmente pelas próprias metamorfoses da guerra e fundado na fé na vitória militar — permite confrontar os modos do caudilhismo na Europa no período entre guerras, especialmente as relações entre mito e ritual, concebidas normalmente como uma redundância. O olhar antropológico, contudo, acabou matizando que tal homologia não existe sempre, ou na mesma proporção, entre as narrativas e práticas de sociedades próximas. Dessa maneira, a representação da guerra deu forma à dominação do general Franco, mais do que a encenação do caudilhismo mediante a mobilização e a estética das massas nos regimes totalitários do fascismo na Itália e no nacional-socialismo na Alemanha, pois o espetáculo público foi o veículo de expressão favorito do projeto de construção da identidade fascista.[4] Só com as circunstâncias da Guerra Civil na Espanha o nacionalismo exacerbado — espiritual, enraizado na tradição e na fé católica — foi o vetor que fez com que, no mútuo transpasse de conceitos teológicos e políticos, o espaço do "novo Estado" e a esfera eclesial se sobrepusessem, no sentido sacro do patriótico, encarnado pela figura do caudilho. Essa sobreposição levou a que a natureza guerreira do carisma de Franco adquirisse semelhante aparência mística: a devoção e a vida ascética do herói em estado de graça conduz ao transcendente, pois sua fé é o caminho da salvação, materializando em sua pessoa a união da alma do povo com a essência da pátria.

ASPECTOS DA "CULTURA DA GUERRA": O CULTO DA MORTE

A guerra provocou uma inflação retórica do léxico da violência e da morte.[5] Desse modo, o "culto da morte" foi se articulando, mediante a institucionalização do luto no calendário oficial de festas do "novo Estado", começando com o aniversário do assassinato de José Calvo Sotelo. Por decreto de 10 de julho de 1937, o dia 13 desse mês foi declarado dia de luto nacional pelo seu aniversário, estabelecendo-se que, nesse dia, a bandeira nacional devia ser hasteada a meio pau em todos os edifícios oficiais, ostentando faixas de tecido preto penduradas nas janelas e nos estabelecimentos.[6] No preâmbulo dessa disposição, argumentava-se que:

> O assassinato de dom José Calvo Sotelo marca uma data de luto em nossa história, pois o trágico desaparecimento de uma figura tão excepcional, por sua inteligência, sua honradez e seu patriotismo, ficou vinculado à sinistra política de um regime que, incapaz de cumprir sua função natural, convertia os recursos de comando em instrumentos criminosos.
>
> Um feito tão monstruoso quanto revelador constituiu, por si só, um delito de Estado, diante do qual devia se erguer nosso glorioso movimento nacional, como único remédio para salvar a Espanha. No aniversário de tão nefasto dia, a magnitude da dor impede relegá-lo à ordem individual e o novo Estado, intérprete fiel do sentimento nacional, promove uma homenagem popular, rendendo tributo ao primeiro mártir da gloriosa Cruzada.

Calvo Sotelo, "o primeiro" dos mártires da "Cruzada Espanhola":

> Deus e a Espanha gostaram daquela vítima; aceitaram o oferecimento e Calvo Sotelo caiu. Mas, ao cair, seu sangue foi como o daqueles mártires de que falava Tertuliano, como a semente dos cristãos.
>
> É verdade que o sangue de Calvo Sotelo foi a semente dessa coroa de mártires, cujo sangue redimiu a Espanha?
>
> Lá, no cemitério, com a cova já aberta, sobre aquele cadáver, como se fosse o Evangelho da Pátria, foram feitos sagrados juramentos de vinganças santas... Três dias depois, esses juramentos começaram a ser postos em prática. E começaram os mártires. E começou a se formar este deslumbrante cortejo que é hoje, acima das estrelas, a Espanha Eterna...
>
> À frente de todos, o primeiro de todos, José Calvo Sotelo.[7]

A guerra surgia como uma forjadora de heróis e uma purificadora de mártires, que eram a honra da Espanha, a glória da Igreja espanhola e a exaltação da estirpe, pois:

> A guerra fez com que resplandeçam de novo, "com majestade não habitual", as generosas condições da raça. A guerra voltou a fecundar o seio maternal da pátria.
>
> E, de suas entranhas, fecundadas pela guerra, brotaram os heróis e os mártires da cruzada espanhola. [...]
>
> A Guerra Espanhola é como um gigantesco roseiral que, ao abraçar a Espanha, fez saltar o sangue, e cada gota de sangue foi a rosa inflamada de um herói, de um mártir.[8]

A exaltação dos mártires e dos "caídos" pela Espanha teve especial destaque no partido único, a Falange Espanhola Tradicionalista (FET), e nas Juntas de Ofensiva Nacional-Sindicalista (JONS), constituindo a principal expressão de sua "estética". Assim foi na celebração do Dia dos Caídos, em 29 de outubro de 1937, no "Segundo Ano Triunfal" da guerra. No mesmo dia se celebra também a Festa de Fundação da Falange Espanhola — nessa data, em 1933 — que coincidia ainda com a Festa das Juventudes Falangistas.

Com a declaração do festivo Dia do Estudante Caído — 9 de fevereiro de cada ano — por Ordem de 5 de fevereiro de 1938, em todos os centros docentes foi utilizada a memória do primeiro falangista caído para institucionalizar um culto que enraizava ainda mais as origens do *Pronunciamento* na desordem pública e na violência durante o período republicano.[9] A exaltação do sacrifício da juventude contribuiu, assim, para a invenção do "culto da morte", já que:

> O heroico sacrifício da juventude pela redenção da Espanha, em nossa cruzada nacional, constitui o mais alto e generoso exemplo a ser exaltado e perpetuado para estímulo das gerações futuras. Em 9 de fevereiro de 1934, caía gloriosamente sob as baladas da anti-Espanha o estudante Matias Montero, ao propagar, distribuindo o semanário *FE*, germes das ideias salvadoras de nosso movimento nacional. As ideias escritas com sangue heroico e juvenil são eternamente fecundas.

O culto aos "caídos" alcançou sua maior expressão na construção do mito político José Antonio Primo de Rivera, fundador da Falange.[10] A prisão e a execução de Primo de Rivera, que morreu na madrugada de 20 de novembro de 1936, em Alicante, elevou sua figura a mito, mediante um "processo de 'transfiguração pela ausência'".[11] Esse processo começou com a transformação da palavra "ausente" em um lema oficial, de modo que: "O adjetivo logo se tornou substantivo e "o ausente", por definição, José Antônio."[12] O mito da ausência — alentado por notícias confusas, nunca confirmadas e até desmentidas sobre a morte de Primo de Rivera — contribuiu para a mitificação pessoal do fundador da Falange e a sacralização de seus textos, seus ditos e até seus gestos.[13] A morte de Primo de Rivera foi comunicada pelo general Franco em uma Junta Política da FET e das JONS, realizada em Burgos, para onde havia se transferido o quartel general, em meados de 1938.[14] A comemoração do aniversário de sua morte, conforme decreto da Chefia do Estado de 16 de novembro de 1938, transformou o legado de Primo de Rivera na origem do novo Estado, que "surge da guerra e da Revolução Nacional por ele anunciada", se convertendo em "herói nacional e símbolo do sacrifício da juventude de nossos tempos". As disposições decretadas construíram o mito de Primo de Rivera, institucionalizando a lembrança de sua figura por meio do calendário oficial de celebrações e dos lugares de memória. Dessa maneira, o 20 de novembro de cada ano foi declarado dia de luto nacional. Foi estabelecido ainda, de acordo com as autoridades eclesiásticas, que nos muros de cada paróquia figuraria uma inscrição que contivesse "os nomes dos que caíram, seja na presente Cruzada, seja como vítimas da revolução marxista", ao mesmo tempo que, no seu dia, seria erguido um monumento para festejar Primo de Rivera. O legado de suas ideias políticas seria explicado e desenvolvido mediante a criação de uma cátedra de doutrina política nas universidades de Madri e Barcelona, que teria o nome de "Cátedra José Antonio", e não haveria um titular fixo, mas sucessivos professores indicados pelo chefe nacional do Movimento. As cátedras eram subvencionadas por fundos do Movimento. A exaltação desse legado corresponderia aos serviços de imprensa e propaganda, com a abertura de um concurso nacional que premiaria os melhores trabalhos artísticos, literários e doutrinários sobre a figura e a obra de Primo de Rivera. Para perdurar sua memória entre os jovens, levariam seu nome as primeiras instituições que foram organizadas em caráter nacional para a formação e a disciplina políticas da juventude e para a educação artesanal dos operários. O Exército, como "encarnação genuína do povo para o serviço à pátria com as armas", se unia também às homenagens a Primo de Rivera e, assim, daria seu nome a novas unidades da Marinha, do Exército e da Aeronáutica. Uma ordem do Ministério da Educação Nacional, do mesmo 16 de novembro, determinava que se dedicasse o dia 22 desse mês a uma aula em memória de Primo de Rivera, destinada a explicar sua vida e sua obra, em todas as escolas e centros de ensino, pois: "O significado dessa figura emblemática de nosso movimento deve ser a primeira lição da juventude espanhola." Uma transcendência que era resumida no preâmbulo dessa ordem ministerial:

> A elevadíssima personalidade de José Antonio Primo de Rivera, figura histórica nacional, culminou com sua morte heroica: seu último ato de serviço à Espanha.

> Sua vida e sua obra foram o caminho dessa superioridade, conseguindo o acordo espiritual e humano mais perfeito: o da criação que se estabelece na alma de seu povo.
>
> Sua palavra e sua ação promoveram em nossa pátria um modo de pensar e de ser, ponto de partida de consideráveis núcleos nacionais, que se ergueram em momentos difíceis pela sagrada causa da Espanha.

Os funerais de Primo de Rivera foram celebrados na Catedral de Burgos, em 20 de novembro de 1938. Previamente, seu nome fora gravado nas pedras externas do templo, junto à Porta de Sarmental. O mesmo ocorreu em todas as igrejas da Espanha, como decidiu a Junta Política da FET e das JONS. Isso foi sancionado legalmente, incluindo, além de seu nome, os dos vizinhos de cada localidade mortos na guerra com o bando "nacional".[15]

O mito político de Primo de Rivera se colocou no interior da presença do simbólico na política, constituindo sua expressão mais intensa e organizada. E, assim, o mito político se converteu de relato em "presença", mediante sua vinculação com ações políticas de caráter ritual, como ocorreu por ocasião do traslado dos restos mortais de Primo de Rivera, nos ombros de falangistas, desde Alicante até a igreja do Monastério de San Lorenzo del Escorial, com honras de capitão-geral nas cerimônias, para que pudesse ser enterrado no local, como dispôs a lei de 15 de novembro de 1939. Uma vez acabada a Guerra Civil, Miguel Primo de Rivera dirigiu-se a Alicante, em 2 de abril desse ano, para recuperar o cadáver do irmão, com quem estivera detido, que se encontrava em uma cova no cemitério municipal. Os supostos restos mortais foram colocados em uma grande arca e depositados em um nicho do cemitério, à espera de uma sepultura definitiva. Em 9 de novembro de 1939, a Junta Política da FET e das JONS, presidida por Serrano Suñer, concordou com o traslado dos restos mortais, sendo Dionísio Ridruejo quem sugeriu que o lugar mais adequado para seu repouso seria El Escorial, embora alguns fossem contrários a levá-lo para o panteão real.[16] O ritual do féretro de Primo de Rivera nos ombros dos falangistas até El Escorial foi o último de grandes atos e cerimônias daquele Ano da Vitória. Mas o fim da Guerra Civil produziu uma inflação de comemorações da morte por meio do luto e da memória social.[17]

ASPECTOS DA "CULTURA DA GUERRA": REPRESENTAÇÃO DO INIMIGO

A extrema crueldade das ações violentas na guerra estava ligada à desumanização das vítimas.[18] Isso, mediante a representação imaginária do inimigo na forma de estereótipos culturais: ideias pré-concebidas que determinam o processo de percepção, classificando os objetos em familiares ou estranhos, e que, ao fazê-lo, enfatizam suas diferenças por meio de uma série de sinais.[19] A distinção propriamente política entre "amigo" e "inimigo" constituiu, assim, o ponto de partida e estabeleceu os limites da "cultura da guerra"; diferenciação que se afirma como um critério autônomo — poder-se-ia dizer como "categoria" básica — que não deriva de qualquer outro.[20] Cabe especificar, como fez Carl Schmitt, que "o inimigo é, de maneira particularmente intensa, *existencialmente*, um outro diferente, um estrangeiro, com o qual podem ocorrer, em casos extremos, conflitos *existenciais*.[21] Desse modo, destacou que não é inimigo o concorrente ou o adversário, tampouco o antagonista ou um adversário específico, com quem se antipatiza, uma vez que "um inimigo é uma totalidade de homens situada diante de seus semelhantes, que lutam pela existência, pelo menos eventualmente, ou seja, segundo uma possibilidade real. Inimigo é, pois, apenas o inimigo *público*.[22]

Mas a propagação do conceito de inimigo implica a real possibilidade de uma guerra, que nasce da hostilidade, da negação essencial de outro ser.[23] Só na guerra o agrupamento político, por causa do amigo e do inimigo, alcança a sua última consequência, com a vida do homem adquirindo sua polaridade especificamente política.[24] De tal modo que o sentido da chamada "guerra total" reside em uma hostilidade pressuposta, conceitualmente prevista, que anula a distinção entre combatentes e não combatentes, produzindo, com a guerra militar, uma outra não militar, como emanação dessa hostilidade. A guerra se dá agora em um novo plano, mais intenso, como ativação não apenas militar da hostilidade. O caráter total consiste em que âmbitos da realidade que não são militares — economia, propaganda, energias psíquicas e morais dos que não combatem — se veem envolvidos no confronto hostil. A mera possibilidade desse aumento de intensidade faz com que os conceitos de amigo e inimigo também se transformem em políticos e que, até onde seu caráter político havia desaparecido completamente, se distanciem da esfera das expressões particulares e psicológicas.[25] A inversão conceitual do sentido da guerra, no político, converteu o verdadeiro inimigo em inimigo absoluto.[26] Um deslocamento que implica a destruição moral do inimigo, sua absoluta desvalorização humana: é preciso declarar a parte contrária, em sua totalidade, criminosa e desumana, como uma inexistência de valores absoluta, até a destruição de toda vida que não merece viver.[27]

A situação de guerra civil na Espanha produziu uma inversão do significado do termo inimigo pela propaganda. Isso porque, concebido como um tipo de "jogo", que usa intencionalmente a linguagem como violência,[28] inverte o sentido de uma palavra, altera o seu significado para constituir, como fundamental, um dos que até então eram secundários.[29] Desse modo, entender uma palavra não é compreender essencialmente o que ela significa, mas saber como funciona ou como é usada no jogo da linguagem propagandística, que faz parte de uma atividade ou uma forma de vida.[30] Mais precisamente, a propaganda promoveu, no transcurso de uma guerra civil que se prolongava na Espanha, uma inversão do sentido do termo "inimigo", por meio sobretudo de normas, mais do que de regras explicitamente enunciadas, como de rejeição e estigmatização dos "vermelhos", quer dizer, diferenciando-os e classificando-os como "inimigos absolutos".

Essas normas codificam os esquemas de percepção, transformando-os em estereótipos. Semelhante operação de codificação permite um controle da coerência desses esquemas, quer dizer, produz a sua formalização.[31] Assim, codificar é terminar com o impreciso e as divisões por aproximação, estabelecendo categorias claras, cortes límpidos e tornando as coisas simples, evidentes e comunicáveis, ao dar o mesmo sentido às palavras.[32] Um efeito que, imagino, ocorre primeiramente no plano simbólico, mediante a construção da representação coletiva do "inimigo". Esse era, antes de tudo, por sua condição de estrangeiro, por seu caráter externo, como a maçonaria, o marxismo e o judaísmo. A desvalorização moral do "outro", também espanhol, em uma situação de guerra civil, ocorreu precisamente mediante a rejeição do que é propriamente pátrio, por sua conveniência e seu servilismo diante de semelhante ingerência estrangeira. Assim, os "vermelhos" eram estigmatizados, em primeiro lugar, pela própria personalidade e vil conduta: frívolos, canalhas assassinos, traiçoeiros, além de colaboradores de estrangeiros hostis à Espanha.

A categoria de "inimigo absoluto" resumiu-se na ideia da "anti-Espanha", que precisava ser resgatada. Uma ideia representada pela capital, "Madri vermelha", tomada por milicianos dos partidos e sindicatos de esquerda. A desvalorização desse inimigo — que, derrotado nas frentes de combate, ia preso — resultou também da objetivação científica de sua patologia social, moralmente contagiosa. Em particular, a psiquiatrização dos comportamentos antissociais contribuiu, desse modo, para a estimatização psicossocial do inimigo: sua conduta criminosa era efeito de uma personalidade psicopata desequilibrada, degenerada, movida por complexos de inferioridade.

Essa imagem tornava-se mais pronunciada em relação à mulher "miliciana": a fragilidade e a impulsividade psicológicas transformavam-na em lamentáveis caricaturas de homens — a figura da miliciana era despojada de feminilidade, vestindo um eterno "macacão" azul, e seu comportamento, libertino. Uma imagem que também se evidenciou por meio de uma apresentação humorística da realidade, difundida pelos meios de comunicação, a imprensa e o rádio.

A ESTIGMATIZAÇÃO DOS "VENCIDOS"

O fim da guerra na Espanha, em 1º de abril de 1939, prolongou a distinção e a exclusão dos "vencidos", mediante sua classificação estereotipada, por meio de uma série de estigmas, marcas com as quais se distinguem os diferentes. Era o caso do uso do chapéu, de seu cuidadoso uso para manifestar cortesia, como afirmou o escritor e jornalista Jacinto Miquelarena, em seu artigo "Saúde como cavalheiro", publicado em 2 de maio de 1939 no diário madrilenho *ABC*. O autor escreveu: "A ausência de chapéu foi, muitas vezes inconscientemente, uma consequência imediata da brutalidade marxista. Não era prático ter sobre a cabeça algo incômodo, complicado e caro; assim, não era usado." Miquelarena contava a seguinte historieta ocorrida durante uma tertúlia em Madri, que mostra o que faziam os que não usavam chapéu para ser gentis:

> Um dos personagens que participavam da reunião não tirou o chapéu. Sua alegação era de que não sentia necessidade de saudar seus semelhantes com cordial ostentação. Mas como era ameaçado com todo tipo de alfinetadas e ofensas, caso não mudasse sua conduta, o homem chegou um dia ao café com a cabeça descoberta, como previa o regulamento; e passou a cumprimentar tirando a dentadura postiça com uma mão, fazendo com ela um gesto reverente e colocando-a novamente na boca, elevando-a à condição de "chapéu" substituto.

Isso porque o importante do chapéu era tirá-lo: "É um serviço. O chapéu protege o homem e o que o rodeia, como a luz de um farol protege o próprio farol e um pedaço de mar." Miquelarena acabava recomendando: "Enfim, compatriota, homem de Deus, compre um chapéu e saúde como um cavalheiro. É uma boa maneira de sê-lo ou de aprender."

Se um homem com chapéu era ícone do cavalheiro, o que não deixava dúvida de que não era um "vermelho", outro sinal era o cheiro de marxista, como comentou o jornalista e escritor corunhês Wenceslao Fernández Flórez, nas páginas de opinião do *ABC*, de 28 de maio do mesmo ano. Sabedor dos avanços em Madri, devido aos cuidados de especialistas em ambientes favoráveis ao novo regime, recordou que havia "cheiro de vermelhos" quando lá esteve, o que também foi percebido por muitas outras pessoas. Com toda a ironia, dizia ser o primeiro a propor semelhante tema como objeto de estudo da ciência: "As ideias político-sociais têm cheiro quando se apresentam em grandes massas? Está nelas mesmo ou é produzido por seu estímulo sobre as coisas ou sobre algumas glândulas do corpo humano?" Só queria trazer, nesse artigo, os dados que tinha; em primeiro lugar, seus aromas:

> O cheiro dos vermelhos não pode ser enquadrado em nenhum dos cheiros conhecidos. É algo especial. Decomposto, se encontraria nele o cheiro feroz das bestas selvagens, dos porões dos barcos, onde viajavam os emigrados, que é enjoativo e fica preso na garganta, o cheiro de farmácia, das moscas gordas, o cheiro triste e úmido das gretas onde as baratas fazem ninho, e outro elemento, um elemento especial, característico, que, por não ter comparação, acaba sendo, naturalmente, indescritível.

Toda Madri cheirava a isso, que era inconfundível: "Não se dizia: 'Que cheiro é este aqui?', pois, depois da primeira inspiração, se dizia: "Aqui há cheiro de vermelhos."

Um fedor com causas de índole material, física:

> Em Madri, chegou-se a usar como combustível sapatos velhos e alpargatas fora de uso. A alpargata de um miliciano tem, aproximadamente, um raio de fedor de 15 metros, mas, submetida a altas temperaturas, nunca se soube aonde poderia chegar, porque, até que as necessidades e privações da guerra tenham imposto isso, ninguém jamais se atreveu a queimar esse objeto, intuindo que seria algo insuportável. Também é preciso admitir que muitos milhares de seres que comem ervas e conservas russas influem com seu hálito nas condições atmosféricas.

Mas era preciso acrescentar alguns outros motivos para explicar semelhante cheiro a "vermelho": a solidariedade das moscas e das baratas com o marxismo.

> Das primeiras, especialmente, é possível afirmar que encontraram seu paraíso nestes três anos, a ponto de serem muito poucas — se existe alguma, porque as estatísticas não eram escrupulosamente rigorosas — as casas que ficaram livres dessa praga asquerosa em Madri. Se o marxismo serve para garantir a sorte de alguma comunidade, essa é a das moscas. A mosca deve ser seu animal símbolo.
>
> O que é o marxismo? Um miserável que sobe — para roubar, para matar, para ocupar um cargo que não entende — por uma escada e uma mosca que desce por uma parede. Simpatizam com uma análoga tendência sanguinária? Há um nexo misterioso entre os diferentes fedores? Só uma resposta consegui obter em minhas elucubrações: o marxismo respeita as moscas por um confuso totemismo. A mosca é tabu para eles como o tigre para algumas tribos indígenas ou a serpente para outras, na África.

A explicação era mais obscura se a intenção fosse precisar — acrescentou Fernández Flórez, em seu artigo à imprensa — a origem "dessa peculiaridade que intoxica as emanações vermelhas e que estará sempre ligada à lembrança da miséria, da infelicidade e do crime". Concluía que:

> Sem dúvida, o cheiro de alma putrefata, de corrupção espiritual, de sentimentos de carniça; mas não se conhece ainda sua química.
>
> Assim cheiravam as casas do povo, as reuniões da Frente Popular, as portarias e até uma infinidade de "honradas blusas", por muito bem lavadas que fossem, mas nunca até agora houve uma capital populosa inteira encharcada por essa peste.
>
> O cheiro de vermelhos é tão forte e típico que creio ser possível distinguir um marxista e seguir seu rastro, mesmo com um olfato pouco apurado. O marxismo — religião de presidiários, fracassados, invejosos, contrariados, aproveitadores, preguiçosos, de gente de covil — tinha de cheirar assim, precisamente: a consciência podre, que tem um cheiro pior do que o de uma baleia morta.
>
> Porque o marxismo, materialista, é uma doutrina intestinal e suas eclosões se parecem a metano.

Segundo Fernández Flórez, o segredo residia no fato mais conhecido e evidente: "Aqueles pobres porcos não se lavavam nunca."

Os "vermelhos", como sua sujeira evidenciava, não passavam de ladrões e assassinos, lembram as notícias publicadas diariamente na imprensa de Madri:

> Na relação de capturas da polícia apareceu frequentemente, cinicamente confesso, o sanguinário "amador", que, por sua conta, sua iniciativa e sem ajuda, recriou em suas operações como que por deleite e multiplicou-as 80, 100, 200 vezes. Aparecem também as milicianas incansáveis no extermínio, na promoção e na preparação dos crimes que muitas cometiam com as próprias mãos. Os restos mortais revelam a imolação de anciãos, senhoras e adolescentes, de famílias inteiras e de muitas pessoas totalmente alheias aos motivos da luta social e política, aos rancores, aos ódios e a vinganças que possam explicar seu martírio; pessoas inofensivas por sua idade, sua condição, por seu modo e meio de vida. Não se sabe por que foram mortas, senão pelo cego capricho de matar, para que não perdessem uma jornada sem aumentar o número de mortos.

Contra os verdugos não cabia — concluiu aquele editorial do *ABC*, de 1º de junho de 1939 — nada além de um duro castigo de incapacitação e morte civil, a que não escaparam sequer os culpados asilados no exterior, além da afronta aos que tivessem colaborado fora da Espanha com aquele "bando de criminosos".

Só em último caso a codificação adquire forma jurídica, atua *vis formae*, pela força da forma, sob a aparência de norma racionalizada.[33] Em relação a esse outro aspecto normativo, o peso da derrota da República prolongou o terror por meio da sanção de um marco jurídico penal, empregando o direito com fins vingativos, para reprimir os "vencidos", principalmente pela Lei de Responsabilidades Políticas, proclamada em 9 de fevereiro de 1939, e pela Lei de Repressão da Maçonaria e do Comunismo, de 1º de março de 1940.

* * *

A evidência de uma guerra civil, após os acontecimentos do golpe de Estado de 17 e 18 de julho de 1936, e sobretudo a sua continuidade, após o fracasso da ocupação militar de Madri pelas tropas rebeldes, nos meses seguintes, fizeram com que a dimensão simbólica da violência fosse adquirindo características de "cultura de guerra".[34] Como havia ocorrido nos grandes conflitos europeus, a guerra espanhola estava imbuída de uma missão divina, reelaborando arquétipos e exaltando o próprio "espírito" como antítese do inimigo. Mas, ao contrário do que ocorreu com o prolongamento e o dramatismo da Grande Guerra de 1914, foi reproduzida uma visão tradicional, redentora da Espanha, que considerava a política um objeto de regeneração — sobretudo, contra o liberalismo e o marxismo — mais do que como o necessário artífice revolucionário da regeneração do homem e da nação espanhola.[35] Assim, a legitimação do "novo Estado" franquista emanou de semelhante sentido do conflito, de sua conseguinte concepção como "guerra total". Em um mesmo período, de 1918 a 1945, essa experiência foi concomitante aos movimentos e regimes fascistas na Europa, sobretudo Itália e Alemanha, desde a Grande Guerra até sua derrota na Segunda Guerra Mundial. Dessa maneira, a "cultura da guerra" imbuiu essencialmente os valores e as ideias da cultura política de regimes ditatoriais da mesma época, estabelecendo suas concomitâncias e suas diferenças, assim como de suas formas de ritualização política, mais do que a identidade formal ou social entre esses regimes e, sobretudo, com relação ao fascismo.

Notas

1. A atenção dos historiados concentrou-se principalmente na biografia política de Francisco Franco, especialmente nos livros de FUSI, J. P. *Franco, autoritarismo y poder personal*. Madri: El País, 1985 (reed. em Madri: Taurus, 1995); PAYNE, S. G. *Franco. El perfil de la Historia*. Madri: Espasa; Calpe, 1992; TUSELL, J. *Franco en la Guerra Civil. Una biografia política*. Barcelona: Tusquets, 1992; PRESTON, P. *Franco. "Caudillo de España"*. Barcelona: Grijalbo, 1994 (reed. em 2002); e HODGES, G. A. *Franco. Retrato psicológico de un dictador*. Madri: Taurus, 2001. Não obstante, alguns títulos anteriores esboçaram a imagem do "caudilho", como nas obras de MIGUEL, A. de. *Franco, Franco, Franco*. Madri: Ediciones 99, 1976, e GONZÁLEZ, F. *Liturgias para un caudillo (Manual de dictadores)*. Madri: Editorial Cambio 16, 1977, que trouxe um enfoque alternativo ao desenvolvido pelo sociólogo Amando de Miguel.
2. Ver essa descrição do conceito de carisma em WORSLEY, P. *The trumpet shall sound*. Londres: Granada Publishing, 1957.
3. Sobre a noção de "teologia política", ver o texto homônimo de Carl Schmitt, publicado originalmente em alemão em 1922, e cuja segunda edição foi impressa em 1934, sendo traduzido para o espanhol na obra intitulada SCHMITT, Carl. *Estudios políticos*. Madri: Cultura Española, 1941, pp. 33-108.
4. A dimensão simbólica e irracional que caracterizou a autorrepresentação do fascismo como "religião laica", imbuída de sentimentos e orientada para um fim transcendente, por meio da "nacionalização das massas", foi destacada pelo historiador MOSSE, G. L. *The Nationalization of the Masses*. Nova York: Fertig, 1975. Esse pensamento foi aplicado ao caso do fascismo italiano por GENTILE, E. *Il culto del littorio. La sacralizzazione della política nell'Italia fascista*. Roma; Bari: Laterza, 1993, sem esquecer seu artigo GENTILE, E. "Fascism as Political Religion". *Journal of Contemporary History*, Londres, vol. 25 (1990), pp. 229-251. O historiador ampliou sua tese em GENTILE, E. *Le religione della política. Fra democrazie e totalitarismi*. Roma; Bari: Laterza, 2001. Do mesmo modo, outros trabalhos insistiram em que o espetáculo público foi o veículo de expressão favorito do projeto de construção da identidade fascista, como foi exposto em BEREZIN, M. *Making the Fascist Self. The Political Culture of Interwar Italy*. Ithaca: Cornell University Press, 1997. A ideia de estudar o fascismo italiano

como uma "sociedade do espetáculo", entendida mais como forma "estética" da política do que como "sacralização", pode ser encontrada em FALASCA-ZAMPONI, S. *Fascist Spectacle. The Aesthetics of Power in Mussolini's Italy*. Berkeley; Los Angeles: University of California Press, 1997.

5. Para uma análise mais precisa, ver PÉREZ BOWIE, J. A. *El léxico de la muerte durante la guerra civil española* (ensayo de descripción). Salamanca: Ediciones de la Universidad de Salamanca, 1983.
6. Os termos desse decreto foram reiterados pela Ordem de 11 de julho da Secretaria de Guerra, para que abrangesse todos os prédios militares, como foi publicado no mesmo número do *Boletín Oficial del Estado*.
7. CASTRO ALBARRÁN, A. de. *Este es el cortejo... Héroes y mártires de la Cruzada española*. Salamanca: Talleres Gráficos "Cervantes", 1938, pp. 42-43.
8. *Idem*, pp. 5-6.
9. Sobre o nazismo e, em particular, a exaltação da figura de Horst Wessel, jovem militante da SA que foi assassinado, ver BAIRD, J.W. *To Die for Germany. Heroes in the Nazi Panteón*. Bloomington; Indianápolis: Indiana University Press, 1990.
10. Sobre a figura de Primo de Rivera ao longo da ditadura franquista, ver GIBSON, I. *En busca de José Antonio*. Barcelona: Planeta, 1980.
11. Essa expressão foi usada por Dionísio Ridruejo, ex-chefe da Delegação Nacional de Propaganda, em suas notas publicadas postumamente com o título RIDRUEJO, Dionísio. *Casi unas memórias*. Barcelona: Planeta, 1976, p. 174.
12. *Idem*, p. 172. Segundo Ridruejo, esse lema possivelmente surgiu por oposição ao termo "presente", usado reiteradamente para honrar os mortos ou "caídos". O próprio Primo de Rivera escreveu: "A morte é um ato de serviço. Nem mais, nem menos. Não é preciso, pois, adotar atitudes especiais diante dos que caem. Não há o que fazer, exceto seguir cada qual em seu lugar, como estava o camarada caído quando o elevaram à condição de mártir [...] O caído, que, quando chamado, responde por meio da voz de seus camaradas: Presente!" ("La muerte es un acto de servicio", *FE*, número 5, 1º de fevereiro de 1934).
13. RIDRUEJO, D., *op. cit.*, p. 174. O mesmo Ridruejo comentava: "Em muitos aspectos, essa mitificação foi paralisante e converteu em meros comentaristas e críticos os não muito numerosos intelectuais — e não me excluo — que o falangismo teve, naqueles longos anos. Desencadeou uma beataria inibidora e converteu o personagem em alguém que talvez não tivesse sido reconhecido por seus inventores por retornar — como se esperava — a sua estatura de homem real."
14. PRIMO DE RIVERA, P. *Recuerdos de una vida*. Madri: Ediciones Dyrsa, 1983, p. 136. Nessas memórias, também se recorda que a certeza da morte de seu irmão motivou Dionísio Ridruejo, que pessoalmente se manteve próximo a Pilar Primo de Rivera, a impulsionar a ideia de fazer uma *Coroa de sonetos*. As diferentes

colaborações foram publicadas com o título A.A.V.V. *Corona de sonetos en honor de José Antonio Primo de Rivera*, s./l., Ediciones Jerarquia, 1939, 28 páginas.

15. RIDRUEJO, D., *op. cit.*, p. 175. Esse observou que se trata da imitação do que havia ocorrido na França, após 1918.
16. PRIMO DE RIVERA, P., *op. cit.*, p. 148. Entre 1573 e 1574, enquanto era construído o Monastério de San Lorenzo del Escorial, o monarca Felipe II levou para lá os restos mortais de seu pai, Carlos I, e de sua família, que foram depositados na igreja até a conclusão das obras, em 1585, quando foram enterrados sob o altar principal.
17. Ver o instigante livro de MOSSE, G.L. *Fallen Soldiers: Reshaping the Memory of the World Wars*. Nova York: Oxford University Press, 1990, e mais propriamente sobre o luto e a construção da memória social, o estudo pioneiro de WINTER, J. *Sites of Memory, Sites of Mourning. The Great War in European Cultural History*. Cambridge: Cambridge University Press, 1995, além das contribuições reunidas em SIVAN, E.; WINTER, J. (eds.). *War and Remembrance in the Twentieth Century*. Cambridge: Cambridge University Press, 1999.
18. Sobre esse aspecto, relativo à guerra no Pacífico durante a Segunda Guerra Mundial, ver DOWER, J.W. *War Without Mercy. Race and Power in the Pacific War*. Nova York: Pantheon Books, 1986, e sobre o longo período da guerra fria nos Estados Unidos, ENGELHARDT, T. *El fin de la cultura de la Victoria. Estados Unidos, la guerra fria y el desencanto de una generación*. Barcelona: Paidós, 1997 (ed. orig. em inglês, de 1995). A moderna construção da identidade na Europa, a partir do antissemitismo e do extermínio judeu, é analisada em BARTOV, O. "Defining Enemies, Making Victims: Germans, Jews, and the Holocaust". *American Historical Journal*, Indiana, vol. 103 (agosto de 1998), pp. 771-816; BARTOV, O. *Mirrors of Destruction. War, Genocide, and Modern Identity*. Nova York: Oxford University Press, 2000.
19. LIPPMANN, W. *La opinion publica*. Madri: Cuadernos de Langre, 2003 (ed. orig. em inglês de 1922), pp. 87-88.
20. A distinção entre o "amigo" e o "inimigo", como uma diferenciação propriamente política, a partir da qual foi definida a noção de "cultura da guerra", foi estabelecida pelo teórico alemão Carl Schmitt em "O conceito do político" [1927, 1933], em SCHMITT, Carl, *op. cit.*, p. 111.
21. *Idem*, p. 112.
22. *Idem*, p. 116.
23. *Idem*, pp. 122-123.
24. *Idem*, p. 126.
25. SCHMITT, C. "Sobre la relación entre los conceptos de guerra y enemigo" [1932]. *In*: ——. *El concepto de lo político. Texto de 1932 com un prólogo y tres corolários*. Madri: Alianza Editorial, 1991, pp. 138-139.

26. SCHMITT, C. *Teoria del partisano. Acotación al concepto de lo político*. Madri: Instituto de Estúdios Políticos, 1966 (ed. orig. em alemão de 1963), p. 127.
27. *Idem*, pp. 128-129.
28. A expressão "jogo de linguagem", definida como o conjunto formado pela linguagem e pelas ações às quais está ligada, foi adotada para a propaganda, a partir de reflexões feitas por WITTGENSTEIN, Ludwig. *Investigaciones filosóficas*. Barcelona: Instituto de Investigaciones Filosóficas; Unam; Crítica, 2002 (ed. orig. bilíngue, em alemão e inglês, de 1954), especialmente § 7.
29. A ideia de que as lutas em torno das palavras, nos conflitos políticos e religiosos, invertem seu sentido fundamental é mencionada por BOURDIEU, P. "Lectura, lectores, letrados, literatura" [1981]. *In*: ——. *Cosas dichas*. Barcelona: Paidós, 1996 (ed. orig. em francês, de 1987), p. 118.
30. WITTGENSTEIN, Ludwig, *op. cit*., § 23, 29 e 43.
31. BOURDIEU, P. "La codificación" [1986]. *In*: ——. *Cosas dichas*. Barcelona: Paidós, 1996 (ed. orig. em francês, de 1987), p. 86.
32. *Idem*, pp. 88-89.
33. *Ibidem*, p. 91.
34. Ver os comentários sobre a noção de "cultura da guerra", em relação à Primeira Guerra Mundial na França, feitos por AUDOIN-ROUZEAU, S.; BECKER, A. "Violence et consentement: la 'culture de guerra' du premier conflit mondial", *in*: RIOUX, J.-P.; SIRINELLI, J.-F. (dirs.). *Pour une histoire culturelle*. Paris: Seuil, 1997, pp. 252-253.
35. Ver, para o caso italiano, ISNENGUI, M. *Il mito dell Grande Guerra*. Bolonha: Il Mulino, 1989 (ed. orig. de 1970); GENTILE, E. "Un'apocalisse nella modernità. La Grande Guerra e il mito della regenerazione della política". *Storia contemporânea*, Bolonha, XXVI, nº 5 (outubro de 1995), pp. 733-787, assim como o livro GENTILE, E. *Le origini dell'ideologia fascista* (1918-1925). Bolonha: Il Mulino, 1996 (ed. orig. de 1975). O caso da Espanha na guerra civil de 1936, por meio do estudo da mobilização do carlismo em Navarra e no País Basco, foi equiparado a outras experiências da mesma época, como o fenômeno do *combattentismo* e as origens do fascismo na Itália do pós-guerra. Esse é o caso de UGARTE TELLERIA, J. *La nueva Covadonga insurgente. Orígenes sociales y culturales de la sublevación de 1936 em Navarra y el País Vasco*. Madri: Biblioteca Nueva, 1998.

Bibliografia

A.A.V.V. *Corona de sonetos em honor de José Antonio Primo de Rivera*, s./l., Ediciones Jerarquia, 1939.

AUDOIN-ROUZEAU, S.; BECKER, A. "Violence et consentement: la 'culture de guerre' du premier conflit mondial", in RIOUX, J.-P.; SIRINELLI, J.-F. (dirs.). *Pour une histoire culturelle*. Paris: Seuil, 1997.

BAIRD, J.W. *To Die for Germany: Heroes in the Nazi Panteón*. Bloomington; Indianapolis: Indiana University Press, 1990.

BARTOV, O. "Defining Enemies, Making Victims: Germans, Jews, and the Holocaust". *American Historical Journal*, Indiana, vol. 103 (agosto de 1998), pp. 771-816.

——. *Mirrors of Destruction. War, Genocide, and Modern Identity*. Nova York: Oxford University Press, 2000.

BEREZIN, M. *Making the Fascist Self. The Political Culture of Interwar Italy*. Ithaca: Cornell University Press, 1997.

BOURDIEU, P. *Cosas dichas*. Barcelona: Paidós, 1996 (ed. orig. em francês, de 1987).

CASTRO ALBARRÁN. A. de. *Este es el cortejo... Héroes y mártires de la Cruzada española*. Salamanca: Talleres Gráficos Cervantes, 1938.

DOWER, J.W. *War Without Mercy. Race and Power in the Pacific War*. Nova York: Pantheon Books, 1986.

ENGELHARDT, T. *El fin de la cultura de la Victoria. Estados Unidos, la guerra fria y el desencanto de una generación*. Barcelona: Paidós, 1997 (ed. orig. em inglês, de 1995).

FALASCA-ZAMPONI, S. *Fascist Spectacle. The Aesthetics of Power in Mussolini's Italy*. Berkeley: Los Angeles, University of California Press, 1997.

FUSI, J.P. *Franco, autoritarismo y poder personal*. Madri: El País, 1985 (reed. em Madri: Taurus, 1995).

GENTILE, E. "Fascism as Political Religion". *Journal of Contemporary History*, Londres, vol. 25 (1990), pp. 229-251.

——. *Il culto del littorio. La sacralizzazione della política nell'Italia fascista*. Roma; Bari: Laterza, 1993.

——. "Un'apocalisse nella modernitá. La Grande Guerra e il mito della regenerazione della política". *Storia contemporânea*, Bolonha, XXVI, nº 5 (outubro de 1995), pp. 733-787.

——. *Le origini dell'ideologia fascista (1918-1925)*. Bolonha: Il Mulino, 1996 (ed. orig. de 1975).

——. *Le religione della política. Fra democrazie e totalitarismi*. Roma; Bari: Laterza, 2001.

GIBSON, I. *En busca de José Antonio*. Barcelona: Planeta, 1980.

GONZÁLEZ, F. *Liturgias para un caudillo (Manual de dictadores)*. Madri: Editorial Cambio 16, 1977.

HODGES, G.A. *Franco. Retrato psicológico de un dictador*. Madri: Taurus, 2001.

ISNENGUI, M. *Il mito dell Grande Guerra*. Bolonha: Il Mulino, 1989 (ed. orig. de 1970).

LIPPMANN, W. *La opinion pública*. Madri: Cuadernos de Langre, 2003 (ed. orig. em inglês, de 1922).

MIGUEL, A. de. *Franco, Franco, Franco*. Madri: Ediciones 99, 1976.

MOSSE, G. L. *The Nationalization of the Masses*. Nova York: Fertig, 1975.

——. *Fallen Soldiers: Reshaping the Memory of the World Wars*. Nova York: Oxford University Press, 1990.

PAYNE, S.G. *Franco. El perfil de la Historia*. Madri: Espasa; Calpe, 1992.

PÉREZ BOWIE, J.A. *El léxico de la muerte durante la Guerra Civil Española (ensayo de descripción)*. Salamanca: Ediciones de la Universidad de Salamanca, 1983.

PRESTON, P. *Franco. "Caudillo de Espana"*. Barcelona: Grijalbo, 1994 (reed. em 2002).

PRIMO DE RIVERA, P. *Recuerdos de una vida*. Madri: Ediciones Dyrsa, 1983.

RIDRUEJO, Dionísio. *Casi unas memórias*. Barcelona: Planeta, 1976.

SCHMITT, Carl. *Estúdios políticos*. Madri: Cultura Española, 1941.

——. *Teoria del partisano. Acotacion al concepto de lo político*. Madri: Instituto de Estúdios Políticos, 1966 (ed. orig. em alemão, de 1963).

——. *El concepto de lo político. Texto de 1932 com un prólogo y tres corolários*. Madri: Alianza Editorial, 1991.

SIVAN, E.; WINTER, J. (eds.). *War and remembrance in the Twentieth Century*. Cambridge: Cambridge University Press, 1999.

TUSELL, J. *Franco en la Guerra Civil. Una biografia política*. Barcelona: Tusquets, 1992.

UGARTE TELLERIA, J. *La nueva Covadonga insurgente. Orígenes sociales y culturales de la sublevación de 1936 en Navarra y el País Vasco*. Madri: Biblioteca Nueva, 1998.

WINTER, J. *Sites of memory, Sites of Mourning. The Great War in European Cultural History*. Cambridge: Cambridge University Press, 1995.

WITTGENSTEIN, Ludwig. *Investigaciones filosóficas*. Barcelona: Instituto de Investigaciones Filosóficas; Unam; Crítica, 2002 (ed. orig. bilíngue em alemão e inglês, de 1954).

WORSLEY, P. *The Trumpet Shall Sound*. Londres: Granada Publishing, 1957.

CAPÍTULO 11

A ordenação do trabalho e a nostalgia do Império: o Estado Novo português e as razões do consentimento (1933-1974)

Francisco Carlos Palomanes Martinho*

*Professor de História Ibérica da Universidade de São Paulo (USP); pesquisador do CNPq. Autor de *A bem da nação. O sindicalismo português entre a tradição e a modernidade (1933-1947)*. Rio de Janeiro: Civilização Brasileira, 2002, e coorganizador com Flávio Limoncic de *A grande depressão*. Rio de Janeiro: Civilização Brasileira, 2009, e de *Os intelectuais do antiliberalismo*. Rio de Janeiro: Civilização Brasileira, 2010.

INTRODUÇÃO

No dia 25 de abril de 1974, sob a liderança de quadros médios das Forças Armadas, capitães principalmente, um golpe de Estado derrubou a ditadura do Estado Novo português, uma das mais duradouras da História europeia. Iniciada em 1926 como ditadura militar e transformada em ditadura civil sob a liderança de António Oliveira Salazar na década de 1930, ela atravessou fases distintas procurando mover-se em um quadro internacional por vezes favorável, por vezes hostil.

Posteriormente à queda do regime e durante todo o processo de consolidação democrática em Portugal, um tipo de interpretação se tornou predominante na historiografia portuguesa: a Revolução de 5 de outubro de 1910, responsável pela queda da Monarquia e instauração da Primeira República, e a própria Revolução dos Cravos se unificavam para evidenciar uma tradição democrática na sociedade portuguesa. Na mesma medida em que ambas as revoluções eram indicativas de uma "vocação" portuguesa para a liberdade, o longo período ditatorial, de quase meio século, era visto como um "desvio de rota", ou seja, como um acontecimento que perdurou por tantos anos apesar dos portugueses. Exemplos de oposição ao regime que se autodenominava Estado Novo não faltavam: a revolta operária de 18 de janeiro de 1934 contra a corporativização dos sindicatos, as greves nas cidades e nos campos na segunda metade da década de 1940 contra o aumento dos preços, as mobilizações em torno das candidaturas oposicionistas dos generais Norton de Mattos e Humberto Delgado, a oposição à guerra colonial nos anos 1960 e, por fim, a própria Revolução de abril de 1974.

Ainda de acordo com tal tipo de análise, a durabilidade do regime teria ocorrido por conta da combinação de um forte aparato repressivo e, ao fim da Segunda Guerra Mundial, do apoio das potências ocidentais em plena conjuntura de guerra fria. O Portugal de Salazar, assim como a Espanha de Franco, teria servido de baluarte para o combate ao comunismo na instável e atrasada Península Ibérica. A sociedade portuguesa teria sido dessa forma vítima do processo, e não parte da engrenagem que lhe deu sustentação e relativa estabilidade por quase meio século.

O peso da ruptura imposto pelos processos revolucionários tende a desconsiderar as continuidades. Principalmente quando o regime derrubado é uma ditadura de longa duração e se quer extirpar da memória o compromisso da sociedade com os acontecimentos pretéritos. Mas a realidade dos fatos é outra e nesse caso só nos resta remeter a Lucien Febvre, que, reconhecendo a adesão de parte da sociedade francesa ao regime de Vichy, afirmou: "Tudo é terrivelmente complicado no que toca ao homem, aos seus sonhos, às suas ideias, às suas paixões — e, enfim, às suas actividades."[1] Desse modo, sem desconhecer a força dos movimentos oposicionistas portugueses, nos parece incongruente afirmar que um regime que se manteve durante um longo período o fez apenas pelo uso da força. Tradições sociais contribuíram para a sua permanência. E não eram poucas: agrarismo, catolicismo, uma direita organizada fortemente antiliberal e, a mais forte, o sistema colonial e a ideia de Império, responsável pela nostalgia de um tempo em que Portugal havia sido moderno e portentoso.[2] Apropriando-se desses valores, o Estado Novo soube "se fazer durar".[3]

No presente artigo trabalharei com dois aspectos que me parecem fundamentais para a compreensão do êxito da ditadura portuguesa. Em primeiro lugar discutirei a adoção de políticas sociais voltadas para o mundo do trabalho entre o início da década de 1930 e a conjuntura imediatamente posterior ao final da Segunda Guerra Mundial. Em seguida analisarei o papel do Império e sua posterior queda, responsável tanto pela permanência do regime como por seu ocaso. Em decorrência da exiguidade de espaço, outras questões importantes ficarão fora de minha análise e quando muito serão tratadas marginalmente: as razões do apoio e posterior distanciamento das classes industriais, o crescimento e a diversificação das classes médias e a neutralidade e depois crescente oposição da opinião pública europeia ao Estado Novo.

O ESTADO NOVO PORTUGUÊS EM PRIMEIRO MOVIMENTO: A ARQUITETURA DA ORDEM CORPORATIVA

Após o golpe militar de 28 de maio de 1926, que derrubou a Primeira República, diversas correntes procuraram obter hegemonia e dar direção política no regime recém-instaurado. *Grosso modo*, dois campos se digladiavam: de um lado, setores ligados ao general Mendes Cabeçadas, que defendia o combate aos "excessos" da República, mas o retorno o mais imediatamente possível à ordem liberal-democrática. De outro, a corrente liderada pelo também general Gomes da Costa, defensora de um projeto ditatorial de longo prazo. Vencedora a segunda proposta, os militares portugueses procuraram estabelecer apoio e mesmo recrutar para a gestão do novo governo quadros das elites civis. Foi nessa circunstância que em 1928 o professor de economia António Oliveira Salazar ocupou o cargo de ministro das Finanças. Aos poucos Salazar liderou um processo de transformação da ditadura militar em civil.[4] O processo de institucionalização da ditadura do Estado Novo se encerrou em março de 1933 com a aprovação do texto constitucional.

Entre 1930 e 1933 o governo adotou uma série de medidas com vistas a uma maior aproximação com os trabalhadores urbanos. As primeiras ações no sentido de uma institucionalização dos sindicatos portugueses ocorreram já em fevereiro de 1930, quando o governo nomeou uma comissão tripartite para discutir a legislação sobre o horário de trabalho. Representando as organizações operárias, foram convocados o Sindicato dos Empregados no Comércio e Indústria de Lisboa, ligado à CGT (anarquista), e a Associação dos Caixeiros de Lisboa (socialista). Para os sindicalistas, o convite do governo abria o sério problema de participar ou não de negociações com um governo de feição autoritária e conservadora. Os líderes sindicais, então, convocaram uma reunião com as demais entidades de classe de Lisboa para que pudessem, de forma coletiva, se pronunciar sobre o tema.[5]

O primeiro encontro ocorreu no dia 25 de fevereiro de 1930, na sede do Sindicato do Pessoal Ferroviário. Enquanto os socialistas defendiam a presença na comissão instituída pelo Estado, anarco-sindicalistas e comunistas rejeitavam o convite elaborado pelo governo. A decisão formada, conforme se previa, terminou foi a não participação.[6] No dia 6 de março ocorreu uma segunda reunião, dessa vez no Sindicato dos Arsenalistas da Marinha, de hegemonia comunista. Por 12 votos a cinco a proposta do representante do Sindicato dos Compositores Tipográficos, também ligado aos comunistas, de se organizar uma "Comissão Intersindical pró-defesa do horário de trabalho", independente e autônoma em relação ao Estado, saiu vencedora.[7] Instalada, a comissão, em pouco tempo se transformou em apêndice sindical do Partido Comunista Português com o nome de Comissão Intersindical (CIS). Criava-se, assim, a central comunista, que passaria a disputar com a anarquista CGT a hegemonia e, na melhor das hipóteses, o controle do movimento operário. É interessante observar que, consolidada a oposição entre a CIS e CGT, ambas passaram a negar a tênue unidade que havia sido constituída no início de 1930.[8]

Portanto, no início dos anos 1930, três importantes correntes sindicais disputavam a hegemonia junto à classe operária portuguesa: anarquistas, comunistas e socialistas.[9] Embora os dois primeiros tivessem sido contrários às negociações com o Estado, enquanto que os últimos tivessem defendido uma proximidade capaz de garantir a melhoria das condições dos trabalhadores, não se deve interpretar o posicionamento dos líderes como absoluta e permanentemente estático. Eles estavam em movimento e as circunstâncias muitas vezes os obrigavam a migrar para escolhas antagônicas àquelas originalmente pretendidas. No caso dos comunistas, em particular, ver-se-á uma forte capacidade de adaptação a novas condições surgidas a cada momento, vindo a participar posteriormente, abdicando dos "princípios", dos sindicatos nacionais.[10]

As posições e as escolhas de todas as correntes sobre o futuro do sindicalismo português ganharam contornos de dramática radicalização a partir de 1933, quando se instaurou o Estado Novo. Imediatamente o governo aprovou leis que buscavam regular, sob a tutela do Estado, o mundo do trabalho. A 23 de setembro de 1933, por meio do Decreto-Lei 23.053, foi criado o Instituto Nacional de Trabalho e Previdência (INTP), submetido ao Subsecretariado de Estado das Corporações e Previdência Social. Também por intermédio de três decretos-lei — 23.049, destinado a patrões do comércio, da indústria e agricultura; 23.050, para os empregados, operários e as profissões liberais; e 23.051, dirigido ao mundo rural — foi aprovado o Estatuto do Trabalho Nacional (ETN). Os trabalhadores do comércio e da indústria deveriam se organizar em sindicatos nacionais. Esses tinham por base a profissão e o distrito como limite geográfico. Dentro de cada área (distrito), só era reconhecido um sindicato por categoria, sendo a ele atribuído o monopólio da representação profissional.[11]

Imediatamente após a implantação do corporativismo, esperançoso quanto a uma real adesão das classes trabalhadoras ao modelo imposto, o governo considerava que a filiação ao sindicato deveria ser voluntária, assim como os contratos coletivos. O próprio Salazar afirmou em palestra proferida aos funcionários do INTP que a organização sindical deveria ser lenta e bem-feita, a partir de um processo de convencimento da causa corporativa.[12] No início de 1934, entretanto, o governo altera um posicionamento "voluntarista" em favor de uma conduta de direção e construção do sindicalismo corporativo.[13] É possível que a alteração nos rumos da política para o trabalho tenha se dado em decorrência do episódio conhecido como o "18 de Janeiro de 1934". É que a partir da outorga da nova legislação corporativa, os sindicatos portugueses tinham até 31 de dezembro de 1933 para fazer assembleias e decidir sobre a adesão o não ao novo modelo. Os organismos sindicais que tivessem optado pela negação da nova ordem ou que não tivessem feito assembleias seriam extintos.[14] Mais uma vez, apesar de insistências em contrário, comunistas e anarquistas se unificaram no combate à nova legislação e à defesa de uma greve insurrecional afinal tentada na data mítica do "18 de Janeiro". Apesar da derrota, o "18 de Janeiro" serviu para os comunistas, que se utilizaram do episódio para inventarem uma memória de heroica resistência contra o novo regime. De fato, a imprensa à época foi generosa na proliferação de reportagens a respeito de uma tentativa de golpe revolucionário liderado pelos Partido Comunista, ao mesmo tempo em que se calou a respeito dos anarquistas. O anticomunismo tornava-se cada vez mais um argumento justificador dos limites impostos às liberdades políticas. Aos anarquistas, também personagens determinantes na resistência, restou o esquecimento e a acelerada perda de representação junto à classe trabalhadora. Curioso, portanto, que os comunistas acabaram se utilizando de argumentos e material de divulgação do próprio governo e da imprensa submetida a régia censura para afirmar sua hegemonia e maior representatividade frente aos trabalhadores portugueses.[15] De qualquer forma, o "18 de Janeiro" serviu como um alerta de que uma maior atenção do Estado para com os sindicatos oficiais deveria ser dada.

As ações de vanguarda e os grupos organizados em geral, apesar de importantes, não refletem necessariamente o comportamento de setores mais amplos e menos organizados, chamados pelos primeiros de base, de massa ou simplesmente de representados. Vale, portanto, um acompanhamento pormenorizado das relações do Estado com patrões e trabalhadores no cotidiano da vida sindical. Nesses momentos a percepção de uma maior proximidade e mesmo apoio dos trabalhadores ao Estado pode ser mais bem compreendida. O INTP, por meio de seus assistentes, participava das convenções negociando com o patronato e os trabalhadores.[16] A resistência das classes empresariais era evidente. Se ficaram satisfeitas com a adoção de políticas de coerção e mesmo de desenvolvimento econômico, o posicionamento foi outro quando regras de tipo contratual lhes foram impostas.[17] A má vontade do patronato diante de legislações que previam regulação sobre o trabalho de menores e de mulheres, sobre horário e salubridade era respondida pelo Estado com um apoio constante de seus funcionários para com as demandas operárias. O comportamento dos funcionários do INTP foi um dos motivos que fizeram com que, passado o primeiro momento, quando as dúvidas a respeito do papel da máquina corporativa foram sendo aos poucos dissipadas, os sindicatos viram no Estado um aliado na defesa de seus interesses.[18] As inúmeras cartas de dirigentes sindicais dirigidas ora ao subsecretário de Estado das Corporações, ora ao próprio Salazar, atestam adesão e apoio.

Um breve exemplo do bom relacionamento entre Estado (por meio do INTP) e trabalhadores deve ser dado a título de ilustração. Em carta ao INTP, o Sindicato Nacional dos Carros Eléctricos apresentou reclamações sobre o não cumprimento de uma portaria de 20 de fevereiro de 1943 que determinava aumentos salariais para a categoria.[19]

A primeira reclamação do sindicato dizia respeito ao período de descanso de uma a duas horas após jornada consecutiva de quatro ou cinco horas. O sindicato denunciava que esse período de descanso prolongava-se de seis a sete horas, fazendo com que os trabalhadores ficassem na companhia bem mais da que as oito a dez horas determinadas pela lei.[20] Em resposta à demanda do sindicato, o encarregado de atender à reclamação afirmou que o período de descanso não poderia ser inferior a uma hora nem superior a duas, a fim de que a permanência dos trabalhadores na empresa não se estendesse em demasia.[21] Seu parecer caminhava, assim, no sentido de apoiar as reivindicação do sindicato e acusava a Carris, empresa gestora dos eléctricos de Lisboa, pelas irregularidades cometidas. O assistente propunha ainda que a empresa deveria submeter seus horários a novos exames a serem feitos pelo INTP. Do ponto de vista imediato, a companhia deveria ser proibida de prender seu pessoal por mais de dez horas, salvo durante o plantão remunerado.[22] O assistente do INTP afirmava ainda que a Carris só poderia adotar duas atitudes. A primeira seria a de pagar horas extras a todos os funcionários que excedessem oito horas de trabalho. A segunda seria de classificar como plantão todo o tempo que ultrapassasse o período previsto em lei.[23] O assistente reconhecia ainda a necessidade de uma maior fiscalização. Para ele, era inadmissível que o Estado não garantisse justiça, função determinante de sua existência.[24]

A escolha do exemplo acima, foi proposital. A década de 1940, principalmente após o agravamento do conflito mundial, foi preocupante para o regime, notadamente nas suas pretensões de continuidade. E, apesar da instabilidade surgida, o Estado não se curvou diante da tarefa para si atribuída de atender às demandas dos trabalhadores. No entanto, a situação de apoio estatal às classes trabalhadoras viria a ser radicalmente alterada na segunda metade da década.

A relativa estabilidade do Estado Novo começou a se desfazer com o início da Segunda Guerra Mundial, que impôs ao governo uma dura estratégia de equilíbrio. As greves de 1941 e 1942 eram evidentes sintomas das dificuldades enfrentadas pelo regime. O crescimento industrial português no período, decorrente de sua política de guerra, não só veio desacompanhado de ações sociais inclusivas como também se deu a partir de uma estagnação no campo, com resultados particularmente trágicos em um país estruturalmente agrário. Em outras palavras, a euforia econômica se realizava a partir de uma intensa exploração dos trabalhos urbano e rural.[25] Diante da famosa greve de outubro-novembro de 1942, quando mais de 20 mil operários paralisaram o trabalho na região de Lisboa, o governo, embora se declarando intolerante contra qualquer manifestação, reconhecia internamente as péssimas condições de vida da maioria da população operária e, como sempre, o descaso do empresariado. As greves camponesas do Alentejo e do Ribatejo de 1943 e 1944 davam mais uma evidente expressão do aprofundamento e alargamento da crise social.[26] No campo e na cidade, movimentos de contestação dos trabalhadores serviam como um alerta para o regime e um alento para as oposições, esperançosas quanto a uma possível transição democrática.

Os quatro anos que se estendem de 1943 a 1947 foram de grande instabilidade e dúvidas com relação à capacidade de sobrevivência do Estado Novo. O governo procurava manter-se naquela conjuntura difícil e de acelerado processo de redemocratização em todo o mundo ocidental. Internamente se mostrava incapaz de neutralizar as insatisfações tanto das classes populares quanto de suas elites empresariais. A adoção de uma política de fomento coadunada com o grande capital implicava a alteração das linhas-mestras do corporativismo inauguradas em 1933. Assim, por meio do Decreto-Lei 36.173, de março de 1947, eram alterados o caráter dos contratos e das convenções coletivas, ficando os novos acordos a serem resolvidos apenas entre as partes interessadas, ausentando-se o Estado da mediação dos conflitos. Essa medida garantia uma aproximação maior do Estado exatamente com aqueles que mais se opuseram à imposição das políticas sociais e corporativas: as elites patronais. Essas, agora livres do constrangimento provocado pela presença estatal, poderiam determinar políticas salariais de acordo com seus interesses. O "modelo corporativo" comprometido e restrito ficava quase que confinado à sua feição repressora.[27] Em outras palavras, com o Decreto 36.173 uma nova etapa de organização do mundo do trabalho se abria. Segundo Fátima Patriarca: "Quase poderíamos dizer que terminava um corporativismo e outro começava."[28]

O ESTADO NOVO PORTUGUÊS EM SEGUNDO MOVIMENTO: A NOSTALGIA DO IMPÉRIO

Uma pergunta a respeito do resultado da nova política corporativa deve naturalmente ser feita. Se o Estado abdicou da tarefa de proteger o mundo do trabalho, permitindo uma política industrial calcada na intensa exploração da mão de obra fabril, que estratégias foram adotadas para minimamente dirimir a insatisfação popular? Em certa medida a adoção de uma política de incentivo à imigração permitiu que parte do contingente de desempregados procurasse, tanto no Brasil como nas colônias africanas, as possibilidades de emprego e, quiçá, de enriquecimento. As viagens para a América ou para a África cumpriam para o regime o mesmo desiderato: mostrar a vocação ultramarina portuguesa no além-mar entendida como um destino. Ao mesmo tempo uma vocação e uma fatalidade.[29] De certa forma, era novamente citada a mais famosa indagação de Fernando Pessoa em "Mar português": "Quanto do teu sal são lágrimas de Portugal?" E é exatamente por isso que a crise do sistema colonial, ou seja, a crise de um sistema que era a própria razão da identidade portuguesa, provocou nas elites governamentais aquilo que chamei de "nostalgia do Império".

Para se ter uma noção do peso que o sistema colonial tinha para os portugueses, vale a breve história que segue. A partir da década de 1960, quando teve início a guerra colonial de que falaremos mais adiante, o número de imigrantes que saíam de Portugal cresceu em escalas inimagináveis. Paris, a capital mundial do exílio, passou a receber um outro perfil de degredado português. Não mais o intelectual de classe média, o militante comunista ou socialista que fazia oposição ao salazarismo no exterior. O novo "exilado" em geral vinha do campo, com pouca ou mesmo nenhuma vivência política, era em geral jovem e a razão de seu desterro era o temor ante o recrutamento para as tropas. Melhor seria morar no estrangeiro e, ainda que a distância, manter contato com a família e auxiliá-la economicamente. Poucas vezes os exilados tradicionais e os novos se encontravam. Um dos motes da oposição portuguesa no exílio era o problema das colônias e a defesa da autodeterminação dos povos. Ou seja, a defesa da imediata independência das nações africanas submetidas ao domínio português. Em um comício realizado pelos opositores do salazarismo em Paris se reuniram velhos e novos exilados. Mais uma vez a questão da independência africana vinha à baila. Um jovem lusitano, recém-chegado à França, não titubeou e pensando agradar abriu o verbo: "Angola é nossa!" Verifica-se, assim, um hiato entre o que de fato pensavam os opositores organizados do regime e os portugueses em geral.

Terminada a Segunda Guerra Mundial, a oposição alimentou esperança de que a vitória dos aliados sobre os fascismos tivesse repercussão imediata em seu país. Entretanto, a expectativa quanto a um possível retorno à democracia se dissipou quando, ainda em julho de 1945, a Grã-Bretanha e os Estados Unidos declararam apoio explicito ao regime salazarista.[30] Apesar disso, a situação portuguesa não era confortável. Portugal só foi aceito na ONU em 1955. Mesmo assim teve de se confrontar com um quadro jurídico extremamente prejudicial às suas intenções colonialistas. Em 1951 uma reforma constitucional extinguiu a terminologia colônias e as substituiu por províncias ultramarinas, considerando os territórios do ultramar integrantes do próprio território português. Foi esse arranjo jurídico que quebrou parte das resistências para a admissão de Portugal na ONU.[31] Mas a desconfiança dos países membros permanecia. A propaganda contra Salazar era cada vez mais intensa e o Estado Novo crescentemente visto como uma espécie de decadente Antigo Regime sobrevivente em plena era de modernidade, progresso e democracia.

Mas era difícil para o Estado Novo abdicar da sua condição de império ultramarino. Quase impossível. Sua continuidade estava intimamente ligada à condição de nação colonizadora. Para Boaventura de Souza Santos, a partir dos anos 1960 o colonialismo havia substituído o corporativismo com núcleo central do regime.[32] De fato, a retirada do Estado das negociações salariais foi um golpe de morte no otimismo corporativo dos anos 1930. Mas considero que a crise portuguesa era ainda mais profunda. Para sua coesão interna, até meados da década de 1940, o regime se mantinha a partir de quatro grandes referências ideológicas: colonialismo, nacionalismo, corporativismo e autoritarismo. O primeiro ancorava-se na nostalgia de um tempo em que Portugal havia sido pioneiro nas grandes navegações e dono de um vasto território no ultramar, um tempo em que "o sol não se punha" em terras portuguesas. O nacionalismo era o suporte de mobilização popular em uma conjuntura, a dos anos 1930, marcada por diversos projetos que se pretendiam alternativos ao liberalismo e ao comunismo. O corporativismo possibilitava uma organização institucional que, se não conseguiu eliminar os conflitos sociais, ao menos impôs limites a radicalizações maiores, dando argumentos ao Estado para a regulação das relações entre capital e trabalho. Por fim, o autoritarismo representava o descrédito frente as democracias representativas.

Terminada a guerra, os pilares citados foram perdendo força e capacidade de coesão interna. E começaram a ruir. Desse modo, ao chegarem os anos 1960, apenas o colonialismo mantinha-se inalterado. O nacionalismo definhou na medida em passou a servir como suporte para as lutas de libertação no Terceiro Mundo. E era utilizado à farta como instrumento contra a ditadura, e não mais em seu favor. O corporativismo perdia razão de existência por causa do papel destacado que os sindicatos passaram a ter, na Europa e nos Estados Unidos, como elementos de negociação e participação nas instâncias de poder. Manter a força dos sindicatos e os trabalhadores mobilizados com relativa autonomia era tudo que o regime não queria. Quanto ao autoritarismo, seu tempo da afirmação positiva tinha passado e era melhor esquecer o enaltecimento da ditadura exatamente para mantê-la intacta. No mundo da guerra fria, para o chamado bloco ocidental, autoritários deveriam ser apenas os regimes comunistas.

Restava, então, o colonialismo. Curiosamente, a mais antiga das heranças apontadas. Exatamente aquela que se originou não no século XX, mas no XVI, com a fantástica aventura das grandes navegações, em que os portugueses haviam sido pioneiros. Parte fundamental do ultramar outrora conquistado se perdeu no século XIX. A independência da América portuguesa foi um duro golpe no sistema colonial lusitano. Sequer uma parte, um retalho que fosse, do vasto território ficou para Portugal. E, aqui, é importante frisar: os acertos da administração portuguesa viraram-se contra ela própria. Ao contrário da América espanhola, dissolvida em pequenos vice-reinados que posteriormente viraram pequenas repúblicas, a coroa portuguesa manteve o quanto pode intacto e unido seu território americano. Para perdê-lo de vez e por completo.

Assim, com a perda do Brasil, era necessária e premente a criação de um "novo Brasil". E esse novo Brasil não estava mais em um território unificado, mas nas colônias africanas (Angola, Moçambique, Guiné, Cabo Verde, São Tomé e Príncipe). A política de ocupação dessas regiões, entendida como ocupação efetiva e de teor colonial, só se deu após a perda do Brasil. Recentemente publicado, fenômeno de vendas em Portugal e no Brasil, o romance *Equador*, de Miguel de Souza Tavares, conta a história de um *bon-vivant* lisboeta que, no início do século XX, foi convidado pelo rei de Portugal para exercer o cargo de governador de São Tomé e Príncipe. Para além da excelente trama, razão de seu sucesso, o livro evidencia o peso que o sistema colonial tinha para os portugueses já mesmo antes da chegada do Estado Novo.[33] Peso esse que se impôs mesmo durante o breve período de republicanismo liberal com laivos de radicalismo jacobino.[34]

Ao longo do século XIX e até metade do século XX, o sistema colonial português se manteve intocado. No pós-guerra transformou-se na principal preocupação da política diplomática do regime. Se a situação portuguesa já era desconfortável nos anos 1940 e 1950, agravou-se ainda mais na década de 1960, quando começaram as guerrilhas pela independência das colônias africanas. Uma das razões para o isolamento português, quando esperava contar com a solidariedade dos membros da Otan, organismo a que pertencia desde a sua fundação, é o fato de que países como a França e a Holanda não só deixaram de ser potências colonizadoras nos anos 1950 como adotaram uma atitude diametralmente oposta à que tinham nas décadas anteriores.[35] Isolado no cenário europeu, a situação foi ainda mais dificultada com a eleição de John Kennedy para presidência dos Estados Unidos. Em dois acontecimentos dramáticos para o regime, Salazar percebeu a nítida cumplicidade americana com o anticolonialismo: a ocupação de Goa pela União Indiana e a tentativa de golpe militar liderada pelo general Botelho Moniz.[36] No episódio, Portugal tinha pouco a fazer. Tratava-se de território diminuto e com um escasso número de pessoas que tinham domínio da língua portuguesa. O segundo caso foi, sim, mais constrangedor. Tratava-se de uma conspiração dentro do próprio território com forte participação do embaixador americano em Lisboa, e posteriormente embaixador no Brasil, Charles Elbrick.[37]

Em 1962 a CIA, preocupada com os desdobramentos da guerra colonial e com suas consequências para a Otan, preparou um elaborado plano para a descolonização de Angola e Moçambique, o Plano Sakwa. A ideia consistia em aprovar uma imediata descolonização evitando a influência comunista, com a formação de partidos políticos em 1965, eleições em 1967 e a concessão final de independência em 1970. Aprovado em março pelo Conselho de Segurança da ONU, o plano foi enviado ao embaixador americano em Lisboa, que o apresentou a Salazar. Portugal, entretanto, não só continuou a guerra como se preocupou em fazer uma ampla campanha de divulgação de sua política colonial em pleno território americano, principalmente junto a setores ligados ao Partido Republicano.[38] Esforços envidados pelos Estados Unidos junto a diplomacias mais próximas de Portugal, como Espanha, Brasil e o Vaticano, sequer tiveram o efeito esperado.[39] À insistência das nações amigas Salazar respondeu com uma de suas mais conhecidas frases: “Estamos cada vez mais orgulhosamente sós!”[40]

As guerras coloniais, além de desgastar a imagem de Portugal, corroíam, internamente, sua já frágil economia. Entre 1961 e 1974, saíram do país 1.430.326 pessoas, provocando um declínio populacional de 8.851.289 cidadãos, em 1960, para 8.663.252, em 1970. Pela primeira vez na história do país se verificava um decréscimo populacional em — 0,21%. Claro está que Portugal sempre foi um país de forte tradição migratória. Entretanto, os picos de emigração de mais de 150 mil em 1969 e 1971 e de 183 mil em 1970 decorreram da fuga em massa de jovens que não mais se mobilizavam em favor da guerra colonial.[41]

Apesar do desgaste interno e do isolamento internacional, do ponto de vista militar a situação do conflito em África era, em linhas gerais, favorável a Portugal, com exceção da Guiné. Entre 1968, ano da posse de Marcelo Caetano como presidente do Conselho de Ministros, até 1973, último ano completo de seu mandato, o contingente português em combate cresceu de 117.684 para 149.091 soldados, ou seja, aproximadamente 27%.[42] Do ponto de vista econômico, entretanto, a presença em massa de militares portugueses no solo africano foi corrosiva.[43] Cerca de 40% da economia portuguesa, no fim do governo Caetano, eram consumidos na guerra.[44]

A permanência da guerra colonial sob o governo de Marcelo Caetano foi de certa forma inesperada e evidenciava o aborto de uma transição. A trajetória do novo presidente do conselho diferenciava-se profundamente do perfil conservador de Salazar. Se seu governo tentou ser, de certo modo, reformista no que concerne às liberdades civis, no que tange à alteração do quadro colonial ele foi, no mínimo, tradicionalista. A rigor, duas políticas foram adotadas por Caetano: uma para Angola e Moçambique e outra para a incendiária Guiné. A aliar as duas políticas, a inexistência de qualquer mudança substancial com relação ao período de Salazar.[45]

O aprofundamento da crise portuguesa parecia não ter fim. No plano internacional seu isolamento era constante, chegando às raias da humilhação. Em junho de 1971, o Papa Paulo VI recebeu os representantes da guerrilha africana Agostinho Neto, de Angola; Marcelino dos Santos, de Moçambique; e Amílcar Cabral, da Guiné, em audiência privada no Vaticano. Para um país que se sustentava com forte apoio ideológico da Igreja Católica, podem-se imaginar as consequências de tal acontecimento.[46] Ao mesmo tempo, no âmbito da ONU, novas resoluções contrariavam os interesses portugueses no ultramar. Em 4 de fevereiro de 1972, o Conselho de Segurança reuniu-se em Addis Abeba e recebeu os representantes do Movimento para a Libertação de Angola (MPLA), Partido Africano para a Independência da Guiné e Cabo Verde (PAIGC) e Frente de Libertação de Moçambique (Frelimo). Naquele encontro, foi aprovada uma resolução de apoio aos movimentos de libertação, reconhecendo-os como legítimos representantes dos povos dos seus futuros países. Na reunião, o PAIGC formulou um convite ao Conselho de Segurança, imediatamente aceito, para enviar uma delegação às "áreas libertadas" na Guiné. A visita ocorreu entre 2 e 8 de abril. O relatório da missão retirava quaisquer dúvidas sobre o efetivo controle do PAIGC sobre parte do território. Em outubro os representantes dos movimentos de libertação de Angola, Guiné e Moçambique obtiveram o estatuto de observadores na ONU e, em novembro, a Assembleia Geral reconhecia a legitimidade da luta armada dos movimentos contra Portugal.[47]

Também no início de 1972, o presidente do Senegal, Leopold Senghor, procurou o general António de Spínola, governador da Guiné, a fim de estabelecer um diálogo com vistas ao encerramento do conflito aparentemente sem solução. Sua proposta consistia na celebração de um acordo baseado em uma administração conjunta entre portugueses e nacionalistas ao longo de um período de dez anos, ao fim do qual seria estabelecido um referendo popular que determinaria o futuro das relações entre Guiné e Portugal. Spínola levou a proposta a Caetano e obteve uma radical negativa. Estarrecido, ouviu ainda de Caetano a afirmativa de que para uma melhor defesa do ultramar, particularmente para a defesa de Angola e de Moçambique, era preferível uma derrota militar na Guiné em vez de uma saída negociada.[48]

Em 1973 Portugal perdia, enfim, o território da Guiné. Em setembro daquele ano o PAIGC declarou unilateralmente a independência e a constituição da República da Guiné. O novo Estado foi imediatamente reconhecido por mais de 80 países e aceito na Organização da Unidade Africana. Começava a cair por terra o mito do Estado português pluricontinental e indivisível.[49]

Na mesma medida em que a guerra se alongava, o descontentamento dentro das Forças Armadas se fazia sentir de forma cada vez mais intensa. No alto escalão do Exército o sentimento oposicionista teve como destacado porta-voz o general Spínola. Descontente com a política portuguesa para a África, escreveu um livro que logo se tornou sucesso de vendas em todo o país: Portugal e o futuro.[50] Esse livro, de grande repercussão internacional, defendia abertamente uma saída negociada para a crise do ultramar. Spínola afirmava a necessidade de criação de um Estado confederado, que levasse em conta a tradição portuguesa em África, e se recusava terminantemente a manter-se naquele continente por força da imposição militar. Spínola, traumatizado com a experiência guineense, estava seguro da possibilidade de perda completa dos territórios africanos. Para ele, a manutenção de relações políticas e econômicas com as colônias seria capaz de evitar uma indesejável ruptura, como no caso da Índia Portuguesa. Repleto de expressões próximas e mesmo idênticas às dos defensores do colonialismo, *Mundo português*, *Comunidade lusíada* etc., sua perspectiva era na realidade uma releitura das concepções luso-tropicalistas de Gilberto Freyre. Uma visão que apontava Portugal muito mais como um país atlântico do que europeu.[51] Ainda que sem a radicalização das oposições de esquerda, o posicionamento de Spínola não deixava de ser interessante. Sobretudo porque significava o fim de uma unidade que poucas décadas antes, apesar dos constrangimentos internacionais, era impensável.

Mas o descontentamento militar para com o regime não se encontrava apenas no alto escalão. Muito pelo contrário. Poderes crescentes tinham os oficiais subalternos, sobretudo capitães e majores, chefes das tropas que lutavam no ultramar. E foram exatamente esses oficiais que, desgastados com o infindável conflito, puseram fim a quase cinco décadas de regime arbitrário. O Movimento dos Capitães, depois Movimento das Forças Armadas (MFA), embora nascido a partir de objetivos nitidamente militares e de reivindicação corporativa, logo transitou para uma politização que se movia da oposição ao regime arbitrário para a defesa da independência dos povos africanos.[52] Cabe aqui uma breve menção ao excelente estudo de Lincoln Secco.[53] Para o autor, a Revolução de abril de 1974 teria sido o último momento de uma longa duração, como diria Braudel. A duração de um tempo em que o Estado português se confundia com o Antigo Sistema Colonial. Mais do que o fim da ditadura, a perda das colônias viria a representar o fim de uma era.[54]

CONCLUSÃO: PORTUGAL ENTRE A PERDA DA NOSTALGIA E A NECESSIDADE DE FUTURO

Este artigo não pretende esgotar as razões que fizeram com que a ditadura portuguesa se mantivesse relativamente estável por quase meio século. Por certo que a organização do trabalho entre os anos 1930 e meados dos 1940 e o problema colonial, durante toda a história do regime, mas agravado na década de 1960, não esgotam o assunto. Outras análises, principalmente aquelas referentes à longa duração das mentalidades coletivas, podem ajudar a entender o fenômeno. Minha intenção foi escolher, dentre tantos, dois temas diametralmente opostos.

Por um lado, a questão operária, da forma como foi tratada, era uma novidade nos anos 1930. Ao convidar os trabalhadores organizados para se sentarem à mesa de negociação, o Estado abria uma fissura irreparável no movimento operário. Para os que aceitaram, de imediato ou posteriormente, como no caso dos comunistas, havia a possibilidade de sobrevivência. Sobretudo porque os trabalhadores viam no Estado um aliado contra a arrogância patronal. E de fato era. Mas ao mesmo tempo o orgulho do trabalho implicava necessariamente um compromisso com a ordem, a disciplina e, sobretudo, com a Nação. E em nome desses valores qualquer transgressão tinha de ser reprimida. Para a maioria desses operários, porém, desvinculados dos partidos políticos, a natureza mais ou menos ditatorial nada ou muito pouco dizia. O que valia mesmo era a melhoria nas condições de vida. E ela de fato ocorria por causa do Estado Novo.

O que estava longe de ser novidade era o sistema colonial. Não só por ser a chave para a compreensão da identidade portuguesa como nação, mas por conta de seu impacto no cotidiano das pessoas. Para além do representativo número de lusitanos que mantinham parentes no além-mar, tanto no Brasil quanto em África, ele servia como uma espécie de eldorado para uma população pobre e carente de recursos. Foi por esse motivo que sequer a Primeira República, com laivos de radicalismo jacobino, enfrentou o problema do ultramar. Mas a partir da década de 1960 a situação se alterou de forma dramática, na medida em que a razão da fortuna transformava-se em decadência assustadora. Para os que permaneciam no território português, os crescentes custos militares para a manutenção das colônias tornavam-se injustificáveis. E, aos poucos, outros lugares, França e Alemanha principalmente, passaram a atrair mais os portugueses pobres. Também as classes médias e as elites empresariais se afastavam gradualmente do velho e carcomido regime. Não exatamente por conta de sua natureza ditatorial. Se assim fosse não teriam sequer se aproximado dele. Ambas, mais "modernas" nos anos 1960, voltavam-se para a Europa e temiam que os modestos índices da economia portuguesa impedissem a entrada do país na Comunidade Econômica Europeia.[55] O gradual desinteresse pelas colônias foi a "pá de cal" para o Estado Novo, que, ciente do problema, procurou mantê-las a todo custo. Aumentou o efetivo militar e assim armou exatamente aqueles que lhe deram o golpe de misericórdia. Apesar do ato heroico dos "capitães de abril", no dizer de Eduardo Lourenço, "jovens oficiais de um combate recusado, mais por injusto do que por impossível", o fato é que o regime caía aos poucos. Nos anos 1960, é certo dizer, já não sabia mais durar.

O presente texto procurou explorar algumas das razões que fizeram com que a ditadura portuguesa perdurasse por tantos anos. No início afirmei a existência de uma corrente na historiografia que tende a apontar mais para a resistência do que para a aceitação. É difícil mesmo compreender a permanência de mecanismos de coerção apoiados pelo corpo social, tanto dos "de cima" como dos "de baixo". Mas recusar-se à compreensão é ficar de costas para a realidade dos fatos. Como disse Isaiah Berlin, "compreender não significa aceitar".[56]

Notas

1. Citado por PATRIARCA, Fátima. *A questão social no salazarismo (1930-1947)*. 2 volumes. Lisboa, Imprensa Nacional; Casa da Moeda, 1995, p. 637.
2. MARTINHO, Francisco Carlos Palomanes. *A bem da nação: o sindicalismo português entre a tradição e a modernidade (1933-1945)*. Rio de Janeiro, Civilização Brasileira; Faperj, 2002, pp. 21-26.
3. ROSAS, Fernando. "Salazar e o salazarismo: um caso de longevidade política". *In*: BRITTO, José Maria Brandão de; ROSAS, Fernando (orgs.). *Salazar e o salazarismo*. Lisboa, Dom Quixote, 1989, pp. 13-31.
4. CRUZ, Manuel Braga da. *O partido e o Estado no salazarismo*. Lisboa, Editorial Presença, 1988, pp. 39-40.
5. PATRIARCA, Fátima, *op. cit.*, pp. 22-24.
6. *Idem*, pp. 26-28.
7. *Idem*, pp. 29-30.
8. *Idem*, pp. 38-40.
9. Existiam outras correntes de menor peso organizativo, que, entretanto, também buscavam disputar o controle sobre o movimento operário em Portugal. Os nacional-sindicalistas (fascistas) e os católicos. Sobre o nacional-sindicalismo, ver PINTO, António Costa. *Os camisas azuis: ideologia, elites e movimentos fascistas*

em Portugal (1914-1945). Lisboa: Estampa, 1994. Sobre o sindicalismo católico, ver REZOLA, Maria Inácia. *O sindicalismo católico no Estado Novo (1931-1948)*. Lisboa: Estampa, 1999.

10. A resolução do PCP de participar do sindicalismo oficial data de 1941. Cf.: PARTIDO COMUNISTA PORTUGUÊS. "A Frente Única e o trabalho nos sindicatos nacionais". *In*: ——. *O PCP e a luta sindical: Documentos para a história do Partido Comunista Português*. Lisboa, Avante!, 1975, pp. 21-26.
11. PATRIARCA, Fátima, *op. cit.*, p. 227.
12. SALAZAR, Oliveira. "Os delegados do INTP e a reforma social". *In*: ——. *Discursos*. Volume Primeiro (1928-1934). 5ª ed. rev. Coimbra, Coimbra Editora, 1961, pp. 279-283.
13. PATRIARCA, Fátima, *op. cit.*, p. 330.
14. MARTINHO, Francisco Carlos Palomanes, *op. cit.*, pp. 34-35.
15. Sobre o "18 de Janeiro", ver: MARTINHO, Francisco Carlos Palomanes. "A 'Memória Conveniente': o Estado Novo português e a Organização Corporativa — Adesão e resistência no processo de consolidação do salazarismo". *Archètypon*. Rio de Janeiro, ano 6, n° 18, set./dez. 1998, pp. 33-48; PATRIARCA, Fátima. *Sindicatos contra Salazar: a revolta do 18 de Janeiro de 1934*. Lisboa: Imprensa de Ciências Sociais; Instituto de Ciências Sociais da Universidade de Lisboa, 2000.
16. PATRIARCA, Fátima, *op. cit.*, 1995, p. 330.
17. *Idem*, pp. 647-649.
18. MARTINHO, Francisco Carlos Palomanes, *op. cit.*, 2002, pp. 80-86.
19. "INFORMAÇÃO E PARECER", n° 411K, do assistente do INTP [assinatura ilegível], ao subsecretário de Estado das Corporações, de 2 de outubro de 1943. Arquivo Histórico do Ministério para a Qualificação e o Emprego.
20. *Idem*, fl. 2.
21. *Idem*, fls. 5-6.
22. *Idem*, fls. 7-8.
23. *Idem*, fls. 12-13.
24. *Idem*, fl. 14.
25. ROSAS, Fernando. *Portugal entre a paz e a guerra (1939-1945)*. Lisboa, Estampa, 1990.
26. ROSAS, Fernando. "Sob os ventos da guerra: a primeira crise séria do regime (1940-1949)". *In*: MATTOSO, José (dir.). *História de Portugal*. Sétimo Volume: "O Estado Novo (1926-1974)". Lisboa: Estampa. 1994, pp. 353-415.
27. MARTINHO, Francisco Carlos Palomanes, *op. cit.*, 2002, pp. 387-389.
28. PATRIARCA, Fátima, *op. cit.*, 1995, pp. 626-628.
29. LOBO, Eulália Maria Lahmeyer. *Imigração portuguesa no Brasil*. São Paulo: Hucitec, 2001.

30. MARTINHO, Francisco Carlos Palomanes. "Ditadura e ordem internacional: das guerras coloniais à transição democrática portuguesa", *in*: TEIXEIRA DA SILVA, Francisco Carlos; COSTA, Darc. *Mundo latino e mundialização*. Rio de Janeiro, Mauad; Faperj, 2004, p. 45.
31. CORREIA, Pedro Pezarat. "Descolonização". *In*: BRITO, José Maria Brandão de (dir.). *Do marcelismo ao fim do império*. Braga, Círculo de Leitores, 1999, p. 147.
32. SANTOS, Boaventura de Souza. "A crise e a reconstrução do Estado em Portugal". *Pensamiento Iberoamericano*. Madri, nº 5, Enero-Julio 1984, p. 507.
33. TAVARES, Miguel Souza. *Equador*. Rio de Janeiro, Nova Fronteira, 2004.
34. CATROGA, Fernando. *O republicanismo em Portugal: da formação ao 5 de Outubro de 1910*. 2ª ed. Lisboa, Editorial Notícias, 2000.
35. PINTO, António Costa. *O fim do império português*. Lisboa, Livros Horizonte, 2001, pp. 14-15.
36. *Idem*, p. 17.
37. MAXWELL, Kenneth. *A construção da democracia em Portugal*. Lisboa, Presença, 1998, p. 68.
38. *Idem*, p. 19.
39. CRUZ, Manuel Braga da, *op. cit.*, p. 44-45.
40. *Idem*, p. 44.
41. Sobre os números da emigração portuguesa: BAGANHA, Maria Ioannis. "Emigração". *In*: BRITO, José Maria Brandão de; ROSAS, Fernando (orgs.). *Dicionário de história do Estado Novo*. Vol. I. Lisboa, Círculo de Leitores, 1996 pp. 294-297; Sobre a população portuguesa: RODRIGUES, Teresa. "População". *In*: BRITO, José Maria Brandão de; ROSAS, Fernando (orgs.), *op. cit.*, pp. 786-788.
42. MACQUEEN, Norrie. "As guerras coloniais". *In*: OLIVEIRA, Pedro Aires; ROSAS, Fernando. *A transição falhada: o marcelismo e o fim do Estado Novo*. Lisboa, Editorial Notícias, 2004, p. 265.
43. Deve-se notar, entretanto, que a luta anticolonial não significava uma dicotomia empobrecida europeus x africanos. Em artigo presente nesta coleção, Marcello Bittencourt mostra o número representativo de angolanos no Exército português.
44. ROSAS, Fernando. "O marcelismo ou a falência da política de transição no Estado Novo". *In*: BRITO, José Maria Brandão de (dir.). *Do marcelismo ao fim do império*. Braga, Círculo de Leitores, 1999, p. 43.
45. MACQUEEN, Norrie, *op. cit.*, p. 274.
46. *Idem*, p. 32.
47. CORREIA, Pedro Pezarat, *op. cit.*, p. 152.
48. MACQUEEN, Norrie, *op. cit.*, pp. 283-284.

49. *Idem*, pp. 284-285.
50. SPÍNOLA, António de. *Portugal e o futuro*. Rio de Janeiro, Nova Fronteira, 1974. O sucesso de vendas a que me refiro foi da edição portuguesa do livro, da Editora Arcádia.
51. *Idem*, pp. 227-228.
52. CORREIA, Pedro Perazat, *op. cit.*, pp. 167-168.
53. SECCO, Lincoln. *A Revolução dos Cravos e a crise do sistema colonial português*. São Paulo, Alameda, 2004.
54. *Idem*, pp. 259-262.
55. MAXWELL, Kenneth. *O império derrotado: revolução e democracia em Portugal*. São Paulo, Companhia das Letras, 2006, pp. 45-52.
56. BERLIN, Isaiah. *Quatro ensaios sobre a liberdade*. Brasília: EdUNB, 1981, p. 13.

Bibliografia

ALEXANDRE, Valentim. "O Império Colonial". *In*: COSTA PINTO, António (coord.). *Portugal contemporâneo*. Madrid: Sequitur, 2000, pp. 39-60.

BAGANHA, Maria Ioannis. "Emigração", in: BRITO, José Maria Brandão de; ROSAS, Fernando (orgs.). *Dicionário de história do Estado Novo*. Vol. I. Lisboa: Círculo de Leitores, 1996 pp. 294-297.

BERLIN, Isaiah. *Quatro ensaios sobre a liberdade*. Brasília: EdUNB, 1981.

CATROGA, Fernando. *O republicanismo em Portugal: da formação ao 5 de Outubro de 1910*. 2ª ed.. Lisboa: Editorial Notícias, 2000.

CORREIA, Pedro Pezarat. "Descolonização". *In*: BRITO, José Maria Brandão de (dir.). *Do marcelismo ao fim do império*. Braga: Círculo de Leitores, 1999.

CRUZ, Manuel Braga da. *O partido e o Estado no salazarismo*. Lisboa: Editorial Presença, 1988.

LOBO, Eulália Maria Lahmeyer. *Imigração portuguesa no Brasil*. São Paulo: Hucitec, 2001.

MACQUEEN, Norrie. "As guerras coloniais". *In*: OLIVEIRA, Pedro Aires; ROSAS, Fernando. *A transição falhada: o marcelismo e o fim do Estado Novo*. Lisboa: Editorial Notícias, 2004.

MARTINHO, Francisco Carlos Palomanes. "A 'Memória Conveniente': o Estado Novo português e a Organização Corporativa — Adesão e resistência no processo de consolidação do salazarismo". *Archètypon*. Rio de Janeiro, ano 6, n° 18, set./dez. 1998, pp. 33-48.

——. *A bem da nação: o sindicalismo português entre a tradição e a modernidade* (1933-1945). Rio de Janeiro: Civilização Brasileira; Faperj, 2002.

——. "Ditadura e ordem internacional: das guerras coloniais à transição democrática portuguesa". *In*: TEIXEIRA DA SILVA, Francisco Carlos; COSTA, Darc. *Mundo latino e mundialização*. Rio de Janeiro: Mauad; Faperj, 2004.

MAXWELL, Kenneth. *A construção da democracia em Portugal*. Lisboa: Presença, 1998.

——. *O império derrotado: revolução e democracia em Portugal*. São Paulo: Companhia das Letras, 2006.

PARTIDO COMUNISTA PORTUGUÊS. "A Frente Única e o trabalho nos sindicatos nacionais". *In*: ——. *O PCP e a luta sindical: documentos para a história do Partido Comunista Português*. Lisboa: Avante!, 1975.

PATRIARCA, Fátima. *A questão social no salazarismo (1930-1947)*. 2 volumes. Lisboa: Imprensa Nacional; Casa da Moeda, 1995.

——. *Sindicatos contra Salazar: a revolta do 18 de Janeiro de 1934*. Lisboa: Imprensa de Ciências Sociais; Instituto de Ciências Sociais da Universidade de Lisboa, 2000.

PINTO, António Costa. *Os camisas azuis: ideologia, elites e movimentos fascistas em Portugal (1914-1945)*. Lisboa: Estampa, 1994.

——. *O fim do império português. Lisboa*: Livros Horizonte, 2001.

REZOLA, Maria Inácia. *O sindicalismo católico no Estado Novo (1931-1948)*. Lisboa: Estampa, 1999.

RODRIGUES, Teresa. "População". *In*: BRITO, José Maria Brandão de; ROSAS, Fernando (orgs.). *Dicionário de história do Estado Novo*. Volume I. Lisboa: Círculo de Leitores, 1996 pp. 786-788.

ROSAS, Fernando. "Salazar e o salazarismo: um caso de longevidade política". *In*: BRITTO, José Maria Brandão de; ROSAS, Fernando (orgs.). *Salazar e o salazarismo*. Lisboa: Dom Quixote, 1989.

——. *Portugal entre a paz e a guerra (1939-1945)*. Lisboa: Estampa, 1990.

——. "Sob os ventos da guerra: a primeira crise séria do regime (1940-1949)". *In*: MATTOSO, José (dir.). *História de Portugal*. Sétimo Volume: "O Estado Novo (1926-1974)". Lisboa: Estampa. 1994, pp. 353-415.

——. "O marcelismo ou a falência da política de transição no Estado Novo". *In*: BRITO, José Maria Brandão de (dir.). *Do marcelismo ao fim do império*. Braga: Círculo de Leitores, 1999.

——. *Salazarismo e fomento econômico*. Lisboa: Editorial Notícias, 2000.

——. *Pensamento e acção política: Portugal, Século XX (1890-1976)*. Lisboa: Editorial Notícias, 2004.

SANTOS, Boaventura de Souza. "A crise e a reconstrução do Estado em Portugal". *Pensamiento Iberoamericano*. Madri, n° 5, Enero-Julio 1984.

SECCO, Lincoln. *A Revolução dos Cravos e a crise do sistema colonial português*. São Paulo: Alameda, 2004.

SPÍNOLA, António de. *Portugal e o futuro*. Rio de Janeiro: Nova Fronteira, 1974.

TAVARES, Miguel Souza. *Equador*. Rio de Janeiro: Nova Fronteira, 2004.

Fontes

AHMQE — Arquivo Histórico do Ministério para a Qualificação e o Emprego.

SALAZAR, António Oliveira. Discursos. (VII). Coimbra: Coimbra Editora, s/d.

——. "Os delegados do INTP e a reforma social". *In*: ——. Discursos. Volume Primeiro (1928-1934). 5ª ed. rev. Coimbra: Coimbra Editora, 1961, pp. 279-283.

O texto deste livro foi composto em Sabon, desenho tipográfico de Jan Tschichold de 1964 baseado nos estudos de Claude Garamond e Jacques Sabon no século XVI, em corpo 10,5/15. Para títulos e destaques, foi utilizada a tipografia Frutiger, desenhada por Adrian Frutiger em 1975.

A impressão se deu sobre papel off-white 80g/m² pelo Sistema Cameron da Divisão Gráfica da Distribuidora Record.